PONS

Powerkurs
JAPANISCH

Lernen Sie Japanisch in 4 Wochen

von
Katja Heere

Ernst Klett Sprachen GmbH
Barcelona • Belgrad • Budapest • Ljubljana • London • Posen • Prag
Sofia • Stuttgart • Zagreb

PONS
Powerkurs
JAPANISCH

Lernen Sie Japanisch in 4 Wochen

von Katja Heere

Auflage A1 7 6 5 4 3 2 1 / 2010 2009 2008 2007

Internet: www.pons.de
E-Mail: info@pons.de

Redaktion: Bettina Höfels
Logoentwurf: Erwin Poell, Heidelberg
Logoüberarbeitung: Sabine Redlin, Ludwigsburg
Einbandgestaltung: Schmidt & Dupont
Titelfoto: Vlado Golub, Stuttgart
Tonaufnahme/Digital Mastering CD2: Ton in Ton Medienhaus, Stuttgart
Digital Mastering CD1: ARTist Tonstudio, Pfullingen
Sprecher (japanisch): Toshiko Arai-Sixt, Mako Ishida, Daisuke Kadono, Hiroyuki Ota
Sprecherin (deutsch): Karin Adam
Layout: Ulrike Eisenbraun, Metzingen
Satz: Satz & mehr, Besigheim
Druck: Legoprint
Printed in Italy.
ISBN: 978-3-12-561348-5

WILLKOMMEN

Sie möchten Japanisch **verstehen, sprechen, lesen** und **schreiben** und sprachliche Sicherheit in allen wichtigen Alltagssituationen gewinnen.
Der **Powerkurs für Anfänger JAPANISCH** führt Sie schnell und sicher in die Sprache ein. Er ist unterhaltsam und motivierend und vermittelt Ihnen ein lebendiges Bild des heutigen Japanisch. Zusätzlich erfahren Sie viel Nützliches und Interessantes rund um Land, Leute und Kultur.

WIE LERNEN SIE MIT DEM POWERKURS FÜR ANFÄNGER?

Jede der 10 Lektionen umfasst vier Doppelseiten, auf denen Sie die japanische Sprache gezielt nach den vier sprachlichen Fertigkeiten Hören, Lesen, Schreiben und Sprechen erlernen.

- **Ohren spitzen!** – Die erste Doppelseite einer Lektion ist besonders dem Hörverstehen in der Fremdsprache gewidmet.
- **Augen auf!** – Auf diesen Seiten trainieren Sie anhand alltagsnaher Übungen schriftliches Japanisch zu verstehen.
- **Stift her!** – Hier üben Sie vor allem, auf Japanisch zu schreiben.
- **Mitreden!** – Kleine Gespräche auf Japanisch in alltäglichen Situationen sind nun ein Leichtes für Sie.

Schrifttraining

- Den Lektionen ist ein Schrifttraining vorangestellt, mit dem Sie schnell die beiden Silbenalphabete **Hiragana** und **Katakana** erlernen. Darüber hinaus erhalten Sie hier einen ersten Einblick in die Welt der **Kanji** (chinesischen Zeichen), dem dritten Element im japanischen Schriftsystem.
- Sie müssen die Schriften nicht alle vor Beginn der Lektionen beherrschen! Während der ersten fünf Lektionen können Sie immer wieder in das Schrifttraining zurückkehren.
  Ab Lektion 6 konzentriert sich der Lektionstext dann vollends auf die beiden japanischen Silbenschriften.
- In jeder Lektion finden Sie einen kleinen **Kanji-Fokus**, in dem zentrale **Kanji** vorgestellt werden.

So lernen Sie am schnellsten:

- Lernen Sie regelmäßig und in kurzen Etappen. Lieber mehrmals fünfzehn Minuten in der Woche als nur einmal zwei Stunden.
- Verweilen Sie nicht zu lange bei einem Punkt. Denn Sie werden sehen: Auch wenn Sie noch nicht alles im Detail verstanden haben, lösen sich Unklarheiten von selbst, wenn Sie voranschreiten.
- Hören Sie alle Tonaufnahmen nicht nur einmal, sondern mehrmals und immer wieder an.

Anhang

Im Anhang finden Sie viele nützliche Lernhilfen.

- **Lektionswortschatz:** Mithilfe des Lektionswortschatzes können Sie sich lektionsweise den japanischen Wortschatz aneignen.
- **Lösungen:** Hier finden Sie die Lösungen zu allen Übungen im Kurs.
- **Hörtexte:** Alles, was Sie auf **CD 1** und **CD 2** hören, können Sie hier nochmals nachlesen, sofern der Text nicht direkt in der Lektion abgedruckt ist. Hier finden Sie auch eine deutsche Übersetzung zu allen Dialogen.
- **Grammatik:** In der systematischen Grammatik finden Sie schnell Antworten auf Ihre Grammatikfragen.
- **Wortliste Japanisch – Deutsch:** Sie haben ein japanisches Wort vergessen? Mithilfe dieser Liste finden Sie schnell die Lektion, in der das japanische Wort auftaucht.
- **Wortliste Deutsch – Japanisch:** Sie möchten wissen, wie ein Wort auf Japanisch heißt? Schlagen Sie hier einfach nach!

Folgende Icons helfen Ihnen, schnell vom Übungsteil zu den passenden Zusatzmaterialien zu gelangen:

§ Verweis auf die systematische Grammatik

00 Hören Sie den zugehörigen Audiotext auf CD 1.

CD 1 - Enthält alle Dialoge und Hörübungen in der Reihenfolge, wie sie in den Lektionen auftreten.

CD 2 - Enthält den Kernwortschatz des Kurses für gezieltes Aussprache- und Vokabeltraining.

Viel Spaß und Erfolg!

Inhaltsverzeichnis

Hiragana – Katakana – Kanji

Im Japanischen gibt es zwei Silbenalphabete, die zusammen mit den chinesischen Schriftzeichen (**Kanji** = wörtl. „Chinazeichen") das Schriftsystem ausmachen. Das eine der beiden Alphabete heißt **Hiragana** und besteht aus 46 Zeichen, die aus der chinesischen Schrift abgeleitetet wurden. Im modernen Japanisch wird **Hiragana** vorwiegend für **Flexionsendungen** sowie für Wörter, die nicht als Kanji dargestellt werden können, benutzt.
Das zweite Alphabet **Katakana** wurde etwas später als die **Hiragana** von Mönchen als Kurzschrift für buddhistische Texte entwickelt. Heute wird **Katakana** vorwiegend für **Fremdwörter** (z. B Anglizismen) und **ausländische Namen** benutzt.

Die Silbenschriftzeichen bestehen immer aus einem Vokal (a, i, u, e, o) oder einem Konsonanten (k, s, t, n, h, m, y, r, w) in Verbindung mit einem Vokal. Eine Ausnahme bildet lediglich der Konsonant **n**, der ohne Vokal auftreten kann. Mithilfe der kleiner geschriebenen Silben ya ゃ, yu ゅ, yo ょ können gebrochene Laute erzeugt werden: kya → きゃ, nyu → にゅ oder ryo → りょ.

Hiragana/Katakana

Klare Laute | gebrochene Laute

あ/ア a	い/イ i	う/ウ u	え/エ e	お/オ o			
か/カ ka	き/キ ki	く/ク ku	け/ケ ke	こ/コ ko	きゃ/キャ kya	きゅ/キュ kyu	きょ/キョ kyo
さ/サ sa	し/シ shi	す/ス su	せ/セ se	そ/ソ so	しゃ/シャ sha	しゅ/シュ shu	しょ/ショ sho
た/タ ta	ち/チ chi	つ/ツ tsu	て/テ te	と/ト to	ちゃ/チャ cha	ちゅ/チュ chu	ちょ/チョ cho
な/ナ na	に/ニ ni	ぬ/ヌ nu	ね/ネ ne	の/ノ no	にゃ/ニャ nya	にゅ/ニュ nyu	にょ/ニョ nyo
は/ハ ha	ひ/ヒ hi	ふ/フ fu	へ/ヘ he	ほ/ホ ho	ひゃ/ヒャ hya	ひゅ/ヒュ hyu	ひょ/ヒョ hyo
ま/マ ma	み/ミ mi	む/ム mu	め/メ me	も/モ mo	みゃ/ミャ mya	みゅ/ミュ myu	みょ/ミョ myo
や/ヤ ya		ゆ/ユ yu		よ/ヨ yo			
ら/ラ ra	り/リ ri	る/ル ru	れ/レ re	ろ/ロ ro	りゃ/リャ rya	りゅ/リュ ryu	りょ/リョ ryo
わ/ワ wa	ん/ン n			を/ヲ o			

Durch Hinzufügen von zwei Strichen oder einem kleinen Kreis können Sie **stimmhafte Silben** erzeugen: ha は → ba ば → pa ぱ

が/ガ ga	ぎ/ギ gi	ぐ/グ gu	げ/ゲ ge	ご/ゴ go	ぎゃ/ギャ gya	ぎゅ/ギュ gyu	ぎょ/ギョ gyo
ざ/ザ za	じ/ジ ji	ず/ズ zu	ぜ/ゼ ze	ぞ/ゾ zo	じゃ/ジャ ja	じゅ/ジュ ju	じょ/ジョ jo
だ/ダ da	ぢ/ヂ ji	づ/ヅ zu	で/デ de	ど/ド do			
ば/バ ba	び/ビ bi	ぶ/ブ bu	べ/ベ be	ぼ/ボ bo	びゃ/ビャ bya	びゅ/ビュ byu	びょ/ビョ byo
ぱ/パ pa	ぴ/ピ pi	ぷ/プ pu	ぺ/ペ pe	ぽ/ポ po	ぴゃ/ピャ pya	ぴゅ/ピュ pyu	ぴょ/ピョ pyo

Die tabellarische Darstellung der Zeichen ist die Standarddarstellung und sollte in eben dieser Reihenfolge erlernt werden, da auch japanische Wörterbücher dieser Ordnung folgen.

Entspannt lernen!

Bis zur Lektion 5 können Sie alle Aufgaben wahlweise in der Umschrift oder der japanischen Schrift lösen. Ab Lektion 6 werden alle Übungen in den Silbenschriften dargestellt.

Um das Lernen der japanischen Sprache zu erleichtern, wurden verschiedene lateinische Transkriptionssysteme entwickelt. Dieser Kurs verwendet die so genannte Hepburn-Umschrift (**Hepburn-Shiki**). Dabei werden alle Silben wie in den Tabellen dargestellt wiedergegeben.
にほん = **ni + ho + n** (*Japan*)   アメリカ = **a + me + ri + ka** (*Amerika*)

Manchmal unterschieden sich Wörter nur in der Länge der Vokale. In **Hiragana** wird die Vokallängung in der Regel durch Vokaldopplung und bei „**o**" und „**e**" durch ein hinzugefügtes „**u**" oder „**i**" erreicht. Diese Längung wird auch in der Umschrift wiedergegeben:
おかあさん = **okaasan** (*Mutter*)
Längungen in **Katakana** werden durch einen Längungsstrich angebeben. In der Umschrift findet sich dieser Strich über dem Vokal: ビール = **bīru** (*Bier*)

Auf den nächsten Seiten finden Sie nun alle Grundformen der Zeichen zum Nachzeichnen und Einprägen.

Beachten Sie unbedingt die Strichführung und Strichfolge, das erleichtert das korrekte Nachzeichnen der Zeichen. Üben Sie hier auch erste Wörter in traditioneller Schreibrichtung – von oben nach unten.

Hiragana – ひらがな

Achten Sie genau auf die Strichrichtung und -reihenfolge! Setzen Sie die Zeichen immer wohlproportioniert ins Zentrum der Kästchen, denn genauso stehen die Zeichen im Japanischen auch zueinander – in einem imaginären Quadrat.

a	あ	あ				あ	
i	い	い				い	
u	う	う				う	
e	え	え				え	
o	お	お				お	
ka	か	か				か	
ki	き	き				き	
ku	く	く				く	
ke	け	け				け	
ko	こ	こ				こ	

eki

え
き

Bahnhof

aoi

blau

kuuki

Luft

Hiragana – ひらがな

sa	さ	さ				さ	
shi	し	し				し	
su	す	す				す	
se	せ	せ				せ	
so	そ	そ				そ	
ta	た	た				た	
chi	ち	ち				ち	
tsu	つ	つ				つ	
te	て	て				て	
to	と	と				と	

sushi

すし

Sushi

soto

draußen

tatsu

Drache

Hiragana – ひらがな

na	な	な				な	
ni	に	に				に	
nu	ぬ	ぬ				ぬ	
ne	ね	ね				ね	
no	の	の				の	
ha	は	は				は	
hi	ひ	ひ				ひ	
fu	ふ	ふ				ふ	
he	へ	へ				へ	
ho	ほ	ほ				ほ	

hana

は
な

Blume

fune

Schiff

nuno

Stoff

Bei ふ gibt es eine Ausspracheverschiebung.
Das **h** klingt wie ein gehauchtes **f**.

Hiragana – ひらがな

yume	ゆ め	*Traum*
mune		*Brust*
momo		*Pfirsisch*

ma	ま	ま				ま
mi	み	み				み
mu	む	む				む
me	め	め				め
mo	も	も				も
ya	や	や				や
yu	ゆ	ゆ				ゆ
yo	よ	よ				よ

Mithilfe der kleiner geschriebenen Silben ya ゃ, yu ゅ, yo ょ können gebrochene Laute erzeugt werden: kya きゃ, nyu にゅ oder ryo りょ. (siehe Seite 7).

Mit einem klein tsu っ bilden Sie Doppelkonsonanten, z.B. gakki がっき (Instrument).

toukyou	juu	kitte
Tokio	*zehn*	*Briefmarke*

Hiragana – ひらがな

ra	ら	ら				ら	
ri	り	り				り	
ru	る	る				る	
re	れ	れ				れ	
ro	ろ	ろ				ろ	
wa	わ	わ				わ	
n	ん	ん				ん	
o	を	を				を	

sora
そ
ら
Himmel

wani
Krokodil

onsen
heiße Quelle

を o ist phonetisch identisch mit dem お aus der Reihe a, i, u, e, o. を kommt nie in sinntragenden Wörtern vor, sondern nur als grammatische Partikel, die oft das Akkusativobjekt kennzeichnet. Schreiben Sie den ganzen Satz. Er endet mit einem maru 。 (Punkt).

Ringo o tabemasu ka.

									。

Isst du Äpfel?

Katakana – カタカナ

Katakana werden für Fremdwörter verwendet. Sicher werden Sie viele Begriffe aus dem Englischen kennen.

↓

ki

キ
ー

Schlüssel

gia

Gang

kokoa

Kakao

a	ア	ア				ア	
i	イ	イ				イ	
u	ウ	ウ				ウ	
e	エ	エ				エ	
o	オ	オ				オ	
ka	カ	カ				カ	
ki	キ	キ				キ	
ku	ク	ク				ク	
ke	ケ	ケ				ケ	
ko	コ	コ				コ	

Katakana – カタカナ

sa	サ	サ				サ	
shi	シ	シ				シ	
su	ス	ス				ス	
se	セ	セ				セ	
so	ソ	ソ				ソ	
ta	タ	タ				タ	
chi	チ	チ				チ	
tsu	ツ	ツ				ツ	
te	テ	テ				テ	
to	ト	ト				ト	

kukkī

ク
ッ
キ
ー

Keks

tesuto

Test

Katakana – カタカナ

bideo

ビ
デ
オ

Video

naifu

Messer

nōto

Notiz

na	ナ	ナ				ナ	
ni	ニ	ニ				ニ	
nu	ヌ	ヌ				ヌ	
ne	ネ	ネ				ネ	
no	ノ	ノ				ノ	
ha	ハ	ハ				ハ	
hi	ヒ	ヒ				ヒ	
fu	フ	フ				フ	
he	ヘ	ヘ				ヘ	
ho	ホ	ホ				ホ	

Katakana – カタカナ

ma	マ	マ				マ	
mi	ミ	ミ				ミ	
mu	ム	ム				ム	
me	メ	メ				メ	
mo	モ	モ				モ	
ya	ヤ	ヤ				ヤ	
yu	ユ	ユ				ユ	
yo	ヨ	ヨ				ヨ	

messēji ↓

メ
ッ
セ
ー
ジ

Nachricht

menyū

Speisekarte

Nun sind Ihnen schon einige Sonderzeichen begegnet. Zur Erinnnerung: ー ist das Längungszeichen für Vokale in Katakana. Beachten Sie die Schreibrichtung ー oder ｜.
Kleine ya ャ, yu ュ, yo ョ brechen die Laute und das kleine tsu ッ verdoppelt den Konsonanten.
Zwei kleine Striche ゛ oder ein kleiner Kreis ゜ verändern die Stimmhaftigkeit von Vokalen.

bīru	sakkā	jūsu	jīpan
Bier	*Fußball*	*Saft*	*Jeans*

Katakana – カタカナ

amerika

アメリカ

Amerika

zero

Null

ra	ラ	ラ					ラ
ri	リ	リ					リ
ru	ル	ル					ル
re	レ	レ					レ
ro	ロ	ロ					ロ
wa	ワ	ワ					ワ
n	ン	ン					ン
o	ヲ	ヲ					ヲ

Kopiervorlage

Kopieren Sie diese Vorlage für weiteres Schriftraining!

Kanji 漢字

Theoretisch könnte man mit **Hiragana** alle japanischen Texte schreiben. Kinderbücher für die allerkleinsten Leser sind auch tatsächlich rein in **Hiragana** geschrieben. Doch hat sich im Japanischen die **Mischschrift** aus **Hiragana**, **Katakana** und den **sinntragenden chinesischen Schriftzeichen** – den **Kanji** – bewährt, die eine schnelle Strukturierung auch komplexer Sätze ermöglicht.
1981 legte die japanische Regierung 2000 **Kanji** fest, die im Alltagsleben am häufigsten benutzt werden und an die sich auch die Massenmedien halten. Zum Verständnis wissenschaftlicher und literarischer Texte jedoch sind weitergehende Kanji-Kenntnisse erforderlich.

Auch bei den **Kanji** spielt die Strichfolge eine große Rolle. Schauen Sie sich einmal die folgenden Regeln zur Reihenfolge und Richtung der Strichführung an.

 von oben nach unten	 von links nach rechts	 waagerechter vor kreuzendem Strich
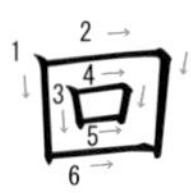 von außen nach innen, innen vor Abschlussstrich	 linksgerichteter vor rechtsgerichtetem Strich	 Mitte vor den beiden Seiten

Beispiel einer Strichfolge:

喜び

yoroko-bi *(Freude)*

Neben der Strichfolge und der Schreibrichtung muss man darauf achten, wie die Striche enden. Wie Sie bei genauer Betrachtung der Zeichen erkennen werden, haben die Striche entweder

- ein spitzes Ende, bei dem der Stift den Strich leicht ausgleiten lässt,
- ein stumpfes Ende, bei dem der Stift fest auf dem Papier stoppt, oder
- einen kleinen Widerhaken, bei dem der Stift einmal auf dem Papier stoppt und dann in eine andere Richtung ausgleitet.

Da die Zeichen ursprünglich mit dem Pinsel geschrieben wurden, spielten diese Unterscheidungen eine große Rolle, aber auch heute noch sind sie elementar für eine saubere Handschrift und werden von japanischen Kindern entsprechend geübt.

Lesung

Den schwierigsten Bereich der japanischen Schrift stellt die korrekte Lesung der **Kanji** dar, da diese oft zahlreiche Lesungen haben und je nach Kombination unterschiedlich gelesen werden müssen. Vergleichen Sie einmal die verschiedenen Lesungen des Zeichens 日 mit der Bedeutung *Sonne* bzw. *Tag*.

nihon	日本	(Japan)
nichiyou**bi**	日曜日	(Sonntag)
ichi**nichi**		(ein Tag)
ichij**itsu**	一日	(ein Tag; eines Tages)
tsuitachi (Sonderlesung)		(der erste Tag im Monat)

Struktur

Jedes Zeichen besteht aus mindestens einem so genannten **Radikal**, das den Kern des **Kanji** bildet. Insgesamt gibt es 214 solcher Bausteine, nach denen die **Kanji** auch in Zeichenlexika geordnet werden. So gibt es z.B. die Radikale „Wasser", „Tier" oder „Mensch". Vielfach geben Radikale Hinweise auf die Bedeutung des **Kanji**, jedoch leider nicht immer, da sich im Laufe der Zeit viele Abweichungen von der ursprünglichen Bedeutung entwickelt haben.

Schriftrichtung

Das Japanische ist bezüglich der Schriftrichtung relativ flexibel. Texte können wie im Deutschen in Zeilen von links nach rechts und von oben nach unten verfasst werden. Traditionell schreibt man jedoch in Spalten von oben nach unten und liest dann von rechts nach links. Ein traditionell gesetztes Buch schlägt man aus europäischer Sicht also „hinten" auf.

Darüber hinaus nimmt sich die Kalligraphie noch größere Freiheiten.
Jeder Japaner kann diese Kalligraphie ohne Mühe lesen, während die Schriftrichtung für *Ich liebe dich* **aishiteru** regulär

愛してる →

oder

愛
し
て
る
↓

sein müsste.

Irrashaimase

1

01

Der Landesname Japans 日本, **nihon** oder **nippon** gelesen, setzt sich aus den chinesischen Schriftzeichen für *Sonne* 日 und *Ursprung* 本 zusammen und kann somit mit *Ursprung der Sonne* übersetzt werden. In Hiragana würde der Landesname wie folgt wiedergegeben:
にほん (**nihon**) oder にっぽん (**nippon**).

Mit derzeit 127 Millionen Einwohnern ist Japan der viertgrößte Inselstaat der Welt. 8,3 Millionen Einwohner leben allein in der Hauptstadt. Der Inselstaat Japan setzt sich aus vier Hauptinseln zusammen.

Hören Sie, wie die 4 Hauptinseln und der Name der Hauptstadt ausgesprochen werden. Lesen auf Romaji oder Hiragana mit und sprechen Sie nach.

Gut zu wissen!

Achten Sie auf kurze und lange Vokale. Bei **Hokkaidou** ist das erste **o** kurz und das zweite lang. Beachten Sie dies auch in der Schreibung.

Toukyou	とうきょう
Hokkaidou	ほっかいどう
Honshuu	ほんしゅう
Shikoku	しこく
Kyuushuu	きゅうしゅう

2

02

Sie werden staunen, wie viele japanische Wörter Sie schon können. Schauen Sie sich die Bilder an. Kennen Sie die japanischen Wörter für das Abgebildete? Hören Sie sich die Wörter an und sprechen Sie nach!

Gut zu wissen!

Im Japanischen wird das s immer scharf gesprochen wie in *Tasse*.
Das „weiche" s wie bei *Sabine* würde man mit z wiedergeben.

1. Samuari

2. Sashimi

3. Sake

4. Sayounara

5. Sumou

6. Sakura

7. Sapporo

8. Sushi

Für Schriftprofis: Ordnen Sie diese Wörter den Fotos zu.

- すし
- すもう
- さむらい
- さくら
- さっぽろ
- さけ
- さしみ
- さようなら

Irrashaimase

3

Irasshaimase! Herzlich willkommen im Kugelfisch-Restaurant ***Fukunoseki***. Hier serviert der Chef Tezuka-san Kugelfisch. Diese Delikatesse ist bei falscher Zubereitung hochgiftig. Tesuka-sans Gäste wissen jedoch, dass er ein wahrer Meister ist, wenn es um den Fugu – so heißt der Kugelfisch auf Japanisch – geht. Gerade betreten Keiko und Shinnosuke Ohara das Restaurant, natürlich begrüßt der Chef sie persönlich. 03

Tezuka Irasshaimase.
Aa, Ohara-san, konnichi wa.
O-genki desu ka.
Ohara Ee, arigatou. Genki desu.
Tezuka Kochira e douzo.

Sprechen Sie die Begrüßungsszene nach!
Hören Sie sich den Dialog mehrfach an. Und lesen Sie dann den Text mit. Können Sie einzelne Phrasen erkennen? Schlagen Sie unbekannte Wörter im **Lektions-wortschatz** nach. Die komplette Übersetzung finden Sie im Anhang unter **Hörtexte CD1**, dort können Sie den Text auch in Hiragana mitlesen.

4

In Japan wird Höflichkeit großgeschrieben! Daher werden Ihnen dort viele verschiedene Begrüßungsformeln begegnen. Wenn Sie ein Kaufhaus betreten, hören Sie **Irasshaimasu** *(Herzlich willkommen!)*.

Bei der Begrüßung tauscht man die Fragen nach dem Befinden aus.

O-genki desu ka. *Wie geht es Ihnen?*
Ee, arigatou gozaimasu. Genki desu. *Oh danke vielmals. Es geht mir gut.*

Auch muss man Hierarchien beachten. Dem Chef oder einer höhergestellten Persönlichkeit gegenüber verwendet man stärkere Höflichkeitsformen. Die Form **arigatou gozaimasu** ist besonders höflich. Im vorangehenden Dialog hat der Kunde nur ein einfaches **arigatou** für die Antwort verwendet.

Gut zu wissen!

Das Japanische verlangt besondere Höflichkeit bei der Anrede, die man nicht verwendet, wenn man über sich selbst spricht. Bei der Anrede verwendet man das Höflichkeitspräfix **o**, wie in **O-genki desu ka**. Bei der Antwort verzichtet der Sprecher auf dieses Präfix und antwortet einfach **Genki desu**.

5

Hören Sie sich weitere Begrüßungen auf der CD an und sprechen Sie sie nach. 04

Ohayou gozaimasu.

Konnichi wa.

Konban wa.

Oyasumi nasai.

Sayounara.

Jaa ne.

Irrashaimase

6

Lesen Sie noch einmal die wichtigsten Begrüßungsphrasen. Ordnen Sie den Phrasen die richtige Übersetzung zu. Können Sie auch schon die entsprechenden Hiragana-Wörter lesen?

1 Irasshaimase.	◯ Wie geht es Ihnen?	◯ ありがとう。げんきです。
2 Konnichi wa.	◯ Willkommen!	◯ いらっしゃいませ。
3 O-genki desu ka.	**2** Guten Tag.	**2** こんにちは。
4 Arigatou. Genki desu.	◯ Hier entlang bitte.	◯ こちらへどうぞ。
5 Kochira e douzo.	◯ Danke. Es geht mir gut!	◯ おげんきですか。

7

Welche Begrüßung passt zur Tageszeit? Welche Bilder passen zu den Aussagen? Schreiben Sie die passende Bildnummer zur jeweiligen Aussage.

◯ Jaa ne
◯ Konban wa
◯ Konnichi wa
◯ Oyasumi nasai
◯ Sayounara
◯ Ohayou gozaimasu

8

Neben den Begrüßungen sollten Sie im Restaurant auch die Bestellung beherrschen. Hierzu sind im Japanischen Zählwörter nötig, die anzeigen, ob es sich um ein *Blatt* Papier, einen *Kopf* Salat, ein *Stück* Kuchen oder einen Gegenstand in ähnlich sicher definiertem Format handelt. Passt etwas nicht in eine bestimmte Kategorie, verwendet man die folgende Zahlenreihe von 1-10. Lassen Sie uns ein **bīru** (*Bier*) bestellen.

§2

Zählen ohne Zählwort

1 hitotsu	2 futatsu	3 mittsu	4 yottsu
5 itsutsu	6 muttsu	7 nanatsu	8 yattsu
9 kokonotsu	10 too		

Bei einer Bestellung binden Sie das Zählwort mit einem **o** an das Subjekt.

Bīru o muttsu, kudasai heißt also: *Sechs Bier, bitte.*

9

Wieviele **bīru** dürfen es nun für Sie sein? Oder hätten Sie lieber einen **jūsu** (*Saft*), **orenjijūsu** oder **ringojūsu** (*Orangen-/Apfelsaft*)? Ordnen Sie die Bestellung den Handzeichen zu. Achtung, in Japan zählt man mit einem anderen „Fingersystem".

1 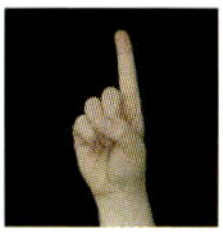
2 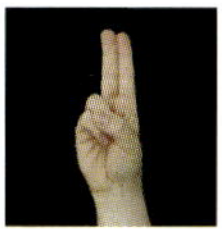
3 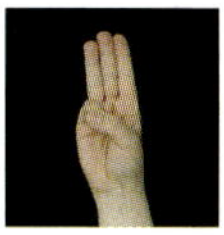
4 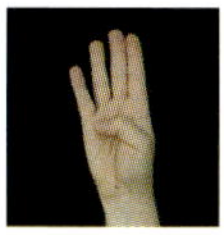
5 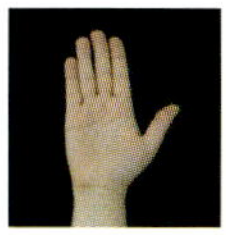

Bīru o too, kudasai. Jūsu o itsutsu, kudasai. Bīru o muttsu, kudasai. Ringojūsu o hitotsu, kudasai. Bīru o nanatsu, kudasai. Jūsu o futatsu, kudasai. Orenjijūsu o mittsu, kudasai. Bīru o kokonotsu, kudasai. Ringojūsu o yottsu, kudasai. Orenjijūsu o yattsu, kudasai.

6 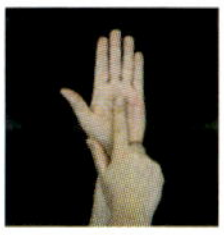
7 
8 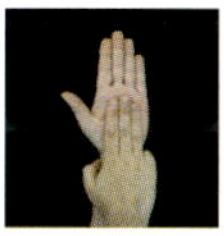
9 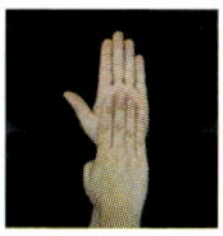
10 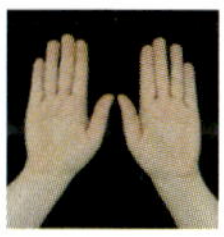

10

So sieht eine vollständige Bestellung aus.

05

Kellner: Go-chuumon wa.
Gast: Bīru o hitotsu to fugu no sashimi o futatsu kudasai.
Kellner: Bīru o o-hitotsu to fugu no sashimi o o-futatsu desu ne.

Worin unterscheiden sich die Aussagen des Gastes und des Kellners?

- Der Gast ist unhöflich.
- Der Kellner stottert.
- Der Kellner verwendet die Höflichkeitsvorsilbe **o-**.

Partikeln und Präfixe

Im Japanischen werden Substantive (Hauptwörter) nicht von Artikeln (*der, die, das*) begleitet, sondern haben so genannte **Partikeln** bei sich. In der Bestellung verwendet man die Partikel **o**, die hier kennzeichnet, dass das Substantiv im Akkusativ (Wen-Fall) steht. (*Wen oder Was hätten Sie gerne? Ein Bier* = **Bīru o hitotsu.**)
Da im Japanischen die Höflichkeit sehr wichtig ist, verwendet der Kellner zusätzlich das Höflichkeitspräfix **o-**, als er die Bestellung wiederholt. Statt **hitotsu** heißt es nun **o-hitotsu**. Diese Vorsilbe **o-** darf nicht mit der Partikel **o** verwechselt werden.

Es werden Ihnen im Japanischen noch viele weitere Partikeln begegnen. Eine lernen Sie hier schon kennen – die Partikel **to** wird bei Aufzählungen wie das deutsche *und* verwendet. Aber Vorsicht – mit **to** können nur Substantive aufgezählt werden, Sätze kann man so nicht verbinden.

§ 4

Gut zu wissen!

Als Partikel wird das **o** mit dem Zeichen を geschrieben, das Höflichkeitspräfix **o-** hingegen mit dem einfachen お.
ビールをお-ひとつですね。
(Bīru **o** **o**-hitotsu, desu ne.)

Irrashaimase

11

06

Sicherlich möchten Sie manchmal etwas anderes außer **bīru** und **jūsu** trinken. Das ist gar nicht so schwierig im Japanischen, da viele Begriffe aus dem Englischen entlehnt sind.

Hören Sie sich die Getränkenamen an und schreiben Sie sie in der Umschrift unter das jeweilige Bild. Versuchen Sie es ruhig auch einmal in Silbenschrift. Sollten Sie hier Schwierigkeiten haben, blättern Sie einfach kurz zurück ins **Schrifttraining**.

1. ______________

2. ______________

3. ______________

4. ______________

5. ______________

6. ______________

7. ______________

8. ______________

12

07

Haben Sie nun vielleicht Hunger? Schauen Sie sich einmal die Gerichte auf den Fotos an, einige werden Sie sicherlich schon kennen.

Hören Sie sich die Namen der Speisen an. Übertragen Sie den Namen der Speise in das Feld beim jeweiligen Bild. Schreiben Sie in Umschrift oder japanischer Schrift!

1. すし - sushi
2. さしみ - sashimi
3. やきとり - yakitori
4. おこのみやき - okonomiyaki
5. てんぷら - tenpura
6. カレーライス - karēraisu
7. ラーメン - rāmen
8. ざきそば - yakisoba
9. おでん - oden
10. うどん - udon

Irrashaimase

1. ____________ 2. ____________ 3. ____________ 4. ____________ 5. ____________

6. ____________ 7. ____________ 8. ____________ 9. ____________ 10. ____________

13

Sie werden in Japan selten ein Restaurant finden, das all diese Gerichte gleichzeitig anbietet. In der Regel haben die Lokale einen ganz bestimmten Schwerpunkt. Entweder ist ein Restaurant auf **Sushi** spezialisiert oder auf **Yakisoba**, in einem **Okonomiyaki-Restaurant** bekommen Sie kein **Udon**. Zum Glück sind in Japan die Portionen nicht so groß, so dass Sie am gleichen Abend in verschiedene Restaurants einkehren können. Nur *Pubs* (Kneipen) haben oft ein größeres Angebot an verschiedenen Gerichten im Angebot. Allerdings ist das Essen hier eher ein Snack zum Bier.

In Lokalen mit rein japanischer Küche müssen Sie mit Stäbchen umgehen können. Beachten Sie, dass Sie die Stäbchen niemals senkrecht in den Reis stecken. Denn so steckt man die Stäbchen nur in den Opferreis für die Verstorbenen. Ansonsten gibt es nicht so strenge Tischmanieren, selbst Schlürfen ist erlaubt. Beginnen Sie rechtzeitig das Essen mit **o-hashi** (*Essstäbchen*) zu üben, wenn Sie mit den Stäbchen allerdings gar nicht zurechtkommen, können Sie nach einer Gabel oder einem Löffel fragen: **Sumimasen ga, <u>fōku</u>/<u>supūn</u> ga arimasu ka**. (vgl. engl.: *fork* und *spoon*).

Allgemein üblich ist eine gemeinsame Rechnung, die anschließend von einer Person gezahlt wird. Befindet sich in dem Restaurant eine Kasse, können Sie sich mit der Rechnung direkt dorthin begeben. Gibt es keine Kasse, müssen Sie sich selbst bemerkbar machen. Wenn Sie zahlen möchten und nach der Rechnung verlangen, sagen Sie: **O-kanjou o o-negaishimasu.** Wenn Sie getrennt zahlen möchten, müssen Sie das deutlich sagen: **Betsubetsu desu.**

Gut zu wissen!

Oft stellen Restaurants in Vitrinen oder im Schaufenster täuschend echte Plastiknachbildungen der angebotenen Gerichte aus. Wenn es offene Fragen bei der Bestellung gibt, gehen Sie mit der Bedienung zum Schaukasten und zeigen einfach auf das gewünschte Gericht.

Irrashaimase

14

08 Hören Sie sich nun einmal einen ganzen Dialog im Restaurant an. Lesen Sie beim ersten Hören nicht gleich mit – versuchen Sie die Aussagen zu verstehen, dabei spielt es keine Rolle, ob Sie jedes Wort gleich verstehen.

Spielen Sie dann den Dialog nochmals ab. Stoppen Sie das Abspielgerät nach jedem Satz und sprechen Sie nach, bis Ihnen Ihre Beiträge flüssig von den Lippen gehen.

Tezuka: Irasshaimase. Aa, Ohara-san, konnichi wa. O-genki desu ka.
Ohara: Ee, arigatou. Genki desu.

Tezuka: Kochira e douzo.

Tezuka: Go-chuumon wa.
Ohara: Bīru o hitotsu to fugu no sashimi o futatsu kudasai.
Tezuka: Bīru o o-hitotsu… to … fugu no sashimi o o-futatsu … desu ne.

15

09 Übernehmen Sie nun die Rolle des Gastes. Lassen Sie sich zum Tisch führen und geben Sie Ihre Bestellung auf. Sie können natürlich auch einmal etwas anderes als Bier bestellen, nur kann Tezuka-san darauf nicht gleich eingehen.

Tezuka: Irasshaimase. Aa, Ohara-san, konnichi wa. O-genki desu ka.

Ohara: ____________________

Tezuka: Kochira e douzo.

Tezuka: Go-chuumon wa.

Ohara: ____________________

Tezuka: Bīru o o-hitotsu… to … fugu no sashimi o o-futatsu … desu ne.

16

Versuchen Sie sich doch nun einmal als Restaurant-Chef.

10 **Tezuka**: ____________________

Ohara: Ee, arigatou. Genki desu.

Tezuka: ____________________

Ohara: Bīru o hitotsu to fugu no sashimi o futatsu kudasai.

Tezuka: ____________________

Partikeln

Nun haben Sie schon eine ganze Reihe an Partikeln kennen gelernt. Oft fallen diese wichtigen Strukturwörter gar nicht auf, aber sie sind unerlässlich für die Satzstruktur. §4

Subjekt- bzw. Themapartikel: wa/ は

Konnichi wa kommt als zusammenhängende Wendung daher und wird mit *Guten Tag!* korrekt übersetzt.
Dabei ist **wa** eine Subjekt- bzw. Themapartikel, die man wörtlich mit *was anbetrifft* übersetzen könnte.
Konnichi wa heißt also wörtlich: *Was den heutigen Tag angeht.*

Fragepartikel: ka/ か

Der Aussagesatz: **Genki desu.** (*Es geht mir gut.*) wird durch das Anhängen der Fragepartikel **ka** an das Prädikat des Satzes zur Frage. So können Sie aus einem Aussagesatz, ohne Veränderung der Satzstellung, einfach einen Fragesatz bilden.
O-genki desu ka. (*Wie geht es Ihnen?*)
Natürlich muss in der direkten Anrede das Höflichkeitspräfix **o-** verwendet werden.

Objektpartikel: o/ を

Die Partikel **o** macht aus Nomen oder Personalpronomen ein direktes Objekt (Akkusativ-Objekt, Objekt im Wen-Fall)
Bīru o hitotsu. (*Ein Bier bitte.*) Diese Aussage antwortet auf die Wen-Frage: Wen oder was hätten Sie gerne?

Verbindende Partikel: to/ と

Mit **to** verbindet man Substantive in Aufzählungen. **Bīru to sushi** *(Bier und Sushi)*
Achtung, Sätze können nicht mit **to** verbunden werden.

Possessivpartikel: no/ の

Mit der Partikel **no** stellt man besitz- oder zugehörigkeitsanzeigende Bezüge zwischen Nomen her: **fugu no sashimi** (etwa: *Sashimi vom Kugelfisch*).

17

Nun ist es aber Zeit aufzubrechen und das Restaurant zu verlassen.
Hören Sie die Aufnahme an, sprechen Sie nach und schreiben Sie die Aussage auf! 11

Wie fragen Sie nach der Rechnung:

___

Zwar bezahlt man in Japan in der Regel alles zusammen, aber was können Sie sagen, wenn Sie getrennt bezahlen möchten?

___

Hajimemashite

1

12

Herrn Ohara ist das Fugu-Essen nicht gut bekommen. Er wurde bewusstlos ins Krankenhaus eingeliefert. Da seine Symptome auf eine Vergiftung schließen lassen, nimmt Kommissar Maeda (Maeda-keiji-san) die Personalien aller Anwesenden auf. Auch Petra Müller (auf Japanisch Myūra Petora), die heute Abend zu Gast im Restaurant ist, wird befragt.

Gut zu wissen!

In Japan nennt man zuerst den Nachnamen, dann den Vornamen – z.B. **Kurosawa Akira** (Regisseur), **Ando Tadao** (Architekt) oder **Murakami Haruki** (Schriftsteller).

Hören Sie sich einmal den Dialog von Maeda-san und Myūra-san an. Versuchen Sie die Fragen und Antworten zu verstehen, ohne den Text gleich mitzulesen. Sie werden sehen, dass das Japanische gar nicht so unbekannt wie gedacht ist. Im Anhang finden Sie die Mitschrift, die Hiragana-Fassung und natürlich die Übersetzung.

Kanji-Fokus

Die häufigsten japanischen Familiennamen setzen sich meist aus ganz einfachen Schriftzeichen zusammen.

山	本	下	上	森	田	口	川
yama	hon/moto	shita	ue	mori	ta/da	kuchi/guchi	kawa
Berg	Ursprung	unten	oben	Wald	Reisfeld	Mund, Mündung, Eingang	Fluss

Versuchen Sie nun, den Schriftzeichen die richtigen Lesungen zuzuordnen!

1.	山本	a)	Yamashita	(„unter dem Berg“)
2.	森田	b)	Honda	(„Ursprung des Feldes“)
3.	山下	c)	Yamamoto	(„Wurzel des Berges“)
4.	本田	d)	Yamaguchi	(„Bergeingang“)
5.	山口	e)	Morita	(„Waldfeld“)
6.	山田	f)	Ueda	(„auf dem Feld“)
7.	上田	g)	Yamada	(„Bergfeld“)
8.	田口	h)	Taguchi	(„Feldeingang“)
9.	川田	i)	Morikawa	(„Waldfluss)
10.	川口	j)	Kawada	(„Flussfeld“)
11.	森川	k)	Kawaguchi	(„Flussmündung“)

Hajimemashite

Die Partikeln

§4

Die Partikeln sind die entscheidenden Strukturierungselemente in der japanischen Grammatik. Sie entscheiden, welche Funktionen die einzelnen Satzglieder in einem Satz haben.

wa (ga)	は (が)	**Satzthema**; **Subjekt-Partikel**, vergleichbar mit dem 1. oder 4. Fall
no	の	**Genitiv-Partikel** vergleichbar mit dem 2. Fall (Wessen?)
ni	に	hier: **Orts-Partikel** (Wo?)
ka	か	**Frage-Partikel**, steht immer am Ende des Fragesatzes
o	お	meist **Akkusativ-Partikel** (Wen? Was?)

Gut zu wissen!

ne ist eine Satzschlusspartikel
... desu ne bedeutet *...nicht wahr?*

2

Hören Sie sich den Dialog noch einmal an und ergänzen Sie dann die fehlenden Partikeln.

12

Maeda: O-namae ______?

Myūra: Myūra desu. Myūra Petora desu.

Maeda: Doitsu ______ kata desu ______.

Myūra: Hai.

Maeda: O-shigoto ______ nan desu ______.

Myūra: Enjinia desu. Toukyou ______ Bosshu ______ tsutomete imasu.

Maeda: Doko ______ sunde imasu ______.

Myūra: Toukyou ______ ōmori ______ sunde imasu.

Gut zu wissen!

Die Partikel **wa** wird mit dem Hiraganazeichen **ha** は geschrieben, aber als Partikel **wa** ausgesprochen.

Satzstruktur – Einstieg

§1

Im Japanischen ist die Satzstruktur für den Anfang recht einfach. Sobald klar ist, über **wen** oder **was** gesprochen wird, kann man sowohl die Personalpronomen (persönliche Fürwörter) als auch andere Satzteile auslassen.

Enjinia desu. *(Ich) bin Ingenieurin.*

Das Personalpronomen wird hier weggelassen. Man kombiniert einfach das Substantiv mit dem Partikelverb **desu**, das man grob mit dem Verb *sein* ins Deutsche übertragen kann.

Auch Fragen können verkürzt werden. Das Verb (Tätigkeitswort) **desu**, das Fragewort **nan** (*was*) und die Fragepartikel **ka** können fehlen:

O-namae wa nan desu ka. *Wie ist (Ihr) Name?*
O-namae wa? *Ihr Name?*

Selbst in dem ausführlichen Fragesatz findet man kein Personalpronomen. Dennoch kann man erkennen, dass jemand direkt angesprochen wird.
Das Höflichkeitspräfix „**o**“ bei **o-namae** und **o-shigoto** bedeutet soviel wie *ehrenwert* und wird nie für einen selbst verwendet.

Hajimemashite

3

> **Gut zu wissen!**
>
> Es ist in Japan oft so, dass Sie jemand bittet, sich selbst kurz vorzustellen. Üben Sie daher die Selbstvorstellung mit Angaben für Ihre eigene Person und lernen Sie sie auswendig.

Aber vielleicht werden Sie bei Ihrem Besuch in Japan nicht gleich verhört. Wie stellt man sich also einfach und höflich vor?

Die Begrüßungsfloskel **konnichi wa** kennen Sie schon.
Für die erste Begegnung gibt es im Japanischen jedoch besondere Redewendungen.

Hajimemashite.	*Nett, Sie kennen zu lernen.*
Douzo yoroshiku.	*Sehr erfreut.*
oder	
Yoroshiku o-negaishimasu.	*Angenehm, Sie kennen zu lernen.*

Die junge *Studentin* (**gakusei**) Tanpo Miki-san, die in unserer Geschichte noch eine Rolle spielen wird, stellt sich vor. Vervollständigen Sie die Vorstellung.

1. ______________________.	*Nett, Sie kennen zu lernen.*
2. Tanpo ______________ desu.	*Ich bin Miki Tanpo.*
3. Gakusei ______________.	*Ich bin Studentin.*
4. ______________ o-negaishimasu.	*Angenehm, Sie kennen zu lernen.*

4

13

Vielleicht müssen Sie einmal erklären, wo Sie herkommen. Die Ländernamen sind einfach im Japanischen. Außer den asiatischen Staaten wie z.B. *Japan* – **Nihon** 日本 und *China* – **Chuugoku** 中国, deren Namen mit chinesischen Schriftzeichen geschrieben werden, kommen Ihnen alle weiteren bestimmt sofort vertraut vor. Die Ländernamen sind Fremdwörter im Japanischen und werden deshalb mit **Katakana** geschrieben.

Hören Sie sich folgende Ländernamen auf der CD an, lesen Sie mit und sprechen Sie auch nach.

doitsu	*Deutschland*	ドイツ
itaria	*Italien*	イタリア
igirisu	*England*	イギリス
furansu	*Frankreich*	フランス
supein	*Spanien*	スペイン
oranda	*Holland*	オランダ
amerika	*Amerika*	アメリカ
ōsutoria	*Österreich*	オーストリア

Hajimemashite

5

Mit den Suffixen **jin** für *Mensch* und **go** für *Sprache* können Sie gleich auch die Landessprache und die jeweiligen Landsleute benennen.

Lesen Sie die untenstehenden Begriffe. Ordnen Sie den **Ländernamen** jeweils ein **L** zu, der **Landessprache** ein **S** und den **Bewohnern** eines Landes ein **B**:

ōsutoria	chuugoku-go	itaria-jin
nihon	**B** doitsu-jin	eigo
chuugoku-jin	supein-jin	doitsu-go
L furansu	amerika-jin	furansu-jin
igirisu	itaria-go	doitsu
supein-go	**S** nihongo	amerika

Gut zu wissen!

Das Suffix **-jin** unterscheidet weder die männliche oder eine weibliche Form, noch den Singular oder Plural. **Nihonjin** könnte also *einen Japaner* oder *eine Japanerin* meinen.

6

Auf der linken Seite sehen Sie nun verschiedene Ländernamen, auf der rechten passende Hauptstädte. Leider ist die Reihenfolge vertauscht. Lesen Sie alle Länder und Städte einmal laut. Sicherlich können Sie alle identifizieren. Verbinden Sie nun die passende Hauptstadt mit dem jeweiligen Land.

oranda	madorīdo
nihon	**berurin**
chuugoku	rōma
itaria	pari
amerika	uīn
furansu	toukyou
igirisu	amusuterudamu
ōsutoria	rondon
doitsu	washinton
supein	pekin

Kanji-Fokus

Auf Japanisch heißt die Landesprache **nihongo** 日本語 (**nihon** = *Japan* + **go** = *Sprache*).

Vielleicht haben Sie bis jetzt gedacht, dass Kanji unglaublich kompliziert sind und man jedes Zeichen für sich mühsam erlernen muss. Tatsächlich gibt es aber eine begrenzte Anzahl von Bausteinen, den so genannten **Radikalen**, die nur verschieden kombiniert werden.

Wenn Sie sich nun das Schriftzeichen für *Sprache* bzw. *sprechen* 語 (Lesung: **go**) einmal genauer ansehen, müsste Ihnen der Baustein 口 bereits bekannt vorkommen. Erinnern Sie sich an die japanischen Familiennamen? 口 **kuchi** hat die Grundbedeutung *Mund* oder *Öffnung*. Beim Lernen von komplizierteren Kanji ist es hilfreich, sich die einzelnen Bestandteile mit Hilfe einer Eselsbrücke zu merken. So setzt sich 語 aus drei Kanji zusammen : 言 (*Wort*) + 五 (*fünf*) + 口 (*Mund*).

Eine Eselsbrücke wäre in diesem Fall ***„fünf Münder sprechen viele Worte"*** = *Sprache.*

7

Auch Berufsbezeichnungen gehören zur Vorstellung. Im Japanischen sind viele Berufsbezeichnungen aus dem Englischen übernommen:

enjinia = enjineer *(Ingenieur),*
suchūwadesu = stewardess *(Stewardess)*
ueitoresu = waitress *(Kellnerin)*
pairotto = pilot *(Pilot)*

Diese Bezeichnungen müssen nur japanisiert ausgesprochen werden.

Aber natürlich gibt es auch original japanische Berufsbezeichnungen. Hören Sie sich die einzelnen Berufe an und sprechen Sie nach. Versuchen Sie dann, diese auf Japanisch zu schreiben, am besten gleich mit **Hiragana**. Bei manchen Berufen gibt es zwei Varianten.

14

1 *Architekt/-in*

2 *Lehrer/-in*

3 *Bäcker/-in*

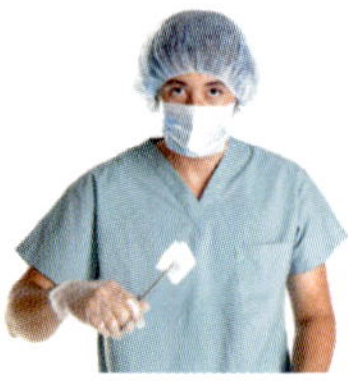

4 *Arzt/Ärztin*

5 *Rechtsanwalt/-anwältin*

6 *Postbote/-botin*

7 *Bank-angestellte/-r*

8 *Firmen-angestellte/-r*

§ 6

Personen-Suffixe bei Berufen

Ähnlich wie bei den Nationalitäten werden auch Berufsbezeichnungen mit Personen-Suffixen gebildet. Die Personen-Suffixe werden Ihnen in anderen Kombinationen immer wieder begegnen.

Hajimemashite

-ka
kenchiku **-ka** (kenchiku + **ka**)
Architekt, -in (Architektur + Person)

ongaku **-ka** (ongaku + **ka**)
Musiker, -in (Musik + Person)
honyaku **-ka** (honyaku + **ka**)
Übersetzer, -in (Übersetzung + Person)

-in
ginkou **-in** (ginkou + **in**)
Bankangestellter, -e (Bank + Person)

Kaisha **-in** (kaisha + **in**)
Firmenangestellter, -e (Firma + Person)

-ya
yuubin **-ya** (yuubin + **ya**)
Postbote, Postbotin (Post + Person)

-shi
bengo **-shi** (bengo + **shi**)
Rechtsanwalt, Rechtsanwältin
(Verteidigung + Person)

Für manche Berufe gibt es zwei Bezeichnungen: eine neutrale, bescheidene Bezeichnung für den eigenen Beruf und eine zweite, höflichere Variante, mit der man den Beruf des Gesprächspartners benennt.
In der Regel hängen Sie einfach ein **-san** an die Berufsbezeichnung.
Ausnahme: **sensei** *Lehrerin*.
Es gibt übrigens keine Unterscheidung zwischen der männlichen und weiblichen Form im Japanischen.

8

Hier stellen sich drei Personen vor. Hören Sie sich die Monologe an, um die drei kennen zu lernen. Keine Angst, wenn Sie nicht jedes Wort verstehen.

15

Lesen Sie nun die Begriffe unter der Tabelle und ordnen Sie die Aussagen den jeweiligen Dialogen zu.

Die Texte finden Sie auch in Hiragana bei den Lektionstexten. Dort können Sie die Monologe gleich einmal selbst sprechen.

Watanabe Hiroshi • Toukyou no Ueno • chuubingen daigaku • enjinia • Nagoya • ~~Tanpo Miki~~ • Toyota • Shutottogaruto • nihongo no kyoushi desu • gakusei

1 	2 	3 
Tanpo Miki		

Gut zu wissen!

Wenn Sie nach dem Beruf fragen, kann es sein, dass man Ihnen antwortet: **Toyota desu** (*Ich arbeite bei Toyota*).
Sie können also auch den Firmennamen anstelle des konkreten Berufes nennen.

Hajimemashite

§3

§19

Die „te-Form"

Ohne es zu wissen, haben Sie mit **sunde imasu** (*wohnen*) und **tsutomete imasu** (*angestellt sein; für jemanden arbeiten*) schon eine der wichtigsten Verbformen im Japanischen kennen gelernt – die so genannte **te-Form.**

In den folgenden Beispielen werden die Verben der **te-Form** mit dem Verb **imasu** kombiniert.

Toukyou ni sunde imasu.	*(Ich wohne in Tokio.)*
Bosshu ni tsutomete imasu.	*(Ich bin bei Bosch angestellt.)*
Kekkon shite imasu ka.	*(Sind Sie verheiratet?)*
Kenchiku o benkyou shite imasu.	*(Ich studiere Architektur.)*

Meistens drückt die **te-Form** + **imasu** aus, dass man **gerade dabei ist, etwas zu tun.** Bei einigen Verben, wie bei *wohnen*, *studieren*, *angestellt* oder *verheiratet sein*, wird mit der **te-Form** auch ein **längerwährender Zustand** ausgedrückt.

Sie müssen die Formen jetzt noch nicht selbst bilden können.
Im Kurs werden die Verben, wo nötig, in **Grundform** und **te-Form** präsentiert.
Lernen Sie sie einfach wie Vokabeln.

9

16

Maeda Keiji-san, der Kommissar, und Tanpo Miki-san, die als Aushilfskellnerin im Fukunoseki arbeitet, lernen sich kennen.

Hören Sie sich den Dialog mehrfach an und sprechen Sie die Sätze nach, stoppen Sie dazu die Aufnahme nach den einzelnen Sätzen. Im Anhang finden Sie auch die Hiragana-Version als Mitleseübung.

Miki Tanpo: Tanpo Miki desu.
Maeda: Maeda desu.
Miki Tanpo: Hajimemashite. Douzo yoroshiku.
Maeda: Kochira koso douzo yoroshiku.
Miki Tanpo: Toukyou no Ueno ni sunde imasu.
Gakusei desu. Maeda-san wa?
Maeda: Toukyou no Kanda ni sunde imasu.
Keiji desu.

10

17

Wenn Sie sich sicher genug fühlen, können Sie selbst eine Rolle übernehmen. Zuerst können Sie die Rolle des Kommissars übernehmen, die forsche Miki verwickelt Sie in ein Gespräch.

Antworten Sie auch einmal „wahrheitsgemäß" und nennen Sie Ihren wirklichen Namen, Wohnort und Beruf.

Hajimemashite

Miki Tanpo: Tanpo Miki desu.

Sprecher: ____________________

Miki Tanpo: Hajimemashite. Douzo yoroshiku.

Sprecher: ____________________

Miki Tanpo: Toukyou no Ueno ni sunde imasu. Gakusei desu. Maeda-san wa?

Sprecher: ____________________

Danach übernehmen Sie Mikis Rolle, führen Sie das Gespräch. 18

Sprecher: ____________________

Maeda: Maeda desu.

Sprecher: ____________________

Maeda: Kochira koso douzo yoroshiku.

Sprecher: ____________________

Maeda: Toukyou no Kanda ni sunde imasu. Keiji desu.

Erste Begegnungen mit Japanern

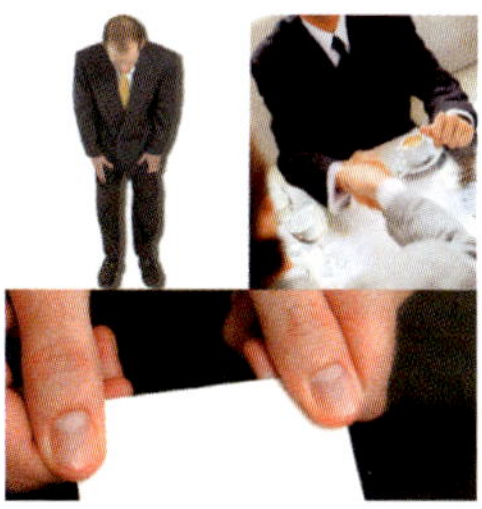

Händeschütteln ist in Japan traditionell nicht üblich. Stattdessen verbeugt man sich voreinander. Trotzdem kann es Ihnen passieren, dass Ihnen ein interkulturell trainierter Japaner von sich aus die Hand gibt, wo Sie sich innerlich doch schon auf Ihre Verbeugung vorbereitet hatten.
Dann drücken Sie bitte nicht so kräftig zu, denn das wird von Japanern als unangenehm empfunden.

Solange Sie nicht selber in einer japanischen Firma tätig sind und mit japanischen Kunden zu tun haben, müssen Sie den entsprechenden Verbeugungswinkel nicht perfekt beherrschen. Bei Gleichrangigen oder Untergebenen ist eine Neigung von 15 Grad gerade richtig. Bei Vorgesetzten oder in einer formelleren Situation, wie z.B. bei einer ersten Begegnung, sind 30 Grad angemessen.

Wenn Sie geschäftlich nach Japan reisen, sollten Sie immer eine Visitenkarte, am besten mit japanischer Übersetzung auf der Rückseite, parat haben.
Wenn Sie eine Visitenkarte entgegennehmen, tun Sie dies respektvoll mit beiden Händen. Gehen Sie auch sonst gebührend mit der Visitenkarte um, zumindest solange der Besitzer zugegen ist.

Hiroi desu ne!

1

19 Tezuka-san wohnt mit seiner Frau, seinen 3 Kindern und einer Katze in einem traditionellen japanischen Haus. Im **ikkai** (*Erdgeschoss*) befinden sich 5, im **nikai** (*1.Stock*) vier Zimmer. Wir betreten das Haus durch den **genkan** (*Eingangsbereich*) und stellen dort unsere Schuhe ab. Die Führung endet im traditionell eingerichteten **kyakuma** (*Gästezimmer*) mit **tokonoma** (*Nische mit Rollbild*).

Gut zu wissen!

Bei modernen Apartments sind auch Anglizismen wie **kitchin** (kitchen = Küche), **dainingu** (diningroom = Esszimmer), **ribingu** (livingroom = Wohnzimmer) und **barukonī** (balcony = Balkon) üblich.

2

20

§7

Benutzen Sie Adjektive, um Personen oder Gegenstände genauer zu charakterisieren, indem Sie aus **Adjektiv** und **desu** einen kurzen Satz bilden. Sie können den Satz mit der Satzschlusspartikel **ne** beschließen, um die Aussage zu verstärken oder Zustimmung einzufordern: **O-share desu ne.** *(Das ist aber schick!* oder *Das ist schick, nicht wahr?)*

1 **o-share desu ne** (*schick*)
2 **hiroi desu ne** (*groß, geräumig*)
3 **akarui desu** (*hell*)
4 **kawaii desu ne** (*süß, niedlich*)
5 **oishii desu ne** (*lecker*)
6 **kirei desu** (*schön*)
7 **wakai desu ne** (*jung*)
8 **hansamu desu ne** (*gut aussehend*)
9 **ii desu ne** (*gut, schön*)
10 **tanoshii desu ne** (*macht Spaß*)

3

21 Maeda-keiji-san sucht Tezukasan zu Hause auf. Er ist voller Begeisterung: **O-sharena uchi desu ne.** *(Das ist aber ein schickes Haus!)*
Hören Sie sich den Dialog an und lesen Sie mit! Machen Sie sich keine Sorgen, wenn Sie nicht auf Anhieb alles verstehen. Aber merken Sie sich, dass Sie mit **Kore wa . . . desu**. auf die verschiedensten Dinge hinweisen können.

Hiroi desu ne!

Maeda:	O-sharena uchi desu ne.
Tezuka:	Sou desu ka. Arigatou gozaimasu. Kore wa ima desu.
Maeda:	Hiroi desu ne.
Tezuka:	Kore wa kyakuma desu.
Maeda:	Hee, washitsu mo arimasu ne. Akarui desu ne.
Neko:	Nyao.
Maeda:	Aa, neko-chan mo imasu ne. Kawaii desu ne. Tokorode, Tezuka-san wa o-ko-san ga imasu ka.
Tezuka:	Hai, sannin imasu. Musume futari to musuko hitori desu. Kodomobeya wa nikai ni arimasu.

Grammatiktipp!

Steht das Adjektiv als Attribut bei einem Substantiv, wird bei **o-share** die Silbe **-na** angehängt. **O-share desu ne!** *Das ist aber schick!* oder **O-sharena ima desu ne!** *Das ist aber ein schickes Wohnzimmer!*

Haben oder nicht haben!

§8

Wenn Sie auf eine Person oder Sache verweisen, die *vorhanden* oder *anwesend ist*, oder Sie sagen möchten, dass Sie etwas *besitzen* oder *haben*, verwenden Sie die Verben **arimasu** und **imasu**. Dabei wird zwischen lebendigen (**imasu**) und unbelebten Dingen (**arimasu**) unterschieden.

In Herrn Tezukas Haus gibt es eine quicklebendige **Katze:**
Tezuka-san no uchi ni wa neko ga imasu.
Darüber hinaus besitzt Tezuka einen **Computer**:
Konpyūtā ga arimasu.

Achten Sie auch auf die Partikeln. Der Besitzer wird mit der Partikel **wa** markiert, das Objekt mit der Partikel **ga.** Oft wird hier auch die Partikel **mo** eingesetzt.

Hee, washitsu mo arimasu ne. *Oh, ein Zimmer im japanischen Stil gibt es auch!*

Wenn Sie eine verneinte Aussage bilden möchten, ändern Sie einfach die Endung der Verben **arimasu** und **imasu**. Verneint wird aus der Endung **masu** die Endung **masen**. Darüber hinaus verwendet man in der Verneinung allein die Partikel **wa**.

Tezuka-san no uchi ni wa neko wa imasen.
Konpyūtā wa arimasen.
In Herrn Tezukas Haus gibt es also weder Katzen noch Computer.

Durch das Anhängen der Fragepartikel **ka** können Sie natürlich auch eine verneinte Frage stellen:

Konpyūtā wa arimasen ka. *Gibt es keine(n) Computer?*

Hiroi desu ne!

4

Erinnern Sie sich? Tezuka-san hat zwei Töchter (**musume**) und einen Sohn (**musuko**), also drei Kinder (**o-ko-san**): **Tezuka-san wa o-ko-san ga sannin imasu.**

Im Japanischen ist zwischen der Zahl und den zu zählenden Personen wieder ein „Zählwort" erforderlich. Das Zählwort für Menschen wird mit dem chinesischen Schriftzeichen 人(**nin**, **jin** – *Mensch*) geschrieben, für die ersten beiden Personen ist diese Lesung jedoch kaum noch zu erkennen.

Gut zu wissen!

Für *sieben Personen* gibt es zwei Lesemöglichkeiten: **shichinin** oder **nananin**

一人	hitori	rokunin	六人
二人	futari	nananin/shichinin	七人
三人	sannin	hachinin	八人
四人	yonin	kyuunin	九人
五人	gonin	juunin	十人

5

Schauen Sie sich die Bilder an, welches Zählwort beschreibt die Personenanzahl.

1 __________

2 __________

3 __________

4 __________

5 __________

6 __________

7 __________

8 __________

9 __________

10 __________

6

Raucht Ihnen auch der Kopf vor Zahlen? Gehen wir zurück ins Haus und stellen einfache Fragen nach den Zimmern:
Substantiv (z.B. die Ihnen bekannten Räume des Hauses) + Thema-Partikel **wa** + Fragewort **doko** (*wo*) + **desu** + Fragepartikel **ka**. **O-tearai wa doko desu ka.**

Fragen Sie nach den folgenden Räumen.

Hiroi desu ne!

1 *Genkan wa doko desu ka.* ______

2 ______

3 ______

4 ______

5 ______

6 ______

7 ______

8 ______

9 ______

10 ______

7

Im Dialog zwischen Maeda-san und Tezuka-san fehlen sämtliche Partikeln!

Achten Sie noch einmal darauf, wann die Partikel **ni** vorkommt.
Kodomobeya wa nikai <u>ni</u> arimasu. *(Die Kinderzimmer sind <u>im</u> 2.Stock)*

Bei Ortsangaben verwendet man **ni**.
Hiroshima <u>ni</u> sunde imasu. *(Ich wohne <u>in</u> Hiroshima.)*

Maeda: O-sharena uchi desu ____.

Tezuka: Sou desu ____. Arigatou gozaimasu. Kore ____ ima desu.

Maeda: Hiroi desu ____.

Tezuka: Kore ____ kyakuma desu.

Maeda: Hee, washitsu ____ arimasu ____. Akarui desu ____.

Tezuka: Nyao.

Maeda: Aa, neko-chan ____ imasu ne. Kawaii desu ____. Tokorode, Tezuka-san ____ o-ko-san ____ imasu ____.

Tezuka: Hai, sannin imasu. Musume futari ____ musuko hitori desu. Kodomobeya ____ nikai ____ arimasu.

Gut zu wissen!

In Japan ist das Erdgeschoss der 1. Stock (**ikkai**). Die Kinderzimmer sind also im 2. Stock (**<u>ni</u>kai**). Auch hier benutzt man ein Zählwort: **kai** (*Etage/Stock*).

Hiroi desu ne!

§9

Das ko-so-a-do-System

Während Tezuka-san den Gast durch sein Haus führt, verwendet er mehrfach das Demonstrativpronomen **kore** (*dies*): **Kore wa ima desu.**
Kore verweist immer auf einen Gegenstand, der sich im Bereich des Sprechers befindet. Um unterschiedliche Entfernungen von Dingen deutlich zu machen, gibt es im Japanischen das so genannte „**ko-so-a-do-System**".

ko – bezieht sich auf etwas, das sich beim Sprecher befindet
so – bezieht sich auf etwas, was sich beim Hörer befindet
a – bezieht sich auf etwas, das außerhalb des Bereichs von Sprecher und Hörer liegt
do – dient der Bildung der entsprechenden Fragewörter

Durch Anhängen der Silbe **-re** können mit **ko-**, **so-**, **a-** und **do-** unterschiedliche Demonstrativpronomen gebildet werden, mit denen man auf einen Gegenstand verweist.
Stehen Sprecher und Zuhörer in gleichem Abstand zu einem Gegenstand, gelten für beide die **ko-**Zusammensetzungen.

Setzen Sie das passende hinweisende Fürwort ein: **kore – sore – are**

a Das Fahrrad (**jitensha**) liegt außerhalb des Bereichs der beiden Gesprächspartner.

________________ **wa musuko no jitensha desu.**

b Der Angesprochene steht näher beim Telefon (**denwa**) als der Sprecher.

________________ **wa denwa desu.**

c Der Sprecher ist näher beim Eingang des Arbeitszimmers als der Zuhörer.

________________ **wa shosai desu.**

8

Schauen Sie sich die Bilder an und lesen Sie die zugehörigen Aussagen.
Welche Aussage passt am besten zum Bild?

a Sore wa ima desu.
b Kore wa ima desu.
c Are wa ima desu.

a Kore wa terebi desu.
b Are wa terebi desu.
c Sore wa terebi desu.

③

a O-tearai wa doko desu ka.
b Sore wa o-tearai desu.
c Are wa o-tearai desu.

a Kore wa kamera desu ka.
b Are wa watashi no konpyūtā desu.
c Sore wa kamera desu ka.

Hiroi desu ne!

9

Nun haben Sie schon eine Vielzahl sprachlicher Elemente kennen gelernt. Sicherlich können Sie alle aufgelisteten Minidialoge zusammenfügen.

Petto ga imasu ka.	1	a	Hansamu desu ne.
O-ko-san ga imasu ka.	2	b	Iie, watashi no shosai desu.
Konpyūtā ga arimasu ka.	3	c	Kawaii desu ne.
Kore wa kyakuma desu ka.	4	d	Hiroi desu ne.
Kore wa musume desu.	5	e	Iie, arimasen.
Kore wa ima desu.	6	f	Hai, futari imasu.
Kore wa musuko desu.	7	g	Hai, neko ga imasu.

Kore *(dies)*, wie in **Kore wa musume desu.** *(Dies hier ist meine Tochter.)*, sollte man für Personen außerhalb der eigenen Familie nicht verwenden. Benutzen Sie stattdessen **kochira** *(wörtlich: diese Richtung)*, wenn Sie jemanden vorstellen. **Kochira wa Suzuki-san desu.** *(Dies hier ist Herr Suzuki.)*

§9

10

Verglichen mit anderen Sprachen ist Japanisch relativ lautarm. Achten Sie deshalb ganz besonders auf Lang- und Kurzvokale sowie Doppelkonsonanten, denn diese machen oft einen Bedeutungsunterschied aus.

22

Hören Sie sich die folgenden Sätze an und streichen Sie die inkorrekte Form aus.

1. Oshire/Oshiire ga arimasu ka.
2. Arigato/Arigatou gozaimasu.
3. Yamada-san wa petto/peto ga imasu ka.
4. Kodomo ga sanin/sannin imasu.

Gut zu wissen!

Achtung, in **Katakana** wird der Langvokal durch einen Strich über dem entsprechenden Vokal ausgedrückt.
bīru (Bier), jūsu (Saft), aisusukēto (Eislaufen).

Kanji-Fokus

Diese Zeichen werden Ihnen in Japan immer wieder begegnen. Das Zeichen 口 kennen Sie schon von den Familiennamen: **kuchi**.

入口	いりぐち	**iriguchi**	*Eingang*
出口	でぐち	**deguchi**	*Ausgang*
非常口	ひじょうぐち	**hijōguchi**	*Notausgang*
お手洗い	おてあらい	**otearai**	*WC*
男	おとこ	**otoko**	*Herren*
女	おんな	**onna**	*Damen*

Hiroi desu ne!

11

23

Nicht alle haben das Glück, wie Tezuka-san in einem **ikkodate**, einem Einfamilienhaus, zu wohnen. Hören Sie Aussagen zu den Fotos und sprechen Sie nach.

Gut zu wissen!

In der Regel verwendet man keine Personalpronomen im Japanischen. Aber natürlich gibt es sie:
watashi wa = *ich*
anata wa = *du*

Ikkodate ni sunde imasu.

Ryou ni sunde imasu.

Watashi wa apāto ni sunde imasu.

Machi no naka ni sunde imasu.

Inaka no hou ni sunde imasu.

Manshon ni sunde imasu.

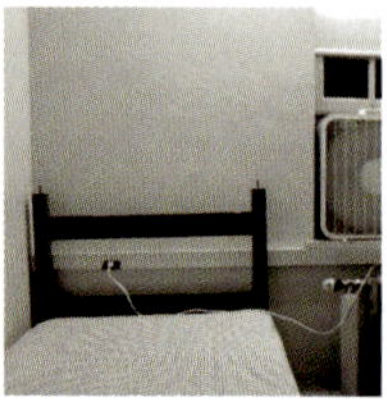

Hitori de sunde imasu.

Und wie wohnen Sie selbst? ______________________________

12

24

Im folgenden Dialog unterhalten sich Tezuka-san und Miki über ihre Wohnungen. Hören Sie sich den Dialog mehrfach an. Versuchen Sie jedoch die folgende Aufgabe zu lösen, ohne die Texte mitzulesen!

Gut zu wissen!

In **ee, imasu yo** ist **yo** eine Satzschlusspartikel zur Betonung der Aussage!

Ordnen Sie die folgenden Begriffe den beiden Person zu!

ryou • **Asakusa** • **ikkodate** • **neko** • **Ueno**

Tezuka-san	Miki-san

Hiroi desu ne!

13

Tezuka-san zeigt seiner Mitarbeiterin Miki ein paar Fotos von seinem Haus und seiner Familie. Miki-san, die in einem Wohnheim wohnt, ist ganz begeistert. 24

Tezuka: Tokorode, Miki wa doko ni sunde imasu ka.
Miki: Toukyou no Ueno desu. Tezuka-san wa?
Tezuka: Asakusa desu. Apāto ni sunde imasu ka.
Miki: Iie, ryou desu. Tezuka-san wa?
Tezuka: Ikkodate ni sunde imasu.
Miki: Hee, urayamashii desu ne.
Tezuka: Kore wa watashi no uchi desu.
Miki: Hiroi desu ne. Petto ga imasu ka.
Tezuka: Ee, imasu yo. Neko ga imasu. Kore wa tsuma desu.
Miki: Hee, oku-san wakai desu ne!
Tezuka: Sou desu ka. Kore wa musume to neko desu.
Miki: Kawaii desu ne.

Gut zu wissen!

Die *eigene Frau* nennt man **tsuma**, die *Frau des Gegenübers* höflich **oku-san**. Die *eigene Tochter* heißt **musume.** Wenn man über die *Töchter anderer* spricht, verwendet man **musume-san** oder auch **ojou-san**.

Steigen Sie dann ins Gespräch ein und übernehmen Sie Mikis Rolle. 25

14

Zur Begrüßung sagen Sie je nach Tageszeit: **Ohayo gozaimasu. Konnichi wa.** oder **Konban wa.** (*Guten Morgen. Guten Tag.* oder *Guten Abend.*)

Der Gastgeber begrüßt Sie mit: **Irasshaimase.** oder **A, irasshai.** Beides heißt: *Willkommen!*

Sie ziehen Ihre Schuhe aus und werden gebeten einzutreten. Meist gibt es eine kleine Stufe zum Wohnbereich und der Gastgeber fordert Sie auf: **Douzo, o-agari kudasai.** oder er sagt: **O-hairi kudasai.** (wörtl. *Kommen Sie doch bitte hoch.* und *Kommen Sie doch bitte herein.*)

Nachdem Sie Ihre Schuhe in „Fahrtrichtung" gestellt haben, sagen Sie vor dem Betreten des Wohnbereiches: **O-jama shimasu.** (wörtl. *Ich belästige Sie.*)

Der Gastgeber wird Ihnen den Weg weisen mit den Worten: **Douzo, kochira e.** (*Hier entlang, bitte!*)

Wenn Sie Ihr Gastgeschenk überreichen, sagen Sie: **O-miyage desu, douzo.** (*Dies ist mein Gastgeschenk!*) Sie könnten auch für unsere Ohren etwas ungewöhnlich formulieren: **Tsumaranai mono desu ga, douzo.** Was soviel bedeutet wie: *Dies ist zwar nur etwas langweiliges, trotzdem – bitte schön.*

Zum Abschied sagen Sie: **Sayounara.** (*Auf Wiedersehen*!)
Wenn es schon sehr spät geworden ist: **Oyasumi nasai.** (*Gute Nacht!*)
Wenn Sie zum Essen eingeladen wurden, sollten Sie sich zusätzlich noch für die Bewirtung bedanken: **Gochisousama deshita.** (*Vielen Dank für die Bewirtung!*)

Kaimono

1

26

Maeda-Keiji-san ist auf dem Weg zu einem Treffen mit Frau Ohara. Ihr Mann hat sich noch immer nicht vom Fugu-Essen erholt. Dennoch geht Frau Ohara ihrer Lieblingsbeschäftigung, dem „Shopping“, nach.
Hören Sie sich die Bezeichnungen der Kleidungsstücke der Reihe nach an. Sprechen Sie jedes Wort nach und ordnen Sie jedes Bild einer Bezeichnung zu.

a	wanpīsu	f	kōto
b	sētā	g	zubon
c	burausu	h	kutsu
d	tīshatsu	i	sukāto
e	sebiro to nekutai	j	waishatsu

Gut zu wissen!

Weitere Bezeichnungen für Kleidungsstücke aus dem Englischen: **būtsu** *(boots = Stiefel)*, **jīpan** *(jeans-pants = Jeanshosen)* und **sunīkā** *(sneakers = Sportschuhe)*.

2

27

Hier finden Sie die Farbadjektive, um die Kleidungsstücke genauer zu beschreiben. Hören Sie sich die Beschreibungen der einzelnen Kleidungsstücke auf der CD an und sprechen Sie nach. Unter den Abbildungen finden Sie das Farbadjektiv samt deutscher Übersetzung.

akai – *rot* | **shiroi** – *weiß* | **kuroi** – *schwarz* | **midori-iro (no)** – *grün* | **kon-iro (no)** – *dunkelblau*

kiiroi – *gelb* | **pinku (no)** – *pink* | **chairo (no)** – *braun* | **orenji-iro (no)**–*orange* | **gurē (no)** – *grau*

Gut zu wissen!

Achtung! Nur die Farben *weiß* – **shiroi**, *rot* – **akai**, *schwarz* – **kuroi** und *gelb* – **kiiroi** werden im Japanischen als „echte“ Adjektive wiedergegeben. Bei den anderen Farben müssen Sie das Farbadjektiv mit der Partikel **no** vor das Substantiv (Hauptwort) stellen.

Kaimono

3

Sehen Sie sich die untenstehenden Bilder an. Welches Adjektiv passt zum Bild? Hören Sie sich an, wie die Wörter ausgesprochen werden.

28

takai – *teuer*; **yasui** – *billig*; **kitsui** – *eng*; **yurui** – *weit*; **jimi-na** – *schlicht*; **hade-na** – *schrill*; **nagai** – *lang*; **mijikai** – *kurz*;

① 
② 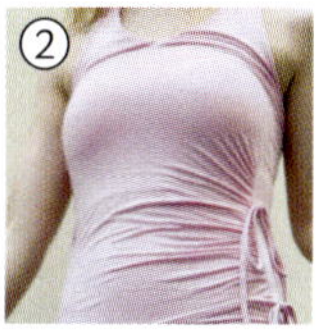
③ 
④ 
⑤ 
⑥ 
⑦ 20.000 ¥ 
⑧ 500 ¥ 

Gut zu wissen!

Wenn etwas ein *bisschen* zu eng oder zu weit ist, verwenden Sie **chotto** (*bisschen*):
Chotto kitsui desu – *ein bisschen eng*

4

Frau Ohara hat vergeblich in einem Café auf Maeda-Keiji-san gewartet. Nun muss er die Dame in eine **butikku** (*Boutique*) begleiten. Unterstreichen Sie alle Adjektive.

29

Maeda: Kireina wanpīsu desu ne.
Ohara: Sou desu ka. Chotto kitsui desu ga.
Maeda: Iro wa koniro desu ka, kuro desu ka.
Ohara: Kuro deshou. Chotto hade dewa arimasen ka.
Maeda: Iie, totemo niaimasu yo.
Ohara: Chotto mijikai desu ga.
Maeda: Iie, choudo ii desu yo.
Ohara: Jaa, kaimashou ka.

Gut zu wissen!

In Japan dürfen Sie die Umkleidekabinen nicht mit Schuhen betreten!

i-Adjektive und na-Adjektive

§7

Im Japanischen gibt es zwei Gruppen von Adjektiven.

i-Adjektive („echte" Adjektive), die auf **i** enden. Dem **i** muss immer ein **a, i, o** oder **u** vorangehen.

na-Adjektive (Quasi-Adjektive)

akai – kawaii – kuroi – kitsui
rot – süß/niedlich – schwarz – eng

o-share – hade – kirei
schick – schrill – schön

Oft ist kein Unterschied zwischen den beiden Gruppen zu erkennen.

Neko-chan wa kawaii desu.
(Das Kätzchen ist süß.)

Ohara-san wa kirei desu.
(Frau Ohara ist schön.)

Wird ein Adjektiv jedoch als Attribut zum Hauptwort verwendet, muss bei na-Adjektiven die Partikel **na** angehängt werden.

Kawaii neko ga imasu!
(*Ich habe eine niedliche Katze.*)

Kirei-na Ohara-san wa Kyoto ni sunde imasu.
(*Die schöne Frau Ohara wohnt in Kyoto.*)

Kaimono

5

29

Lesen Sie nochmals das Gespräch zwischen Maeda-Keiji-san und Frau Ohara Satz für Satz. Leider fehlen in den Sätzen die passenden Adjektive. Wählen Sie das passende Adjektiv aus. Hören Sie sich zur Kontrolle das Gespräch nochmals an.

1. Kireina/Kitsui/Kuroi wanpīsu desu ne.
2. Sou desu ka. Chotto kuroi/kitsui/kireina desu ga.
3. Iro wa hade/koniro/akai desu ka, kuro desu ka.
4. Kuro deshou. Chotto hade/kuro/ii dewa arimasen ka
5. Iie, totemo niaimasu yo
6. Chotto mijikai/kuro/kawaii desu ga.
7. Iie, choudo hade/ii/koniro.
8. Jaa, kaimashou ka.

6

§13

Verneinung na- Adjektive

Bei den **na-Adjektiven** ist die Verneinung ganz einfach. Das **na-Adjektiv** bleibt unverändert, nur **desu** (*sein*) wird verneint zu **dewa + arimasen** oder **dewa + nai desu**.

O-share desu. heißt verneint:
O-share dewa arimasen oder **O-share dewa nai desu.**

Verneinen Sie die folgenden Aussagen.

1 O-share desu. (*Das ist schick.*)

____

2 Dressu wa kirei desu. (*Das Kleid ist schön.*)

____

3 Hade desu. (*Das ist gewagt.*)

____

§13

Verneinung i- Adjektive

Bei den **i-Adjektiven** ist die Sache auf den ersten Blick etwas komplizierter. Hier wird das Endungs-**i** durch ein **-ku** ersetzt. Erst dann folgt einfach **arimasen** oder **-nai desu**.

takai desu heißt verneint: **takaku-nai desu** oder **takaku arimasen**
takaku-nai (*nicht teuer sein*) funktioniert wie ein **i-Adjektiv**, das Sie als Attribut vor ein Substantiv (Hauptwort) setzen: **takaku-nai wanpīsu** (z.B. *ein nicht teures Kleid)* meist besser als Relativsatz übersetzt: *ein Kleid, das nicht teuer ist.*

Kaimono

Vervollständigen Sie die Sätze mit der passenden Endung zu verneinten Aussagen.

1	Wanpīsu wa takaku	a	-ku arimasen
2	Sukāto wa yuru	b	dewa nai desu.
3	Sebiro wa oshare	c	-nai desu.

Beachten Sie, dass es immer zwei mögliche Arten der Verneinung gibt:

Das Kleid ist nicht teuer:	**Kono wanpīsu wa takaku-nai desu.** oder **Kono wanpīsu wa takaku arimasen.**
Der Rock ist nicht (zu) weit:	**Kono sukāto wa yuruku-nai desu.** oder **Kono sukāto wa yuruku arimasen.**
Der Anzug ist nicht schick:	**Kono sebiro wa oshare* dewa nai desu.** oder **Kono sebiro wa oshare dewa arimasen.** (*Achtung, **o-share** ist ein na-Adjektiv)

7

Nun sind Sie dran! Verneinen Sie die folgenden Sätze. Achtung, hier gibt es sowohl **i-Adjektive** als auch **na-Adjektive.**
Schreiben Sie die passende Form in die Lücke.

Yamada-san no inu wa kawaii desu. *Herr Yamadas Hund ist süß.*

1 ______________________________

Kitsui desu. *Das ist eng.*

2 ______________________________

Sono zubon wa yurui desu ne. *Diese Hosen sind weit, nicht?*

3 ______________________________

Kono sebiro wa kuroi desu. *Dieser Anzug ist schwarz.*

4 ______________________________

Sono zubon wa akai desu. *Diese Hosen sind rot.*

5 ______________________________

Hashimoto-san wa hansamu desu. *Hashimoto ist gutaussehend.*

6 ______________________________

Gut zu wissen!

yo ist auch eine wichtige Satzschlusspartikel.
ne *(nicht wahr)* verwendet man, wenn man von der Zustimmung des Gegenübers ausgeht.
yo dagegen wird u. a. verwendet, wenn man anderer Meinung ist.
Takai desu yo.
(Das ist doch teuer!)

Kaimono

8

30

Eine sehr häufig verwendete Form im Japanischen ist die **deshou**-Form. Man verwendet das Wort **deshou** anstelle von **desu**, um statt einer klaren Aussage eher eine Vermutung auszudrücken. **Nihonjin desu** (*Sie ist Japanerin*) ist eine Feststellung. **Nihonjin deshou** (*Sie ist wahrscheinlich Japanerin*), ist eine Vermutung. Hören Sie sich die Sätze an. Handelt es sich um eine klare Aussage **A** oder eine Vermutung **V** – kreuzen Sie an! Schreiben Sie den gehörten Satz.

Gut zu wissen!

Die **deshou-Form** klingt weicher als die **desu-Form.** Anders als die deutsche Wendung *wahrscheinlich/vermutlich* wird sie häufiger verwendet.

① 
② 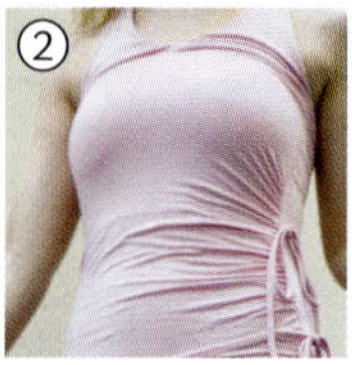
③ 
④ 

1. **A** **V** ____________________ 2. **A** **V** ____________________

3. **A** **V** ____________________ 4. **A** **V** ____________________

9

29

Hören Sie sich noch einmal alle Sätze aus dem Dialog zwischen Maeda-Keiji-san und Ohara-san in der Boutique an und ergänzen Sie die fehlenden Wörter.

Maeda: Kireina wanpīsu desu 1 ____________.

Ohara: Sou desu ka. 2 ________ kitsui desu 3 ____________.

Maeda: 4 ____________ wa koniro desu ka, 5 ____________ desu ka.

Ohara: Kuro deshou. 6 ____________ hade dewa arimasen ka.

Maeda: Iie, 7 ____________ niaimasu yo.

Ohara: 8 ________ mijikai desu 9 ________.

Maeda: Iie, 10 ____________ ii desu yo.

Ohara: 11 ____________, kaimashou ka.

chotto – *ein wenig, ein bisschen, etwas*
chotto mijikai – *ein bisschen kurz*
ga am Satzende – schwaches *aber*
iro – *Farbe*
kuro – *schwarz als Substantiv*
totemo – *sehr*
niaimasu – *jemandem gut stehen; passen*
choudo – *genau*
ii – gut
choudo ii – wörtl.: *genau gut* übertragen zu *„genau richtig oder gerade richtig"*
jaa – *Ja, dann...*
kaimashou ka – *Soll ich es kaufen?*

Oder-Fragen entstehen aus zwei aneinandergereihten Fragen: **Iro wa koniro desu ka, kuro desu ka.** (*Die Farbe ist dunkelblau oder schwarz?*)

10

Wie heißen die Farben auf Japanisch? Schreiben Sie das Farbadjektiv zum jeweiligen Farbfeld. Können Sie die Adjektive auf Japanisch schreiben?

①	②	③	④	⑤
______	______	______	______	______
⑥	⑦	⑧	⑨	⑩
______	______	______	______	______

Gut zu wissen!

Neben **midori iro** für *grün* und **kon iro** für *dunkelblau*, gibt es auch die Farbe **ao** (Substantiv; **aoi** = Adjektiv), die *blau* und *grün* bedeutet. Man verwendet sie, um so unterschiedliche Dinge zu beschreiben, wie die Farbe des Meeres oder die grüne Ampelphase.

Kanji-Fokus

Das Schriftzeichen für **kutsu** (*Schuhe*) ist: 靴 = 革 (Leder) + 化 (Veränderung)
化 (Veränderung) besteht wiederum aus zwei Schriftzeichen, einem „stehenden Menschen" links und einem „sitzenden Menschen" rechts. Daraus leiten sich zwei Merkhilfen ab.
1. *Veränderung* = veränderte Position eines Menschen vom Stehen zum Sitzen.
2. *Schuhe* = Schuhe sind verändertes Leder.

Beachten Sie, dass das Zeichen für Leder leicht gedrängt geschrieben wird, damit das Gesamtzeichen in seiner Komposition harmonisch erscheint! Wie kompliziert ein Zeichen auch ist, so muss es doch immer auf gleichem Raum untergebracht werden bzw. in ein Quadrat passen. Üben Sie das komplexe Zeichen!

化

Strichfolge: linksgerichteter Strich vor rechtsgerichtetem

„Veränderung"

革

Strichfolge: von oben nach unten, waagerechter vor kreuzendem Strich

„Leder"

靴

くつ kutsu *Schuhe*

Schrifttraining

Beachten Sie die Strichfolge.
Die Regeln finden Sie auf Seite 20.

Kaimono

11

31

Gehen Sie nun einmal ins **depāto** (*Kaufhaus*). Es ist **bāgensēru** (*Schlussverkauf; bargain sale*). Ein Kunde erkundigt sich, welche Kleidungsstücke noch vorrätig sind. Lesen Sie dann die zugehörigen Aussagen – während Sie den Dialog nochmals hören, kreuzen Sie an, ob die Aussagen korrekt sind (✓) oder nicht zutreffen (×).
Lesen Sie Aussagen auch in japanischer Schrift.

	✓	×		
1			Būtsu wa arimasen.	ブツはありません。
2			Akai tīshatsu wa takai desu.	あかいティーシャツはたかいです。
3			Sunīkā wa arimasu.	スニーカーはあります。
4			Kuroi sētā to akai sētā ga arimasu.	くろいセーターとあかいセタがあります。
5			Nekutai wa arimasu.	ネクタイはあります。
6			Nekutai wa hade dewa arimasen.	ネクタイははではありません。

Gut zu wissen!

Dieser Dialog wurde vereinfacht. Wahrscheinlich würde die Verkäuferin in besonders höflichem Japanisch (**Keigo**) antworten. Wenn Sie etwas nicht verstehen, sagen Sie: **Sumimasen. Keigo wa wakarimasen** (*Entschuldigung, ich kann/verstehe kein Keigo*).

§11

Wo-Fragen

Das Fragewort **doko** (*wo*) kennen Sie ja bereits. Mit dem Fragewort allein können Sie z.B. fragen, wo sich etwas befindet.
Sumimasen, nekutai wa doko desu ka. *Wo sind die Krawatten, bitte?*

Verwenden Sie jedoch statt **desu** das Verb **arimasu**, müssen Sie bereits in der Frage die Partikel **ni** hinzufügen.
Nekutai wa doko ni arimasu ka. *Wo gibt es hier Krawatten?*

Auch wenn Sie fragen möchten, wo jemand angestellt ist oder wo er wohnt, steht die Partikel **ni**.
Doko ni tsutomete imasu ka. *Wo sind Sie angestellt?*
Toukyou no Bosshu ni tsutomete imasu. *Ich bin bei Bosch in Tokio angestellt.*

Während *wohnen*, *sich befinden* und *angestellt sein* **nicht** als Tätigkeiten empfunden werden, ist *kaufen* – **kaimasu** dagegen etwas sehr aktives und muss deshalb mit einer anderen Ortspartikel, der Partikel **de**, markiert werden.
Doko de sētā o kaimasu ka. *Wo kaufen Sie denn Pullover?*

Darauf antwortet man dann:
Butikku de kaimasu. *In der Boutique.*

Im Japanischen sind die Partikel das A und O. Die Satzstellung hingegen ist einfach:

Subjekt (mit Themapartikel **wa** oder **ga**) + **Objekt** (mit verschiedenen Objektpartikeln, **o**, **wa**, **ni**) + **Prädikat** (beschreibt Tätigkeit oder Zustand: mit **desu** oder einem Verb)

12

Schauen Sie sich noch einmal alle wichtigen Redewendungen für den Einkauf im **depāto** (*Kaufhaus*) an! Hören Sie sich die Aufnahmen Satz für Satz an und sprechen Sie nach. Versuchen Sie auch einmal andere Objekte einzusetzen. Auch hier können Sie Ihre Schriftkenntnisse testen.

32

Sono būtsu o kudasai.	そのブーツをください。
Shiroi zubon ga arimsu ka?	しろいずぼんがありますか。
Kuroi zubon mo arimasu ka?	くろいずぼんもありますか。
Chotto yurui desu ga.	ちょっとゆるいですが。
Chotto kitsui desu ga.	ちょっときついですが。
Chotto hade desu ga.	ちょっとはでですが。
Chotto jimi desu ga.	ちょっとじみですが。
Chotto takai desu ga.	ちょっとたかいですが。
Kangaete okimashou.	かんがえておきましょう。

Gut zu wissen!

Bei **kangaete okimashou** *(Ich überlege es mir noch einmal)* besteht zwar wirklich die Möglichkeit, dass man sich doch noch zum Kauf entschließt, aber es ist auch eine japanische Manier, freundlich *nein* zu sagen.

13

Einkaufen in Japan macht einfach Spaß. Man wird sehr freundlich und zuvorkommend bedient und es gibt ungeheuer viele interessante Einkaufsmöglichkeiten.

Allerdings steht Japan nicht unberechtigt im Ruf, sehr teuer zu sein. Dafür bekommen Sie aber auch entsprechend gute Qualität für Ihr Geld. Aber man kann auch ganz günstig einkaufen. Im **hyaku-en shoppu** (100 YEN – Shop) gibt es alles, was das Herz begehrt – ab 100 ¥.

Auch die Öffnungszeiten sind paradiesisch. Viele Geschäfte haben bis spät abends und auch am Wochenende geöffnet. Im **konbini** (24-Stunden-Laden) können Sie die ganze Nacht über einkaufen können.

Außerdem gibt es eine faszinierende Automatenkultur (**jidouhanbaiki**); Sie bekommen alles vom **Manga** über Unterwäsche bis zum 5-Kilo-Sack Reis.

In Tokio haben viele Stadtviertel besondere Angebotsschwerpunkte. Die schrillsten und modischsten Klamotten für junge Leute findet man z.B. in **Harajuku**. Interessieren Sie sich mehr für traditionell japanische Dinge, sollten Sie vielleicht eher in die Altstadt Tokios, nach **Asakusa** fahren.

Alles unter einem Dach finden Sie in den großen japanischen Kaufhäusern, den **depāto**. Dort gibt es u. a. eine große Geschenkabteilung, wo Ihnen Experten gern weiterhelfen werden, wenn Sie dringend ein Geschenk für einen besonderen Anlass suchen. Lassen Sie sich nicht die Delikatessenabteilung entgehen. Hier kann man oft kostenlos kleine „Häppchen" probieren und exotische Speisen in den Auslagen bestaunen.

Supōtsu ga suki desu.

1

> **Gut zu wissen!**
>
> Neben den traditionell japanischen Sportarten wie **Judo** und **Kendo** sind vor allem *Baseball* (**yakyuu**), *Golf* (**gorufu**) und *Fußball* (**sakkā**) beliebt.

Der junge Fugu-Koch in Tezuka-sans Restaurant, Kenji Ueda, sieht sehr gut aus und ist eine Sportskanone. Hören Sie sich die Sportarten an und lesen Sie sie mit.

33

1 けんどう ________ 2 ボクシング ________ 3 サッカー ________ 4 からて ________ 5 ジョギング ________

6 バレー ________ 7 すいえい ________ 8 バスケットボール ________ 9 テニス ________

§7

§13

> **Gut zu wissen!**
>
> Erwachsene benutzen **kirai** nicht so häufig, stattdessen sagen sie, wenn sie etwas nicht besonders gern mögen: **... amari suki dewa arimasen**.

Vorlieben, Abneigungen, Stärken in Aussagen, Verneinungen und Fragen

Vorlieben, Abneigungen oder Stärken drückt man mit folgenden **na-Adjektiven** aus.

suki (*mögen*)	**kirai** (*nicht mögen*)
jouzu (*etwas gut können*)	**heta** (*etwas nicht gut können*)

Zur Verdeutlichung können Sie noch ein **dai** (*sehr*) vor **suki** und **kirai** setzen. Kēki ga **daisuki** desu. (*Ich liebe Kuchen!*) Jazu ga **daikirai** desu. (*Ich hasse Jazz!*)

Mit den Partikeln **wa** und **ga** markieren Sie das Subjekt und Objekt im Satz.

(Watashi **wa**) sushi **ga suki** desu.	*Ich mag Sushi.*
(Watashi **wa**) sushi **ga kirai** desu.	*Ich mag Sushi nicht.*

Bei der Verneinung ersetzen Sie **desu** durch **dewa arimasen** und **ga** durch **wa**: (Watashi **wa**) sushi **wa suki dewa arimasen**. (*Sushi mag ich nicht.*)

Um eine Frage zu formulieren, hängen Sie die Fragepartikel **ka** an den Aussagesatz: Yamada-san wa bētōben ga suki desu ka. (*Mögen Sie Beethoven, Frau Yamada?*)

Supōtsu ga suki desu.

Füllen Sie die Lücken mit **wa, ga, desu, dewa** oder **arimasen**.

1. Miki-san ______ baiorin ______ jouzu ______ ne.
   Du kannst aber gut Geige spielen, Miki!
2. Chihiro ______ supōtsu ______ jouzu ______ arimasen.
   Chihiro ist nicht gut in Sport!
3. Nattou ______ suki dewa ______.
   Natto mag ich nicht gern. (nattou = fermentierte Sojabohnen)

2

Hören Sie, was verschiedene Sprecher besonders gerne mögen oder gar nicht leiden können. Sprechen Sie die Sätze nach und vervollständigen Sie die Aussagen.

34

1. Karaoke ga ______.
2. Hanako wa piano ga ______!
3. Kurausu wa eigo ga ______!
4. Tenpura ga ______.
5. Manga wa ______.
6. Watashi wa nihon no onsen ______.

Gut zu wissen!

Während man im Deutschen bei vielen Sportarten oder bei Instrumenten das Verb *spielen* benötigt, steht im Japanischen lediglich die **desu**-Form: **Piano ga heta desu.**

3

Der Kommissar versucht mehr über den jungen Koch herauszufinden: Hat er eine Freundin (**kanojou** oder **gārufurendo**)? Mag er Frau Ohara?

35

Maeda: Bokushingu ga jouzu desu ne. Sugoi desu ne.
Ueda: Sou desu ka.
Maeda: Supōtsu ga suki deshou.
Ueda: Ee, daisuki desu.
Maeda: Tokorode, Ohara-san no okusan mo daisuki desutte ne.
Ueda: Hee? Sonna koto arimasen yo! Okyaku-sama no okusan deshou!
Maeda: Kanojou wa imasu ka.
Ueda: Betsu ni imasen ga.
Maeda: Ueda-san wa kakkou ii deshou. Kanojou ga iru deshou.
Ueda: Tokidoki Tanpo Miki-san to jogingu o shimasu ga.
Maeda: Sou desu ka. Tokorode, keitai wa arimasu ka?
Ueda: Arimasu yo.
Maeda: Bangou wa.
Ueda: 090 – 91066532 desu.
Maeda: Mata renraku shimasu.

Gut zu wissen!

Wenn man an einen Aussagesatz **desu...tte** anhängt, bedeutet das, dass man das Gesagte von jemandem gehört oder anderweitig erfahren hat. **Sushi wa oishii desutte** *(Sushi sollen lecker sein.)*

Supōtsu ga suki desu.

4

36

Kenji Ueda nennt dem Kommissar seine Telefonnummer (**denwa bangou**). Dazu verwendet er die chinesische Zahlenreihe: **ichi, ni, san, yon, go, roku, nana, hachi, kyuu**.

Diese Zahlenreihe ist viel einfacher zu lernen als die japanische mit **hitotsu, futatsu, mittsu...** Sie werden diese Zahlen oft gebrauchen – etwa bei allen höheren Zahlen oder wenn man etwas abzählt.

Hören Sie sich die Zahlenreihe von 0 bis 9 an, ordnen Sie der Romaji- oder Kana-Form die richtige Zahl zu!

Gut zu wissen!

Die Zahl 4 **shi** ist gleichlautend mit **shi** (*Tod*) und Unglück verheißend. In Krankenhäusern gibt es kein Zimmer Nummer 4.

0	1 一	2 二	3 三	4 四	5 五	6 六	7 七	8 八	9 九

roku ろく   go ご   ni に   kyuu きゅう   hachi はち
ichi いち   zero ゼロ   nana なな   yon よん   san さん

5

37

Gleich geben Ihnen acht Personen ihre Telefonnummern durch. Bekommen Sie keinen Schreck, wenn es Ihnen beim ersten Hören viel zu schnell vorkommt. Hören Sie sich die Telefonnummern mehrfach an und kreuzen Sie dann die jeweils richtige Variante der Nummer an. Können Sie außerdem das Gehörte unten in japanischer Schrift entdecken?

Zum besseren Verständnis von Telefonnummern gliedert man die Nummern mit dem Wort **no** in kleinere Einheiten; in der Schriftsprache verwendet man Bindestriche.

Gut zu wissen!

Für die Ziffern 4 und 7 gibt es zwei Lesungen.
4: **yon** oder **shi** し
7: **nana** oder **shichi** しち.
Bei Telefonnummern verwendet man immer **yon** und **nana**.

1. 5921-0725 / 5921-0275
2. 983-5252 / 983-6262
3. 711-4230 / 711-2430
4. 265-8916 / 265-9816
5. 5784-8055 / 5784-8085
6. 41-8619 / 41-6819
7. 89-8085 / 89-8058
8. 0205-4896 / 0205-4969

Lesetraining Hiragana! Tragen Sie die Nummer des Sprechers bei der passenden Telefonnummer ein.

ゼロにゼロごのよんきゅう
ごななはちよんおはちゼロはちご
なないちいちのによんさんゼロ
ごきゅうにいちのゼロになをご
はちきゅうのはちゼロはちご
きゅうはちさんのごにごに
にろくごのはちきゅういちろく
よんいちのろくはちいちきゅう

Supōtsu ga suki desu.

6

Lesen Sie noch einmal einige Sätze aus dem Gespräch zwischen dem Kommissar und dem Koch Kenji Ueda. Leider sind hier alle Partikeln abhanden gekommen.

1. **Maeda:** Bokushingu ______________ jouzu desu ______________.
   Sugoi desu ______________.
2. **Ueda:** Sou desu ______________.
3. **Maeda:** Tokorode, Ohara-san ______________ okusan ______________
   daisuki desutte ______________.
4. **Ueda:** Hee? Sonna koto arimasen yo! O-kyaku-sama ______________ okusan deshou!
5. **Maeda:** Kanojou ______________ imasu ______________.
6. **Ueda:** Betsu ______________ imasen ga.
7. **Ueda:** Tokidoki Tanpo Miki-san ______________ jogingu ______________ shimasu ga.
8. **Maeda:** Sou desu ______________. Tokorode, keitai ______________ arimasu ka.

Kanji-Fokus

Die Sportart **Karate** wird mit Kanji folgendermaßen dargestellt:
空手

Karate setzt sich aus den beiden Schriftzeichen 空 **kara** *(leer)* und 手 **te** (*Hand*) zusammen und bedeutet wörtlich *leere Hand*. Das Zeichen 空 für **kara** hat eine weitere Lesung: **sora** – mit der Bedeutung *Himmel*. 空 setzt sich nun wieder aus zwei Schriftzeichen zusammen. Oben steht das Zeichen für *Loch* 穴, welches das Dach bildet, darunter steht das Zeichen für *Arbeit* 工.

Oft bilden Aufbau und Bedeutungen der Kanji hilfreiche Eselsbrücken!
*„Daran **arbeiten**, ein **Loch** ins **Dach** zu machen, damit man den **freien Himmel** sieht!"*

Zwar wird der beliebte Zeitvertreib **Karaoke** mittlerweile komplett mit Katakana geschrieben カラオケ, doch stammt **kara** auch hier von dem obigen 空 mit der Bedeutung *leer*.

oke ist die Abkürzung von **ōkesutorā** オーケストラー (*Orchester*). **Karaoke** bedeutet also wörtlich **leeres Orchester**.

Supōtsu ga suki desu.

7

38

Sie sind in der Telefonzentrale, bitte nehmen Sie die Telefonnummern der Sprecher auf. Schreiben Sie diese in Ziffern in die Lücke. Denken Sie auch an die Gliederung durch Bindestriche (**no**).
Die Personen haben unterschiedliche Telefonkonditionen. **Denwa bangou** (でんわばんごう) ist die *Telefonnummer* für den Festnetzanschluss. Die *Mobiltelefonnummer* bezeichnet man mit **keitai no bangou** (けいたいのばんごう).
Die kompletten Sätze auf Japanisch und Deutsch finden Sie bei den Hörtexten im Anhang!

1 ____________	5 ____________
2 ____________	6 ____________
3 ____________	7 ____________
4 ____________	8 ____________

8

Nach dem harten Telefondienst schauen wir uns nun noch einmal Freizeitaktivitäten an. Aber bedenken Sie, schon in der nächsten Lektion geht es allein mit der japanischen Silbenschrift weiter – lassen Sie uns Ihre Kenntnisse hier schon einmal testen! Wenn Ihnen diese Aktivität Mühe bereitet, gehen Sie doch noch einmal zum Schrifttraining. Schreiben Sie die Wörter in Romaji. Wissen Sie um welche Sportarten es sich handelt?

1	____________	ゴルフ	____________
2	____________	バレーボール	____________
3	____________	ハンドボール	____________
4	Tischtennis	たっきゅう	____________
		ピンポン	____________
5	____________	ボーリング	____________
6	____________	サイクリング	____________
7	Bergwandern	ハイキング	____________
		やまあるき	____________
8	Reiten	じょうば	____________
9	Baseball	やきゅう	____________
10	____________	アイススケート	____________
11	____________	フェンシング	____________
12	____________	スキー	____________

Supōtsu ga suki desu.

9

Kenji Uedas Hobby ist Boxen. Lernen Sie andere Tätigkeiten kennen. Hören Sie sich alle Tätigkeiten der Reihe nach an und sprechen Sie nach. Einige kennen Sie ja schon!
Lesen Sie dann die Begriffe und kombinieren Sie diese mit dem passenden Bild.

39

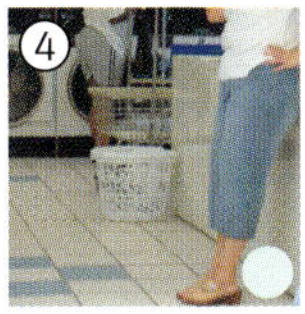

a Badominton o shimasu. • **b** Kaji o shimasu. • **c** Jogingu o shimasu. • **d** Benkyou o shimasu • **e** Shigoto o shimasu. • **f** Kaimono o shimasu. • **g** Ryouri o shimasu. • **h** Sakkā o shimasu. • **i** Ryokou o shimasu. • **j** Souji o shimasu.

10

Übersetzen Sie die folgenden Aussagen und Fragen. Sie können in Umschrift oder in Silbenschrift schreiben!

1.		Herr Suzuki kann gut kochen. *Suzuki-san wa ryouri ga jouzu desu.*	**2.**		Ich mag Katzen.
3.		Ich kann gut schwimmen!	**4.**	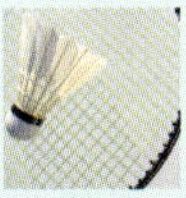	Ich kann nicht gut Badminton spielen.
5.		Ich hasse Putzen!	**6.**	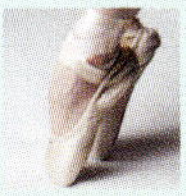	Ich liebe Ballett sehr!
7.		Reisen Sie gerne?	**8.**	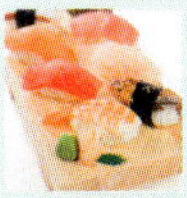	Ich hasse Sushi!
9.		Ich lerne sehr gerne Japanisch!	**10.**		Spielen Sie gern Fußball, Herr Yamada?

Supōtsu ga suki desu.

11

40

Miki schwärmt für ihren Kollegen, den Sushi-Koch Kenji, und versucht herauszubekommen, wofür er sich interessiert und was man eventuell einmal gemeinsam unternehmen könnte. Hören Sie sich den Dialog mehrfach an und lesen Sie mit.

eiga: *Film* (hier: *Kino*)
amari + Verneinung: *nicht besonders*
demo: *aber*
shimashou: Aufforderungsform *lasst uns*

Miki: Kenji-san wa ryouri ga jouzu desu ne.
Kenji: Sou desu ka.
Miki: Tokorode, Kenji-san wa karaoke ga suki desu ka.
Kenji: Karaoke desu ka. Daikirai desu yo.
Miki: Aa, sou desu ka. Eiga wa?
Kenji: Eiga mo amari suki dewa arimasen ga. Demo supōtsu ga daisuki desu yo. Miki-san wa?
Miki: Supōtsu wa heta desu yo. Demo jogingu ga suki desu.
Kenji: Jaa, jogingu o shimashou!

41

Sprechen Sie nun nach und versuchen Sie anschließend, selbst in Kenjis Rolle zu schlüpfen. Natürlich können Sie auch mal ganz anders antworten als im Drehbuch!

12

Was würden Sie antworten, wenn man Ihnen folgende Fragen stellen würde?

1. いぬ　が　すきですか。　Inu ga suki desu ka?

____

2. りょうり　が　じょうずですか。　Ryouri ga jouzu desu ka ?

____

3. カラオケ　が　きらいですか。　Karaoke ga kirai desu ka?

____

Supōtsu ga suki desu.

13

Auch Maeda-san und Frau Ohara unterhalten sich über ihre Vorlieben und Abneigungen. Hören Sie das Gespräch mit.

42

Maeda: Ohara-san wa kaimono ga suki desu ne.
Ohara: Ee, daisuki desu. Ryouri mo suki desu.
Maeda: Hoka no kaji wa?
Ohara: Sou desu ne. Aironkake mo suki desu yo. Demo souji wa kirai desu. Maeda-san wa.
Maeda: Watashi desu ka. Shigoto wa suki desu ga, kaji wa kirai desu. Ryouri mo heta desu.
Ohara: Sou desu ka. Supōtsu wa?
Maeda: Supōtsu mo amari jouzu dewa arimasen. Demo gorufu wa suki desu.

Können Sie die Vorlieben und Abneigungen zuordnen?

Maeda	Ohara

a) ryouri mo heta desu • **b)** ryouri mo suki desu • **c)** aironkake mo suki desu • **d)** kaimono ga daisuki desu • **e)** souji ga kirai desu • **f)** shigoto ga suki desu • **g)** gorufu wa suki desu • **h)** supōtsu mo jouzu dewa arimasen

14

Trainieren Sie zum Abschluss noch einmal ein paar Sätze! Sprechen Sie sie so oft wie möglich. Variieren Sie dann die Sätze und setzen Sie mal etwas ganz anderes ein. Üben Sie mit der Umschrift oder den Silbenschriften!

43

ボクシングがじょうずですね。	Bokushingu ga jouzu desu ne.	*Sie können aber gut Boxen!*
すごいですね。	Sugoi desu ne.	*Das ist ja Wahnsinn!*
スポーツがすきでしょう。	Supōtsu ga suki deshou	*Sie mögen wohl Sport, was?*
ええ、だいすきです。	Ee, daisuki desu	*Ja, sehr.*
へえ、そんなことありませんよ。	Hee? Sonna koto arimasen yo!	*Was?! Das ist ja wohl absurd!*
ガールフレンドがいますか。	Gārufurendo ga imasu ka.	*Haben Sie eine Freundin?*
べつにいませんが。	Betsu ni imasen ga.	*Eigentlich nicht.*
ところで、けいたいでんわはありますか。	Tokorode, keitai denwa wa arimasu ka.	*Übrigens, haben Sie ein Handy?*

ここはどこですか。

1

44 Machen Sie sich mit öffentlichen Verkehrsmitteln auf den Weg durch Japans Städte. Um zu beschreiben, wie man sich fortbewegt, kombiniert man den Namen des Verkehrsmittels mit den Verben いきます (**ikimasu** = *gehen, fahren, sich fortbewegen mit*) oder きます (**kimasu** = *kommen*) und der Partikel **de.**
でんしゃでいきます。 **Densha de ikimasu.** = *Ich fahre mit der Bahn.*
Hören Sie sich die Aufnahmen an. Sprechen Sie nach. Lesen Sie die Sätze unter den Bildern und unterstreichen Sie in jedem Satz den Namen des Fortbewegungsmittels.

① でんしゃでいきます。

② バスでいきます。

③ くるまでいますか。

④ じてんしゃでいきますか。

⑤ あるいていきます。

⑥ ひこうきでいきます。

⑦ タクシーでいきます。

⑧ バイクできますか。

§17

Gut zu wissen!

Bei *zu Fuß gehen* verwendet man die Instrumentalpartikel **de** nicht!
あるいていきます。

Die Instrumentalpartikel *de*

Wenn Sie über Fortbewegungsmittel sprechen, verwenden Sie die Verben **ikimasu** und **kimasu**, zusammen mit der so genannten Instrumentalpartikel **de**. Diese Partikel zeigt an, dass man etwas *mit* oder *mit Hilfe von etwas* tut. Beachten Sie, dass die Reihenfolge, wie so oft im Japanischen, genau umgekehrt wie im Deutschen ist:

バスでいきます heißt auf Deutsch: ***mit** dem Bus fahren*

Die Partikel **de** können Sie nicht nur für Verkehrsmittel sondern auch zusammen mit anderen „Instrumenten" (mit denen Sie z. B. essen, schreiben oder sehen) verwenden.

essen: おはしでたべます heißt auf Deutsch: ***mit** Stäbchen essen*
schreiben: かんじでかきます heißt auf Deutsch: ***mit** Kanji schreiben*

Nicht immer kann man die Partikel **de** im Deutschen mit *mit* übersetzen:

auf: にほんごで heißt auf Deutsch: ***auf** Japanisch*
im: テレビで heißt auf Deutsch: ***im** Fernsehen*
aus: しんぶんで heißt auf Deutsch: *(etwas) **aus** der Zeitung (erfahren)*

ここはどこですか。

2

Wenn man in japanischen Großstädten die Orientierung verliert, helfen Straßennamen und Postadressen nicht weiter. Man orientiert sich an Landmarken, z.B. an großen Geschäften, auffälligen Gebäuden oder Parks.
Hören Sie sich nun die Bezeichnungen der Einrichtungen, Geschäfte und Gebäude an und sprechen Sie nach. Ordnen Sie die passenden Begriffe den Bildern zu.

45

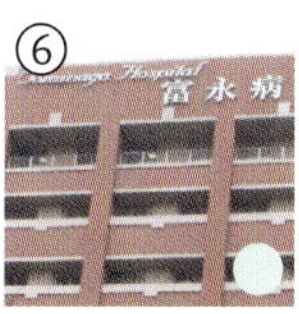

a) ほんや • **b)** ブティック • **c)** こうえん • **d)** ぎんこう • **e)** ホテル •
f) パンや • **g)** こうばん • **h)** ゆうびんきょく • **i)** えき • **j)** コンビニ •
k) スーパー • **l)** はなや • **m)** びょういん • **n)** ひゃくえんショップ

3

Um Miki zu treffen, ist Maeda-keiji-san mit der **U-Bahn** (でんしゃ) in ein Viertel gefahren, in dem er sich nicht auskennt. Prompt hat er sich verlaufen! So tut der Kommissar das einzig Richtige, er sucht eine こうばん (**koban** – *Polizeibox*) auf und fragt den おまわりさん (**o-mawari-san** – *Polizist, wörtlich: der, der herumläuft*), wie er zu der gewünschten じゅうしょ (**juushou** – *Adresse*) kommt.

46

Maeda: すみません、このじゅうしょはどこですか。
O-Mawari-san: そうですね。うえのこうえんのちかくですよ。ゆうびんきょくのとなりです。
Maeda: どのぐらいかかりますか。
O-Mawari-san: タクシーでいきますか。
Maeda: いいえ、あるいていきます。
O-Mawari-san: あるいてですか。そうですね。にじゅうごふんぐらいかかりますよ。
Maeda: どうもありがとうございます。
O-Mawari-san: どういたしまして。

Gut zu wissen!

そうですね。(**Sou desu ne**, wörtlich: *So ist es, nicht wahr.*) wird häufig und mit unterschiedlichen Bedeutungen verwendet. Der Polizist verwendet es, um die Zeit zu überbrücken, in der er die Adresse nachschlägt.

ここはどこですか。

§18

Richtungsangaben

Wenn Sie sich nach dem Weg erkundigen, ist es natürlich nützlich, Richtungsangaben zu kennen. Nomina wie

なか **naka** (*im*), まえ **mae** (*vor*), うしろ **ushiro** (*hinter*), となり **tonari** (*neben*), うえ **ue** (*auf*), した **shita** (*unter*) oder みぎ **migi** (*rechts*) und ひだり **hidari** (*links*) stehen im Japanischen hinter dem jeweiligen Wort, das sie näher beschreiben und werden mit der Partikel の **no** angebunden. Es ist genau umgekehrt wie im Deutschen!

neben dem Blumenladen

はなやのとなり

hana-ya no tonari

Die Verben あります **arimasu** und います **imasu** (*vorhandensein*) erfordern auch hier die Partikel に **ni**.

Die Bäckerei ist links vom Supermarkt

パンやはスーパーのひだりにあります。

Pan-ya wa supa no hidari ni arimasu.

Bringen Sie die Satzteile in die richtige Reihenfolge!

ほんやは/のみぎに/あります/スーパー ______________________

まえに/くるま/が/あります/ほんやの ______________________

あります/こうえん/に/が/ホテルの/ちかく ______________________

4

Sehen Sie sich die Abbildungen an und lesen Sie die zugehörigen Aussagen. Kreuzen Sie nun die Aussage an, die am besten zum Bild passt. Bei den Lösungen finden Sie die korrekten Sätze in Umschrift mit Übersetzung.

1. 

(a) テーブルのうえにテレビがあります。
(b) ビールはテーブルのうえにあります。
(c) テーブルのしたにビールがあります。

2. 

(a) ねこはテーブルのしたにいます。
(b) テーブルのしたにねこがあります。
(c) テーブルのなかにねこがいます。

3. 

(a) コンビニはこうえんのとなりにあります。
(b) こうえんのちかくにスーパーがあります。
(c) こうえんのなかにレストランがあります

4. 

(a) ほんやはスーパーのひどりにあります。
(b) スーパーはほんやのひだりにあります。
(c) スーパーはほんやのみぎにあります。

ここはどこですか。

5

Finden Sie sieben Vokabeln im Wortgitter!

す	み	ま	せ	ん	な	ぬ	は	と	ろ
に	ね	り	に	れ	ね	こ	へ	な	ふ
ど	ん	ほ	れ	ふ	ろ	う	た	り	わ
う	ほ	ち	ら	へ	ね	え	ら	よ	そ
い	な	か	ら	ん	へ	ん	ぬ	よ	う
た	ね	く	な	へ	あ	ん	ろ	に	で
し	を	に	る	れ	る	ぬ	よ	ひ	す
ま	ね	わ	ね	れ	い	を	ど	ひ	か
し	ふ	な	ろ	ね	て	ぬ	こ	ら	ぬ
て	は	ほ	に	ら	り	る	ほ	に	に

1. sumimasen – *Entschuldigung*
2. chikaku – *in der Nähe*
3. tonari – *direkt neben, benachbart*
4. doko – *wo?*
5. aruite – *zu Fuß*
6. dou itashimashite – *keine Ursache*
7. kouen – *Park*
8. ~~Sou desu ka. – Ach so ist das.~~

6

Trotz guter Beschilderung in Stadt und Land – immer häufiger auch in Romaji oder sogar Englisch – ist es selbst für Japaner nicht ungewöhnlich, sich zu verlaufen. Denn man kann sich nicht an Straßennamen und Hausnummern orientieren. Zwar gibt es Adressen, aber diese sind nicht hilfreich, da die Hausnummern nicht geografisch sondern historisch geordnet werden – Haus Nr. 117 kann neben Nr. 2829 stehen. Straßennamen gibt es nur für große Boulevards.

Selbst Taxifahrer sind nicht immer eine Hilfe. Allein der zuständige Postbote oder der おまわりさん können die Adressen in detaillierten amtlichen Adressenplänen nachschlagen. Daher nutzt man kleine Umgebungsskizzen, um z.B. eine Privatadresse oder ein Restaurant zu finden. Auch Werbeprospekte von Restaurants, Bars oder Theatern enthalten solche kleinen Pläne.

Sollten Sie einmal nicht mehr wissen, wo Sie gerade sind, fragen Sie:
ここはどこですか? **Koko wa desu ka?** wörtlich: *Wo ist hier?*
えきはどこですか? **Eki wa doko desu ka?** *Wo ist der Bahnhof?*

Wenn Sie gar nicht mehr weiter wissen, fragen Sie, wo die nächste Polizei-Box ist:
こうばんはどこですか? **Kouban wa doko desu ka?** *Wo ist ein Kouban?*

ここはどこですか。

7

Hier sehen Sie einen kleinen Dialog. Jemand hat sich verlaufen und möchte wissen, wo er nun ist. Leider sind alle Wörter durcheinander geraten. Können Sie die Frage- und Antwortsätze richtig ordnen? Schreiben Sie sie auf! Lesen Sie die Sätze laut, nachdem Sie sie richtig geordnet haben.

1. すみません。/か/ここ/です/どこ/は/。 ________________
2. ここ/こうえん/です/うえの/は/。 ________________
3. か/どこ/じゅうしょは/この/です/。 ________________
4. ちかくに/えき/の/です/よ/。 ________________
5. かかります/か/ぐらい/どの/。 ________________
6. ぐらい/よ/かかります/ごふん/。 ________________
7. です/か。/そう/ああ、/ございます。/ありがとう ________________
8. いたしまして/どう/。 ________________

8

47

Wenn Sie sich verabreden, vereinbaren Sie neben einem Treffpunkt auch einen Zeitpunkt. Für die Uhrzeit benötigen wir größere Zahlen. Dazu fehlen Ihnen nur noch die Zehnerschritte.
Hören Sie sich die Zehnerzahlen von 10 bis 90 an. Sprechen Sie nach und schreiben Sie sie dann in Hiragana. Achten Sie auf die langen Vokale!

10 juu – じゅう	**20** nijuu –	**30** sanjuu –
40 yonjuu –	**50** gojuu –	**60** rokujuu –
70 nanajuu –	**80** hachijuu –	**90** kyuujuu –

Wissen Sie noch, wie die so genannten „gebrochenen" Laute wie z.B. **kya, kyu, kyo** gebildet werden? Man verwendet kleiner geschriebene Silbenzeichen aus der y-Reihe.

きゃ	kya	きゅ	kyu	きょ	kyo
しゃ	sha	しゅ	shu	しょ	sho

Das **ju** bilden Sie, indem Sie aus dem **shi** durch die zwei kleinen Schrägstriche oben rechts ein **ji** machen und dies dann mit einem kleinen **yu** kombinieren.

じゃ	ja	じゅ	ju	じょ	jo

ここはどこですか。

9

Die Bildung der japanischen Zahlen ist ganz einfach. 20, 30, 40 etc. bildet man durch Multiplikation von 10 (juu), 20 = 2 x 10 = nijuu, 30 = 3 x 10 = sanjuu, 40 = 4 x 10 = yonjuu, etc. Die Einer erhält man durch Addition 13 = 10 + 3 = juusan, 89 = (8 x 10) + 9 = hachijuukyuu etc.
Versuchen Sie einmal die untenstehenden Zahlen selbst zu bilden.

15 ______	**37** ______	**12** ______	**64** ______	**25** ______
17 ______	**20** ______	**53** ______	**98** ______	**71** ______
86 ______	**42** ______	**99** ______	**19** ______	**11** ______

Achtung, manchmal gibt es mehrere Lesungsmöglichkeiten für eine Zahl. Erinnern Sie sich an die 4 そん oder し und die 7 なな oder しち? Bei den Telefonnummern sagt man なな, und nicht しち. Sonst könnte man vielleicht eine し (4) heraushören. Um genau dieser Verwechslungsgefahr vorzubeugen, sichert man sich bei 4 mit よん ab.

10

Hören Sie sich die folgenden Sätze an und lesen Sie mit. Leider fehlen alle Katakana-Wörter. Ergänzen Sie sie. Denken Sie auch an die Längsstriche für die Langvokale bei den Katakana.

48

1. ______________ がありますか。
2. ______________ のみぎに ______________ があります。
3. こうえんのなかに ______________ があります。
4. ______________ がありますか。
5. くつやのひだりに ______________ があります。
6. ______________ がありますか。

Gut zu wissen!

Wenn Sie die Katakana gut beherrschen, werden Sie in Japan viel lesen können. Es gibt immer mehr Fremdwörter im **Japanischen,** vor allem Anglizismen.

Langvokale werden bei den Katakana immer durch einen *Längungsstrich* und nicht etwa durch Vokalverdopplung ausgedrückt:
bīru Bier ビール kōhī Kaffee コーヒー jūsu Saft ジュース

Werden Konsonanten verdoppelt, benutzt man ein kleines Katakana **tsu** ッ vor dem zu verdoppelnden Konsonant:
petto *Haustier* ペット sakkā *Fußball* サッカー matchi *Streichhölzer* マッチ

ここはどこですか。

11

49

Maeda-keiji-san hat zwischenzeitlich mit Miki telefoniert und einen späteren Treffpunkt ausgemacht. Jetzt will er die Zeit bis dahin nutzen, um ein paar Besorgungen zu machen. Er erkundigt sich noch einmal bei dem O-mawari-san.

Maeda: すみません。こうばんのちかくにデパートはありますカ。
O-Mawari-san: デパートですか。デパートはありませんよ。
Maeda: スーパーは。
O-Mawari-san: スーパーもありません。でもコンビニはありますよ。パンやさんのひだらにあります。
Maeda: ゆうびんきょくは。
O-Mawari-san: こうばんのちかくにはありませんが。
Maeda: どのぐらいかかりますか。
O-Mawari-san: タクシでいきますか。
Maeda: いいえ、あるいていきます。
O-Mawari-san: あるいてじゅうごふんかかりますよ。
Maeda: ありがとうございます。
O-Mawari-san: いいえ、どういたしまして。

Stimmen die untenstehenden Aussagen? Kreuzen Sie an, richtig oder falsch!

		richtig	falsch
1.	こうばんのちかくにデパートがあります。		
2.	スーパーもあります。		
3.	パンやのひだりにコンビニがあります。		
4.	ゆうびんきょくはこうばんのちかくにあります。		
5.	あるいてじゅうごふんかかります。		

50

12

Gut zu wissen!

Sumimasen können Sie auch in anderen Situationen verwenden, wenn Sie sich für etwas entschuldigen wollen. (z.B. wenn Sie jemandem auf den Fuß getreten sind)

Hören Sie sich den folgenden Dialog an. Auch hier ist jemand auf der Suche nach Einkaufsmöglichkeiten.

A: すみません、このちかくにスーパーはありますか。
B: スーパーですか。ありますよ。
A: どこですか。
B: ホテルのとなりにあります。
A: どうもありがとうございます。
B: どういたしまして。

51

Stellen Sie sich nun vor, dass Sie in Japan auf der Suche nach einem Supermarkt sind und übernehmen Sie die Rolle des Fragenden (A).

ここはどこですか。

13

Üben Sie noch einmal die wichtigsten Redewendungen! Hören Sie sich die Redewendungen an und sprechen Sie sie nach. Was heißen die Aussprüche auf Deutsch? 52

1. すみません。 ____________________
2. ここはどこですか。 ____________________
3. こうばんはどこですか。 ____________________
4. このちかくにスーパーはありますか。 ____________________
5. このちかくにゆうびんきょくはありますか。 ____________________
6. このちかくにきっさてんはありますか。 ____________________
7. どうもありがとうございます。 ____________________
8. どういたしまして。 ____________________
9. どのぐらいかかりますか。 ____________________

Kanji-Fokus

Die japanischen Zahlen kann man auch mit chinesischen Schriftzeichen schreiben. Für die Bildung der Zahlen von 1-99 brauchen Sie nur die folgenden 10 Zeichen:

1	2	3	4	5
一	二	三	四	五
六	七	八	九	十
6	7	8	9	10

Versuchen Sie einmal, ob Sie die folgenden Zahlen richtig zuordnen können. Sobald Sie sich diese Schriftzeichen eingeprägt haben, werden Sie auf einmal feststellen, dass es eigentlich viel einfacher und schneller ist, die Zahlen in Schriftzeichen als in Hiragana zu lesen.

七十五	1	a	51
八十三	2	b	69
五十一	3	c	25
六十九	4	d	17
三十三	5	e	75
二十五	6	f	24
十七	7	g	83
二十四	8	h	33

なんじですか。

1

53

Maeda-keiji-san muss sein Treffen mit Miki Tanpo verschieben. Um einen neuen Zeitpunkt festzulegen, will er sie anrufen. Leider verwählt er sich zunächst.

Hören Sie sich den Dialog an und lesen Sie mit. Sprechen Sie den Text dann nach und beantworten Sie die Frage.

Watanabe: もしもし。
Maeda: あのう、たんぽさんのおたくでしょうか。
Watanabe: いいえ、ちがいます。わたなべですが。
Maeda: あ、どうもすみません。まちがえました。

Was heißt: *Ich habe mich verwählt.* ______________________________

Gut zu wissen!

Moshi moshi (もしもし – *Hallo!*) benutzt man nur am Telefon. Beruflich meldet man sich mit Firmennamen.

2

54

Maeda-san versucht Miki zu erreichen, um eine Uhrzeit für ein Treffen zu arrangieren. Hören Sie die Uhrzeiten an. Ordnen Sie die Uhrzeiten den Bildern zu.

a しちじ • **b** じゅういちじ • **c** にじはん • **d** じゅうじはん • **e** ごごろくじはん • **f** ごぜんいちじ • **g** よじ • **h** ごごごじはん • **i** じゅうにじはん • **j** さんじはん

1.

2.

3.

4.

5.

6.

7.

8.

9.

10.

§21

Uhrzeiten und Zeitangaben

Die Uhrzeiten werden ganz regelmäßig und logisch gebildet. An die Zahlen von 1–12 wird das Suffix **ji** für *Uhr* angehängt:

ichi**ji** (*1 Uhr*), ni**ji** (*2 Uhr*), … , **yoji** (*4 Uhr*), … **shichiji** (*7 Uhr*), …, **kuji** (*9 Uhr*), juu**ji** (*10 Uhr*), juuichi**ji** (*11 Uhr*), juunichi**ji** (*12 Uhr*).

Die halbe Stunde vor der nächsten vollen Stunde wird mit dem Wort **han** angezeigt: **ichi ji han** ist also *halb 2* (1:30 Uhr oder 13:30 Uhr).
Um Missverständnisse zu vermeiden, kann man ごぜん **gozen** *vormittags (a.m.)* oder ごご **gogo** *nachmittags (p.m.)* hinzufügen.

ごぜんごじはん **gozen** goji han – *5.30 Uhr* oder *halb 6 morgens*
ごごごじはん **gogo** goji han – *17.30 Uhr* oder *halb 6 abends*

Gut zu wissen!

Merken Sie sich die Lesungen für die 4, 7 und 9 bei den Uhrzeiten:
4 Uhr – **yoji**
7 Uhr – **shichiji**
9 Uhr – **kuji**

なんじですか。

3

Hören Sie noch einmal einige Wörter aus den vorherigen beiden Übungen. Ob Sie die Wörter auch im Wortgitter finden? Nach wie vor ist auch die traditionelle senkrechte Schreibweise in Japan üblich. Die versteckten Wörter können hier von oben nach unten oder von links nach rechts geschrieben sein.

55

も	ち	や	ち	が	い	ま	す	ぬ	や	ど
し	ち	じ	か	わ	ほ	ほ	ね	う	め	う
も	ち	ま	る	わ	た	な	べ	け	ち	も
し	を	ご	じ	や	ほ	た	か	ま	め	す
め	ふ	ご	ぜ	ん	る	も	ま	ち	め	み
も	め	や	け	ま	お	し	ち	が	れ	ま
お	た	く	か	れ	す	い	い	え	じ	せ
し	う	を	か	ま	ほ	を	け	ま	れ	ん
じ	ゅ	う	に	じ	は	ん	す	し	ま	で
や	じ	め	に	ま	め	じ	お	た	に	し
ど	う	も	す	み	ま	せ	ん	め	ち	た

4

Endlich erreicht Maeda-keiji-san Miki und vereinbart einen neuen Termin, da die Verabredung für *heute* (**kyou**) um *3 Uhr* (**sanji**) *etwas ungünstig ist* (**chotto muri desu**). Weil die Musikstudentin aber am *Dienstag* (**kayoubi**) immer *bis 5 Uhr* (**goji made**) bei der *Probe* (**rihāsaru**) ist, hat sie erst ab *6 Uhr* (**rokuji kara**) für den Kommissar *Zeit* (**hima**).

56

Miki: もしもし。
Maeda: あのう、たんぽさんのおたくですか。
Miki: はい、たんぽみきです。
Maeda: まえだですが。あのう、すみませんが、きょうのさんじはちょっとむりです。よじでもいいですか。
Miki: よじですか。ごめんなさい。きょうはかようびでしょう。ごじまでリハーサルがあります。そしてともだちとせんとうにいきます。ろくじからひまです。
Maeda: じゃあ、ろくじにせんとうのいりぐちであいませんか。
Miki: いいですよ。
Maeda: じゃあ、そうしましょう。せんとうのなまえは。
Miki: おかだです。
Maeda: はい、わかりました。

Gut zu wissen!

In Japanischen gibt es nach wie vor viele öffentliche Bäder. Im **sentou** gibt es meist verschieden temperierte Becken, z. T. mit besonderen Mineralien angereichert. Das ist einen Besuch wert!

なんじですか。

5

57 Sie haben gehört, dass Maeda-san und Miki für **kayoubi,** also *Dienstag*, verabredet sind. Die japanischen Wochentage bestehen immer aus zwei Elementen – einem symbolischen Element wie *Sonne* (**nichi**), *Mond* (**getsu**), *Feuer* (**ka**), *Wasser* (**sui**), *Holz* (**moku**), *Gold* (**kin**), oder *Erde* (**do**) und dem Wort für *Tag* (**youbi**).
Hören Sie sich die Wochentage an und sprechen Sie sie nach. Schauen Sie sich dann das Wochenkalenderblatt an. Die Hiragana-Umschrift ist verloren gegangen. Ordnen Sie die passende Form **a-g** zu. Lesen Sie die Spalten von rechts nach links.

19 Montag 月曜日 getsuyoubi	**20** Dienstag 火曜日 kayoubi	**21** Mittwoch 水曜日 suiyoubi	**22** Donnerstag 木曜日 mokuyoubi
23 Freitag 金曜日 kinyoubi	**24** Samstag 土曜日 doyoubi	**25** Sonntag 日曜日 nichiyoubi	

g	**f**	**e**	**d**	**c**	**b**	**a**
に	げ	か	す	も	き	ど
ち	つ	よ	い	く	ん	よ
よ	よ	う	よ	よ	よ	う
う	う	び	う	う	う	び
び	び		び	び	び	

6

Auch die Begriffe **kara** (*von, ab*) und **made** (*bis*), die Sie im vorangehenden Dialog kennen gelernt haben, sind Partikeln. Beide Partikeln können sowohl räumlich als auch zeitlich verwendet werden und werden dem Bezugswort nachgestellt:

sanji kara goji made (*von 3.00h bis 5.00 Uhr*)

Toukyou kara (*aus Tokio*) **Hiroshima made** (*bis/nach Hiroshima*)

Schauen Sie sich die Bilder an. Wo muss から (kara = *von, ab*) und wo まで (made = *bis*) eingesetzt werden?

にほんのゆうびんきょくはくじ **(1.)** __________ ごじ **(2.)** __________ です。

ろくじ **(3.)** __________ しちじはん **(4.)** __________ テニスをします。

とうきょう **(5.)** __________ いきます。

さんじ **(6.)** __________ リハーサルがあります。

なんじですか。

7

Miki geht ins öffentliche Bad: **Sentou ni ikimasu.**
Die Richtungspartikel に wird dem Zielort nachgestellt: **Amerika ni ikimasu.** (*Ich fahre nach Amerika*).
Die Richtungsfrage *Wohin?* wird mit dem Fragewort (**Doko**) *Wo?* und **ni** gebildet.
Doko ni ikimasu ka. (*Wohin gehst du?*).

Hier sind einige Aussage- und Fragesätze durcheinander geraten, bringen Sie sie in die richtige Reihenfolge.

1. か に いきます どこ 。
2. ひろしま いきます に 。
3. どこ は いきます か に きんようび 。
4. どこ か は いきます にちようび に 。

Gut zu wissen!

Die Partikel **ni** kann auch durch die Richtungspartikel **e** (へ – he) ersetzt werden.

8

Hören Sie noch einmal einzelne Sätze des Telefonats zwischen Miki und Maeda. Leider fehlen sämtliche Partikeln, ergänzen Sie sie.

58

§4

A まえだですが。
あのう、すみませんが、きょう _____ さんじ _____
ちょとむりです。
よじで _____ いいす _____。

B よじです _____。ごめんなさい。 きょう _____
かようびでしょう。
ごじ _____ リハーサル _____ あ ります。
そしてともだち _____ せんとうにいきま す。ろくじ
_____ ひまです。

C じゃあ、ろくじ _____ せんとう _____ いりぐち _____
あいません _____。

D いいです _____。

E じゃあ、そうしましょう。せんとう _____ なまえ _____。

Gut zu wissen!

to ist auch eine Partikel und bedeutet *und* oder *mit*.
Yamada-san to Watanabe-san wa nihonjin desu. – *Frau Yamada und Frau Watanabe sind Japanerinnen.*
Miki to jogingu o shimasu. – *Ich jogge mit Miki.*

なんじですか。

9

59 Maeda-keiji-san fragt Miki, ob ihr ein alternativer Zeitpunkt recht wäre:
Yoji de mo ii desu ka. wörtlich: *Ist es auch gut, wenn es 4 Uhr ist.*
Die Verbindung **... de mo ii desu** ist sehr flexibel und nützlich, da Sie verschiedene Substantive voranstellen können und so sehr einfach Vorschläge formulieren können. Hören und sehen Sie selbst!
Achtung, in allen Sätzen fehlt ein Kernwort, das Sie aber sicher ergänzen können!

1. __________ でもいいですか。 Geht es auch um 4 Uhr?
2. __________ でもいいですか。 Kann ich das auch auf Englisch machen?
3. __________ でもいいですか。 Geht das auch heute?
4. __________ でもいいですか。 Darf's auch Bier sein?
5. __________ でもいいですか。 Geht es auch am Mittwoch?
6. __________ でもいいですか。 Darf es auch ein Ausländer sein?
7. __________ でもいいですか。 Wäre Karaoke auch okay?
8. __________ でもいいですか。 Kann ich das auch in Romaji schreiben?
9. ええ、__________ でもいいですよ。 Ja, Sie können auch in Romaji schreiben.
10. ええ、__________ でもいいです。 Ja, das geht auch.

Solche Vorschläge können mit **Ii desu yo.** (*Ja, das ist gut.*) oder etwa **Jaa, sou shimashou.** (*Ja, so machen wir es.*) angenommen werden. Bei einer Ablehnung sagen Sie höflich **Sore wa chotto ...** (*Das ist ein bisschen schlecht*), und unterbreiten gegebenenfalls einen neuen Vorschlag.

§21

Tageszeiten

Wie man sich am Nachmittag verabredet, wissen Sie schon:
Gogo (no) goji de mo ii desu ka. (*Ginge es auch um 5 am Nachmittag?*) In gleicher Weise können Sie auch andere Tageszeiten hinzufügen: **asa** = *morgens*, **yoru** = *abends* und **yonaka** = *nachts*

Schreiben Sie die passende Tageszeit in die entsprechende Lücke.

07:30 – ____________________ のしちじはん。

18:00 – ____________________ のろくじ。

23:30 – ____________________ のじゅういちじはん。

Um die Minuten wiederzugeben, verwenden Sie die **Grundzahlen** + **pun/fun** (*Minuten*) mit einigen Veränderungen in der Schreibweise: **ippun, nifun, sanpun, yonpun, gofun, roppun, nanafun, hachifun, kyuufun, juppun.**

なんじですか。

Bei Minutenangaben <u>vor</u> der vollen Stunde stellt man **mae** nach, Minutenangaben <u>nach</u> der vollen Stunde kennzeichnet man mit **sugi:**
6:50 = **shichiji juppun <u>mae</u>** 7:10 = **shichiji juppun <u>sugi</u>**

Schreiben Sie die passende Uhrzeit in die entsprechende Lücke (z. B.: 14:30)!

ごごのよじじゅっぷんまえ= ______________________

あさのごじじゅうごふんまえ= ______________________

よなかのじゅういちじじゅうななふんすぎ= ______________________

Gut zu wissen!

sugi können Sie auch weglassen, **mae** ist jedoch obligatorisch.

10

Hören Sie sich die Uhrzeiten an, kreuzen Sie die richtige Zeit an. Schreiben Sie Zeit aus!

60

8:30	7:30	9:30
○	○	○

10.50	9:50	10:10
○	○	○

3:55	2:45	3:15
○	○	○

1:59	2:59	2:01
○	○	○

Kanji-Fokus

Die Wochentage kann man natürlich auch mit Kanji schreiben. Man kombiniert das Zeichen für *Wochentag* **youbi** 曜日 mit einzelnen Elementen. Es gibt z.B. einen „Wasser-Tag", einen „Holz-Tag" und sogar einen „Goldtag"!

にち *Sonne*	げつ *Mond*	ど *Erde*
日	月	土
か Feuer	すい Wasser	
火	水	
もく Holz	きん Gold	
木	金	

なんじですか。

11

61

Nun ruft Kenji bei Miki an und will sich mit ihr zum Joggen verabreden. Hören Sie sich den Dialog mehrfach an.

Miki: もしもし。
Kenji: みきさんですか。
Miki: はい、みきです。
Kenji: あのう、どようびジョギングをしませんか。
Miki: いいですよ！なんじ。
Kenji: ごじは。
Miki: いいですよ。どこであいましょうか。
Kenji: うえのこうえんのいりぐちであいましょう。
Miki: そうしましょう。じゃあ、どようびね。
Kenji: ええ、じゃあどようびに。

62

Wenn Sie den Text sicher beherrschen, übernehmen Sie selbst Kenjis Rolle. Statt **jogingu** können Sie sich natürlich auch zu etwas anderem verabreden. Wie wäre es mit **tenisu**, **badominton**, **karaoke** oder **kaimono**? Sie können sich natürlich auch an einem anderen Ort zu einem anderen Zeitpunkt verabreden! Miki ist mit Sicherheit flexibel.

Wenn Sie die Rolle noch mitlesen möchten, mit den Hiragana aber noch nicht so gut zurechtkommen, benutzen Sie ruhig die Romaji-Umschrift. Denn hier geht es vor allem ums Mit**reden**!

Gut zu wissen!

Miki und Kenji kennen sich bereits gut. So kann Kenji auf höfliche Wendungen wie **Tanpo-san no otaku desu ka** verzichten.

12

63

Miki verabschiedet sich mit **Jaa, doyoubi ne!** (*Dann bis* Samstag!) von Kenji. **Jaa** ist die umgangssprachliche Version von **dewa** und heißt eigentlich *ja, dann*. Hören Sie sich die verschiedenen Verabschiedungen an und sprechen Sie nach! Die meisten Phrasen kennen Sie schon, es sind aber auch einige neue Wörter dabei.

じゃあ、げつようびに	Bis Montag!
ではすいようびに	Bis Mittwoch!
じゃあ、もくようびに	Bis Donnerstag!
じゃあ、にちようびに	Bis Sonntag!
じゃあ、あした	Bis morgen!
ではらいしゅう	Bis nächste Woche!
ではらいげつ	Bis nächsten Monat!
じゃあね	Bis dann!

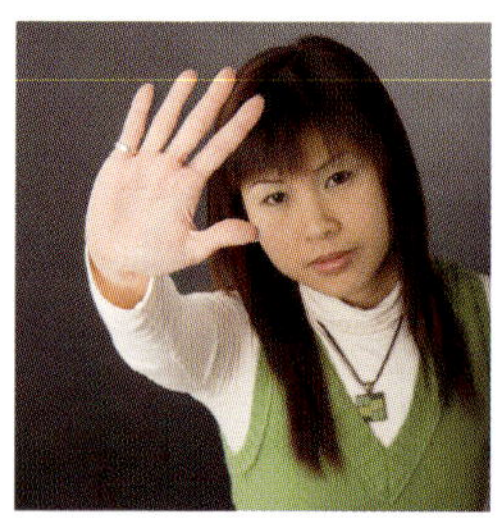

Achtung! Das bekannte **sayounara** hat eher den Charakter von *Lebe wohl!* und wird nicht benutzt, wenn man bereits weiß, wann man sich wiedersieht.

なんじですか。

13

Aber Sie werden sich wundern, was Sie schon alles sagen können, wenn Sie sich auch die Redewendungen der vergangenen Lektionen noch einmal ins Gedächtnis rufen und diesmal in einem ganz anderen Kontext benutzen.

64

Stellen Sie sich vor, Sie werden zu etwas Tollem eingeladen. Bringen Sie Ihre Begeisterung zum Ausdruck:
ありがとうございます。 *(Vielen Dank!)*
いいですね。 *(Das ist ja toll!)*

Wenn Sie auch sonst mit allem, was Ihnen vorgeschlagen wurde, einverstanden sind, benutzen Sie eine dieser Wendungen:
はい、わかりました。 *(Ja, ich habe alles verstanden!/Ja, alles okay!)*
じゃあ、そうしましょう！ *(Ja, dann machen wir das doch so!)*

Wenn Sie ein Angebot nicht annehmen möchten und von einer Einladung völlig überrascht wurden, verschaffen Sie sich etwas Bedenkzeit:
そうですか。 *(Ach so ist das ...)*

Vielleicht möchten Sie auch erst mal einige Rahmenbedingungen abklären, bevor Sie zusagen:
どこですか。 *(Wo ist das denn?/Wo findet das denn statt?)*
どのぐらいかかりますか。 *(Wie lange dauert das? Wie lange geht das?)*

Oder ganz andere Dinge sind entscheidend für Sie, z.B.:
エアコンがありますか。 *(Gibt's da eine Klimaanlage?)*
ビールがありますか。 *(Gibt es Bier dort?)*

Üben Sie jetzt noch einmal einige Redewendungen!

1.	ありがとうございます。	Vielen Dank!
2.	いいですね。	Das ist ja toll!
3.	はい、わかりました。	Ja, ich habe alles verstanden!/Ja, alles okay!
4.	じゃあ、そうしましょう！	Ja, dann machen wir das doch so!
5.	そうですか。	Ach so ist das.
6.	どこですか。	Wo ist das denn?/Wo findet das denn statt?
7.	どのぐらいかかりますか。	Wie lange dauert das? Wie lange geht das?“
8.	エアコンがありますか。	Gibt's da eine Klimaanlage?
9.	ビールがありますか。	Gibt es Bier dort?

はははげんきです。

1

65 Miki Tanpo studiert バイオリン (**baiorin** – *Geige*) an der Musikhochschule und hat einen straffen Tagesplan. Neben dem Studium geht sie noch dreimal die Woche ins Restaurant Fukunoseki zur アルバイト (**arubaito** – *Arbeit*). Schauen Sie sich die Bilder an und hören Sie sich die zugehörigen Sätze an. Sprechen Sie die Aussagen nach und schreiben Sie das Verb in Hiragana. Bei den Hörtexten finden Sie die Romaji Fassung sowie die Übersetzung.

Gut zu wissen!

Die hier verwendete **masu**-Form der Verben ist keine Präsensform. Die **masu**-Form kann für regelmäßige oder zukünftige Tätigkeiten verwendet werden.

あさごはん
asagohan – *Frühstück*

ひるごはん
hirugohan – *Mittagessen*

ばんごはん
bangohan – Abendessen

1. みきさんはまいにちろくじに ______________。(okimasu)
2. そしてシャワーを ______________。(abimasu)
3. ろくじはんごろあさごはんを ______________。(tabemasu)
4. ろくじよんじゅっぷんからじゅうじまでバイオリンを ______________。(hikimasu)
5. そしてしんぶんを ______________。(yomimasu)
6. じゅうじはんにだいがくに ______________。(ikimasu)
7. ごごともだちとコーヒーを ______________。(nomimasu)
8. ばんごはんを ______________。(tsukurimasu)
9. よるコンピューターでE-メールを ______________。(kakimasu)
10. じゅうにじはんに ______________。(nemasu)

Große Zahlen

100er werden mit **hyaku** gebildet: 100 – hyaku; 300 – sanbyaku (san + hyaku);
600 – ro**pp**yaku (roku + hyaku); 800 – ha**pp**yaku (hachi + hyaku)

1000er werden mit **sen** gebildet: 1000 – sen; 3000 – san**z**en (san + sen);
8000 – ha**ss**en (hachi + sen)

10.000er bildet man mit der Einheit **man**, die es im Deutschen nicht gibt:
10.000 – ichiman; 40.000 – yonman

ははは げんき です。

100.000er werde mit **juu** und **man** gebildet (also *10 x 10.000*):
300.000 – sanjuuman; 500.000 – gojuuman; 800.000 – hachijuuman

Es gibt keine Einheit für *Million*, stattdessen kombiniert man **hyaku** und **man**, 100 x 10.000: 1.000.000 – hyakuman

10.000.000 werden aus den Zeichen **sen** und **man** kombiniert, also *1000 x 10.000:*
10.000.000 – **iss**enman (ichi + sen + man)

2

Bilden Sie aus den folgenden Hiragana die Zahl **735.432**!

ん	ん	ん	ん	ん	さ	う	う
せ	に	ゅ	ゃ	ゅ	よ	く	ま
じ	ご	な	な	ひ	さ	じ	

____ ____ ____ ____ ____ ____ ____ ____ ____ ____ ____ ____

____ ____ ____ ____ ____ ____ ____ ____ ____ ____ ____

Lernen Sie die großen Zahlen! Die japanische Währung hat zwei Nullen mehr als der Euro.

3

Maeda-keiji-san hat Miki vor dem Sentou getroffen und ist mit ihr in ein kleines Café gegangen. Miki hat ihre Geige dabei, weil sie anschließend wieder zur Musikhochschule muss. Hören Sie sich den Dialog an und finden Sie heraus, was Mikis Geige wert ist! 66

Maeda: たんぽさんはバイオリンをひきますか。
Miki: ええ、おんだいでバイオリンをべんきょうしています。
Maeda: たいへんでしょう。まいにちなんじかんぐらいれんしゅうしますか。
Miki: ごじかんぐらいです。ピアノもひきます。
Maeda: アルバイトもしていますね。いそがしいでしょう。
Miki: ええ、いそがしいです。でもバイトはすいようびときんようびだけです。ときどきしゅうにさんかいバイトをしますが。
Maeda: ところで、バイオリンはたかいでしょうね。いくらですか、そのバイオリンは。
Miki: そうですね。いっせんまんえんぐらいです。
Maeda: すごいですね。しんじられませんね。おとうさんはおかねもちでしょう。
Miki: いいえ、ちがいますよ。ちちはサラリーマンです。はははきょうしです。バイオリンはかりものです。
Maeda: ああ、そうですか。

Wie viel kostet Mikis Geige? ______________________________

Gut zu wissen!

Beachten Sie die verschiedenen Ausdrücke für Familienangehörige: Miki spricht von ihrem ちち **chichi**, während Maeda-keiji-san Mikis Vater おとうさん **otousan** nennt. Die Mutter heißt entsprechend はは **haha** oder おかあさん **okaasan**.

はははげんきです。

4

Die japanische Satzstruktur wird von Partikeln bestimmt. Lesen Sie noch einmal Ausschnitte aus Mikis und Maedas Gespräch und schreiben Sie die passenden Partikeln in die Lücken.

> **Gut zu wissen!**
>
> **Shinjiraremasen** ist die verneinte Potentialform von **shinjimasu** (glauben, hier wörtlich: *Ich kann es nicht glauben.*) Lernen Sie diese Form als feststehenden Ausdruck.

Maeda fragt, ob Miki Geige spielt:

たんぽさん **1.)** ________ バイオリン **2.)** ________ ひきます **3.)** ________。

Miki bestätigt, dass sie an der Musikhochschule studiert:

ええ、おんだい **4.)** ________ バイオリン **5.)** ________ べんきょうしています。

Piano spielt sie auch:

ピアノ **6.)** ________ ひきます。

Miki erklärt auch, dass sie manchmal dreimal pro Woche arbeitet:

ときどきしゅう **7.)** ________ さんかいバイトをします。

Was Kommissar Maeda kaum fassen kann:

しんじられません **8.)** ________。

5

Was tun diese Leute? Ordnen Sie das passende Verb zu.

> **Gut zu wissen!**
>
> Mit diesen Verben können Sie jetzt schon viel beschreiben. Hauptwort und Verb genügen, um auszudrücken, dass sie selbst oder jemand anderes etwas tut: すしをつくります **(sushi o tsukurimasu)** kann zum Beispiel *Ich mache Sushi* heißen oder *Er/Sie macht Sushi.*

おきます　よみます　たべます　かきます
のみます　あいます　つくります
いきます　ねます　ひきます

ははははげんきです。

6

Maeda-keiji-san befragt Miki zu ihrem Tagesablauf. Dabei sind bestimmte Phrasen hilfreich. **Shuu** heißt *Woche* auf Japanisch. Kombiniert mit der nachgestellten Partikel **ni** bedeutet **shuu ni** *pro Woche*. **Kai** heißt ***Mal***, **ikkai** ist *einmal*, **nikai** ist *zweimal*, **sankai** ist *dreimal*.

67

Lesen Sie zunächst die lückenhaften Aussagen und hören Sie dann, wie verschiedene Personen erzählen, wie oft sie verschiedene Tätigkeiten pro Woche ausüben. Ergänzen Sie die fehlenden Zahlwörter.

ときどきしゅうに **1.** __________ バイトをします。

やまもとさんはしゅうに **2.** __________ ジョギングをします。

しゅうに **3.** __________ にほんごをべんきょうします。

しゅうに **4.** __________ デパートにいきます。

ほんださんはしゅうに **5.** __________ カラオケをします。

まりこさんはしゅうに **6.** __________ ケーキをつくります。

Gut zu wissen!

1x ikkai
2x nikai
3x sankai
4x yonkai
5x gokai
6x rokkai
7x nanakai
8x hakkai
9x kyuukai
10x jukkai
11x juuikkai
12 x juunikai

Kanji-Fokus

娘 Dieses Zeichen bedeutet **musume**, (eigene) *Tochter*. Auf der linken Seite des Zeichens sehen wir das Radikal

女 **onna,** *Frau*.
Auf der rechten Seite steht das Zeichen

良

(zusammen mit dem Hiraganazeichen い, wird es **yoi** gelesen mit der Bedeutung *gut)*.
Sie können sich das Zeichen

娘 **musume**,
eigene Tochter mit folgender Eselsbrücke merken:
„Die eigene Tochter ist eine gute Frau."

ははげんきです。

7

68

Wie teuer ist es? heißt auf Japanisch いくらですか。 **Ikura desu ka**. Maeda-san fragt Miki: いくらですか、そのバイオリンは。 **Ikura desu ka, sono baiorin wa.** Worauf Sie antwortet: いっせんまんえんぐらいです。 **Issenmanen gurai desu.**

Hören Sie sich nun verschiedene kleine Preisgespräche an. Können Sie den Preis heraushören? Dann schreiben Sie die Summe zum passenden Bild.

1. ______________

2. ______________

3. ______________

4. ______________

5. ______________

6. ______________

7. ______________

8. ______________

8

69

Hören Sie nochmals ein paar Zahlen. Diesmal hören Sie sie isoliert, aber dafür sind sie vielleicht etwas schwieriger. Notieren Sie die Zahlen der Reihe nach.

1. ______________________________
2. ______________________________
3. ______________________________
4. ______________________________
5. ______________________________
6. ______________________________
7. ______________________________
8. ______________________________

Gut zu wissen!

Eigentlich kommt es immer bei den gleichen Zahlen zu Lautveränderungen: 300 – **sanbyaku**, 600 – **roppyaku** und 800 – **happyaku**. Achten Sie hier auf die „kleinen" ya, yu, yo (z. B. さんびゃく).

はははげんきです。

9

Jikan bedeutet *Zeit* oder *Stunde*. Aber im Gegensatz zu **ji**, mit dem Sie (z.B. bei der Angabe von Uhrzeiten) einen Zeitpunkt angeben, drücken Sie mit **jikan** eine Zeitdauer aus.
Hören Sie, womit verschiedene Leute stundenlang ihre Zeit verbringen. Schreiben Sie in Hiragana in die Lücken, wie viele Stunden es jeweils sind.

70

1 わたしはまいにち ____________________ Eメールをかきます。

2 ちちはまいにち ____________________ しごとをします。

3 はははまいにち ____________________ そうじをします。

4 わたしはまいにち ____________________ にほんごをべんきょうします。

5 みきさんはまいにち ______________ バイオリンをれんしゅうします。

6 こどもはまいにち ____________________ ラジオをききます。

7 わたしはまいにち ____________________ ねます。

8 けんじはどようび ____________________ スポーツをします。

Gut zu wissen!

Wenn Sie für z.B. 1 ½ Stunden etwas machen, hängen Sie einfach ein **han** für *halb* an **jikan** an – **Ichi jikan han baiorin o renshuu shimasu.** *(Ich übe 1½ Stunden Geige am Tag.)*

10

Womit verbringen Sie selbst Ihre Zeit? Lassen Sie sich von den Bildern inspirieren oder schreiben Sie ein paar Sätze in Hiragana zu den Aktivitäten.

____

____

____

____

____

____

____

はははげんきです。

11

71 72

Maeda-san erkundigt sich noch einmal, was Miki so macht. Hören Sie sich den verkürzten Dialog vom Anfang noch einmal an. (Track 71)
Wenn Sie sich sicher fühlen, hören Sie sich den Dialog als Rollenspiel an (Track 72). Übernehmen Sie die Rolle von Miki und sprechen Sie darüber, was Sie so alles machen! Lesen Sie zunächst ruhig mit. Versuchen Sie aber auch, frei zu sprechen.

Maeda: たんぽさんはバイオリンをひきますか。
Miki: ええ、おんだいでバイオリンをべんきょうしています。
Maeda: たいへんでしょう。まいにちなんじかんぐらいれんしゅうしますか。
Miki: ごじかんぐらいです。ピアノもひきます。
Maeda: アルバイトもしていますね。いそがしいでしょう。
Miki: ええ、いそがしいです。でもバイトはすいようびときにょうびだけです。ときどきしゅうにさんかいバイトをしますが。

12

73

Hören Sie nun, wie jemand seinen Tagesablauf beschreibt. Leider sind die zughörigen Bilder durcheinander geraten. Nummerieren Sie die Bilder in der richtigen Reihenfolge.

ははははげんきです。

13

Sie wissen bereits, dass es unterschiedliche Begriffe für Mitglieder der eigenen Familie oder fremder Familien gibt. Einige Bezeichnungen kennen Sie schon. Es gibt aber noch weitere. Hören Sie sich die Begriffe der Reihe nach an, sprechen Sie nach und schreiben Sie die Bezeichnungen auf!

74

Meine eigene Familie — Die Familie des Gegenübers

Gut zu wissen!

Im Japanischen gibt es kein neutrales Wort für *Bruder* oder *Schwester*, sondern nur für jüngere oder ältere Brüder oder Schwestern.

1 ______ 2 ______ 3 ______ 4 ______

5 ______ 6 ______ 7 ______ 8 ______

9 ______ 10 ______ 11 ______ 12 ______

14

Die Schwierigkeit im gesprochenen Japanisch liegt darin, dass man oft die höfliche Wendung einer Frage in der Antwort nicht wiederholen darf, sondern stattdessen eine bescheidene Form benutzen muss. Das höfliche **o** in **O-genki desu ka.** erscheint in der Antwort nicht: **Hai, genki desu.** Auch bei Personenbezeichnungen müssen Sie aufpassen. Üben Sie in einem kleinen Dialog nochmals das „Umschalten".

75

Gut zu wissen!

Noch höflicher als **san** ist das Suffix **sama**. Aber dann muss auch der gesamte Satzstil noch eine Spur höflicher gestaltet werden. So weit sind wir noch nicht!

Hören Sie sich den Dialog mehrfach an. Lesen Sie mit.

A: おとうさんはおげんきですか。
B: ありがとうございます。ちちはげんきです。
A: おかあさんは?
B: ははもげんきです。

Wenn Ihnen das Umschalten vertraut ist, übernehmen Sie die Rolle B.

76

あたまがいたいです。

1

77

Maeda-san ist auf dem Weg ins Krankenhaus, um Herrn Ohara, dem es wieder besser geht, einen Besuch abzustatten.

Wir hoffen zwar, dass Ihnen selbst ein Arztbesuch in Japan erspart bleibt, doch für alle Fälle lernen Sie einige Körperteile kennen, die Ihnen eventuell Beschwerden bereiten könnten. *Weh tun* oder *Schmerzen bereiten* heißt auf Japanisch いたいです **itai desu**. *Ich habe Kopfschmerzen* ist also わたしはあたまがいたいです。 ***(Watashi wa) atama ga itai desu.*** Hören Sie sich an, wo die Sprecher Schmerzen haben. Versuchen Sie die einzelnen Körperteile herauszuhören und schreiben Sie sie in die Lücken.

Gut zu wissen!

Auch hier brauchen Sie wieder die Partikeln は (**wa**) und が (**ga**). Das Subjekt, hier わたしは(**watashi** – *ich*), wird mit は markiert, das Körperteil mit が.
Bei **itai** steht immer die Partikel が.
Achtung, das Personalpronomen lässt man auch hier weg, wenn klar ist, über wen man spricht!

1 ________ 2 ________ 3 ________ 4 ________ 5 ________

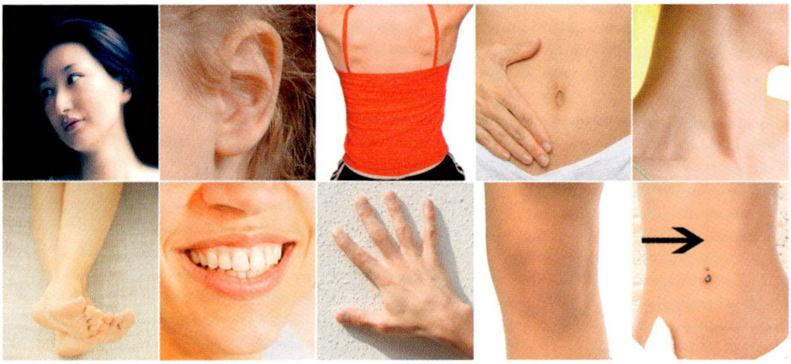

6 ________ 7 ________ 8 ________ 9 ________ 10 ________

2

78

Bevor der Kommissar den Arzt befragt, stattet er Herrn Ohara selbst einen Besuch ab. Frau Ohara ist auch gerade bei ihrem Mann. Hören Sie, wie man mit **kudasai** den höflichen Imperativ bildet. **Kiite kudasai** (*bitte fragen Sie*) setzt sich zusammen aus **kudasai** und der te-Form von **kikimasu** (*fragen*).

Gut zu wissen!

Beim Krankenbesuch ist es nicht üblich **o-genki desu ka** zu verwenden. Stattdessen fragt man: **okagen wa ikaga desu ka.** *(Wie ist Ihr Befinden?)*

Maeda: しつれいします。
Frau Ohara: あら、けいじさん、こんにちは。しゅじんです。
Maeda: こんにちは。おかげんはいかがですか。
Herr Ohara: ありがとうございます。まだからだはだるいです。しょくよくがありません。そしていがまだいたいです。
Frau Ohara: やっぱりアレルギーでした。ふぐりょうりにかんけいありませんでした。おいしゃさんにきいてください。あんしんしました。
Maeda: よかったですね。じゃあ、そろそろかえります。おだいじに。
Herr Ohara: ありがとうございます。

あたまがいたいです。

3

Hören Sie nochmals einige Wörter und Passagen aus dem vorangegangenen Dialog und sprechen Sie nach. Können Sie das Gehörte im Wortgitter finden?

79

し	ん	み	き	せ	ゆ	く	ぬ	す	せ	の
つ	い	か	が	で	す	か	た	べ	し	れ
れ	ぬ	し	あ	い	ん	ん	れ	ぞ	り	う
い	た	ょ	え	ま	て	け	え	し	り	お
し	ょ	く	よ	く	ら	い	れ	だ	る	い
ま	し	わ	す	わ	ん	な	ら	さ	ら	が
す	み	ア	ま	お	だ	い	じ	に	わ	い
い	れ	レ	み	た	う	ま	ん	み	い	た
ぬ	せ	ル	ん	お	き	て	く	だ	さ	い
か	ん	ギ	い	な	い	あ	れ	り	た	で
お	は	ー	れ	う	じ	ん	あ	あ	ふ	す
て	ご	ぎ	ね	の	べ	ひ	え	り	め	り

Gut zu wissen!

Ein reiner Hiragana-Text ist eigentlich viel schwieriger zu lesen als ein normaler japanischer Text, weil in einem Orignaltext die Satzteile durch sinntragende Kanji strukturiert sind.

4

Benennen Sie die Körpterteile. Schreiben Sie das passende Wort auf die Linie!

Gut zu wissen!

Was Arme und Beine angeht, hat Japanisch Ähnlichkeit mit dem Schwäbischen: **te** heißt sowohl *Hand* als auch *Arm*. **Ashi** kann den *Fuß* oder aber auch das ganze *Bein* meinen.

あたまがいたいです。

Der höfliche Imperativ

§24

Im Krankenhaus bittet Frau Ohara den Kommissar, mit dem Arzt zu sprechen. Dabei verwendet Sie einen höflichen Imperativ. In diesem Imperativ wird **kudasai** mit einem Verb kombiniert, das in der **te-Form** stehen muss: **O-isha-san ni kiite kudasai.**
Zur Erinnerung: Im Japanischen gibt es für die Verben keine besonderen Formen für Zahl, Person und Geschlecht. Verben werden häufig ohne persönliche Fürwörter verwendet.
Sie kennen bisher die **masu-Form** für die **bejahte Form der Gegenwart** und die **te-Form**, die unter anderem für die **absolute Gegenwart,** aber auch für den **höflichen Imperativ** verwendet wird.

Gut zu wissen!

Da die einzelnen Verbformen leider nicht immer regelmäßig gebildet werden, ist es sinnvoll, die verschiedenen Formen als eine Vokabel zu lernen.

	Grundform	**masu**-Form	**te**-Form
gehen, fahren	いく	いきます	いって
essen	たべる	たべます	たべて
herstellen, machen	つくる	つくります	つくって

5

80

Hören Sie sich pro Verb drei verschiedene Formen an: die **Grund-** oder **Wörterbuchform**, die **masu-Form** und die **te-Form**, die hier als höfliche Bitte ausgesprochen wird. Sie können die Formen mitlesen. Nur die **te-Form** der Verben fehlt. Die sollen Sie selbst in die Lücke schreiben.

Gut zu wissen!

Lernen Sie die Grundform und die te-Form zusammen als Vokabel! Diese beiden Formen sind die wichtigsten in der japanischen Grammatik.

fragen	きく	ききます	ください
trinken	のむ	のみます	ください
aufstehen	おきる	おきます	ください
zurückkehren	かえる	かえります	ください
lesen	よむ	よみます	ください
ausziehen	ぬぐ	ぬぎます	ください

あたまがいたいです。

6

Lesen Sie die folgenden höflichen Bitten oder Aufforderungen im Imperativ und überlegen Sie, welches Verb sinngemäß am besten in die Lücke passt. Suchen Sie dann die passende te-Form und schreiben Sie die Verbform in die Lücke.

a のんで • **b** いって • **c** ひいて • **d** よんで • **e** おこして • **f** つくって • **g** おきて • **h** きいて • **i** たべて

おちゃを **1** ____________________ ください。

しちじに **2** ____________________ ください。

E-メールを **3** ____________________ ください。

おいしゃさんに **4** ____________________ ください。

ピアノを **5** ____________________ ください。

おすしを **6** ____________________ ください。

ゆうびんきょくに **7** ____________________ ください。

はちじに **8** ____________________ ください。

おいしいケーキを **9** ____________________ ください。

Gut zu wissen!

Hängt man statt **kudasai** ein **imasu** an die te-Form, erhält man die Durativ-Form der Verben. Dann bedeutet **nonde imasu**, dass jemand gerade dabei ist etwas zu trinken. Bei einigen Verben wird ein permanenter Zustand ausgedrückt. Erinnern Sie sich: **Shututtogaruto ni sunde imasu** *(Ich wohne in Stuttgart)*.

7

Lesen Sie einige Kurzdialoge aus dem Krankenhaus. Leider sind sie durcheinander geraten. Können Sie die passenden Aussagen zusammenbringen?

1 ___ **2** ___ **3** ___ **4** ___

Denken Sie daran: Kranke fragt man nicht **O-genki desu ka.** sondern **O-kagen wa ikaga desu ka.** *(Wie geht es Ihnen?)*

あたまがいたいです。

8

Sehen Sie nun noch einmal verschiedene Aufforderungen und Bitten an, die mit der **te**-Form des Verbs gebildet werden. Versuchen Sie, die Hiragana-Sätze zu vervollständigen. Achtung, nicht alle Formen werden benötigt. Bei den Lösungen finden Sie die Sätze in Romaji und die Übersetzung. Darüber hinaus finden Sie dort auch die Grund- und **masu**-Form der Verben.

a かいて • **b** きいて • **c** かえって • **d** きて • **e** のんで • **f** かって • **g** くる • **h** かく • **i** かえります • **j** よんで • **k** いって • **l** のむ

ここに **1** ______________ ください。

おいしゃさんに **2** ______________ ください。

おちゃを **3** ______________ ください。

ほんを **4** ______________ ください。

ゆうびんきょくに **5** ______________ ください。

これを **6** ______________ ください。

かたかなで **7** ______________ ください。

8 ______________ ください。

9

81

Hören Sie sich noch einmal ein Gespräch zwischen Maeda-san und Herrn Ohara an. Leider fehlen einige Wörter im Text. Können Sie das Lückendiktat füllen?

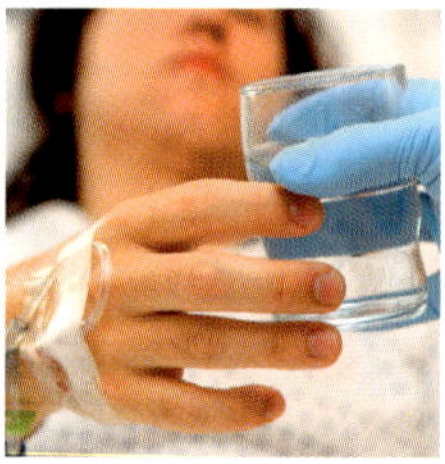

Maeda: おかげんは ______________ ですか。

Ohara: からだはまだ ______________ です。

Maeda: いは。

Ohara: そうですね。いもまだ ______________ です。

Maeda: あたまは。

Ohara: ______________ もういたくありません。

Maeda: おだいじに。

Ohara: ______________ ございます。

あたまがいたいです。

10

Auf die Frage nach seinem Befinden antwortete Herr Ohara: **Karada wa mada darui desu.** *(Ich fühle mich noch schlapp.)* Das Wörtchen **mada** heißt *noch* oder *noch nicht* und ist sehr flexibel einsetzbar. Sehen Sie selbst!
Lesen Sie die **mada**-Sätze und ergänzen Sie die Hiragana!

1 Karada wa mada darui desu. からだはまだだるいです。
Ich fühle mich noch schlapp.
2 Hanako wa mada chiisai desu. ____________________
Hanako ist noch klein.
3 Watashi wa mada gakusei desu. ____________________
Ich bin noch Student.
4 Mada samui desu ne. ____________________
Das ist aber noch kalt, nicht wahr?
5 Tsuma wa mada doitsu ni imasu. ____________________
Meine Frau ist noch in Deutschland.
6 Yamada-san wa mada desu ka. ____________________
Ist Herr Yamada immer noch nicht da?
7 Nihongo wa mada heta desu. ____________________
Mein Japanisch ist immer noch schlecht.
8 Mada wakai desu yo! ____________________
Sie sind doch noch jung!

Gut zu wissen!

Fragen Sie Japaner **Kekkon shite imasu ka**. (*Sind Sie verheiratet?*), antworten viele mit **Iie, mada desu**. (*Nein, noch nicht.*), weil sie fest vorhaben, später zu heiraten.

11

Benennen Sie, was immer noch weh tut! Schreiben Sie von oben nach unten!

8
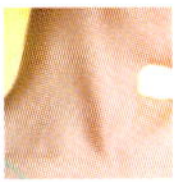
7
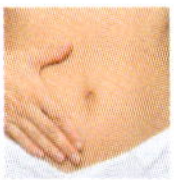
6
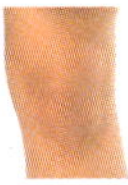
5

4
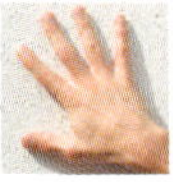
3
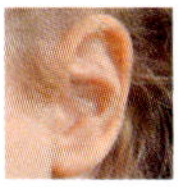
2

1
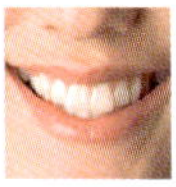

1: ははまだいたいです。

Gut zu wissen!

Verwechseln Sie **mada** nicht mit dem ähnlich klingenden **mata** (*wieder*), das Sie schon aus dem Gruß **jaa mata** (*Bis später!*) kennen.

あたまがいたいです。

12

Miki-san macht derzeit wieder **arubaito** im Restaurant und bekommt von Tezuka-san einige Aufträge. Dabei verwendet er natürlich den höflichen Imperativ. Hören Sie sich an, in welcher Reihenfolge Tezuka-san die Aufträge vergibt und nummerieren Sie die untenstehenden Bilder entsprechend. Bei den Hörtexten können Sie alles noch einmal in Ruhe mit- und nachlesen.

B2

13

B3

Mit der **te**-Form können (bzw. müssen!) Sie auch mehrere Tätigkeiten hintereinander reihen. はちじにおきて、シャワーをあびて、あさごはんをたべて、かいしゃにいきます。 **Hachiji ni okite, shawā o abite, asagohan o tabete, kaisha ni ikimasu.** (*Ich stehe um 8.00 Uhr auf, dusche, frühstücke und fahre dann in die Firma*). Die folgenden Tätigkeiten müssten Ihnen alle bekannt sein. Hören Sie sich an, was verschiedene Personen tun. Wählen Sie aus den untenstehenden Bildern dann dasjenige aus, welches die jeweils dritte Tätigkeit zeigt.

1

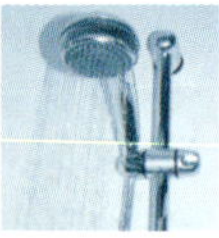
a

b

c

2

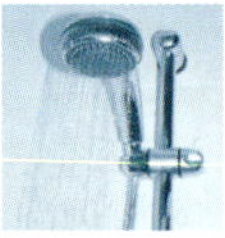
a

b

c

3

a
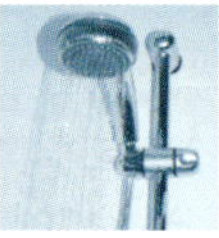
b

c

4

a

b

c

Gut zu wissen!

Die **te**-Form sagt nichts über die Zeitform aus, in der das Verb steht. Die allerletzte Verbform am Satzende gibt erst Auskunft darüber, in welcher Zeitform der Satz steht.
Im Japanischen gilt, das Wichtigste steht immer am Ende des Satzes!

あたまがいたいです。

14

Möchten Sie einen Krankenbesuch (**o-mimai**) machen, gelten grundsätzlich ähnliche Regeln wie bei uns. Man sollte vorher in Erfahrung bringen, ob ein Besuch angebracht und erwünscht ist, die Besuchszeiten sollten eingehalten werden, etc.

Steht dem Besuch nichts im Wege, ist es üblich ein Kranken-Geschenk, ebenfalls **o-mimai** genannt, mitzubringen. Passende Karten für Genesungswünsche gibt es im Schreibwarenladen zu kaufen. Als Aufdruck findet man auf diesen Karten den so genannten **musubikiri-Knoten** in den Farben rot und weiß. Dieser Knoten wird bei allen Ereignissen verwendet, die nicht wiederkehren sollen. Dazu gehören neben Krankheit natürlich der Todesfall, aber auch die Hochzeit – schließlich soll die Ehe glücklich und lang sein, sodass man nur einmal im Leben heiratet. Bei freudigen Ereignissen, die sich wiederholen sollen, verwendet man den so genannten Schmetterlingsknoten (**chomusubi**).

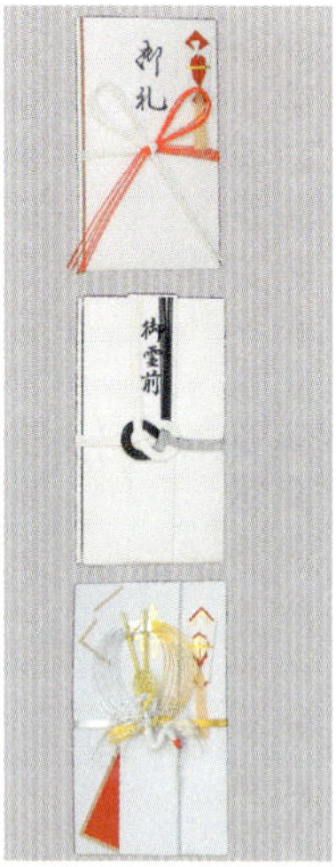

erfreulicher Anlass

Todesfall

Hochzeit

Je nachdem, in welcher Beziehung Sie zu dem Kranken stehen, sind auch Geldgeschenke üblich. Bringen Sie auf keinen Fall Topfpflanzen als おみまい mit, denn der Kranke möchte im Krankenhaus keine Wurzeln schlagen. Auch weiße oder gelbe Chrysanthemen sind tabu, dies sind Beerdigungsblumen.

Liegen Sie selbst oder Angehörige im Krankenhaus, ist es üblich, dem zuständigen Arzt und den Krankenschwestern Geschenke zu machen. Lassen sich hier von Japanern beraten.

Wenn Sie in Japan einen Arzt aufsuchen, müssen Sie in der Regel vor der Untersuchung an der Rezeption ein Aufnahmeformular ausfüllen und eine Versicherungs- oder Kreditkarte vorweisen. Dann warten Sie, bis Sie aufgerufen werden. Sofern der Arzt Sie nicht direkt mit nötigen Medikamenten versorgt, erhalten Sie ein Rezept, dass Sie in Krankenhäusern oder Apotheken (**kusuri-ya**) einlösen können.

Kanji-Fokus

Das Zeichen für **itai**, *weh tun*, wird mit Schriftzeichen 痛い geschrieben. Das „i" wird mit Hiragana geschrieben, weil es eine Flexionsendung ist.

Der äußere Teil dieses Zeichens signalisiert schon auf den ersten Blick, dass **itai** kein Normalzustand ist, denn dieses Radikal (das aussieht wie ein umgekehrtes „L" mit Haken und Ösen) bedeutet *Krankheit*.

Viele Krankheiten enthalten dieses Radikal, so z.B. 癌 **gan** *Kreb*s oder 疫 **yaku/eki** *Epidemie*.

Der innere Teil vom obigen Zeichen **itai** hat hier eigentlich phonetische Funktion, bedeutet jedoch *passieren*, *hindurch gehen*.

Als Eselsbrücke können Sie sich merken:
„Schmerzen gehen durch den kranken Körper"

かんぱい。

1

84

Herrn Oharas Zusammenbruch war auf eine Nuss-Allergie zurückzuführen. Nun ist es ihm sehr unangenehm, Tezuka-san so große Umstände bereitet zu haben. Als Entschädigung lädt er alle ein. Der Kommissar ist auch dabei. Hier kommt er gerade … Hören Sie sich den Dialog an und lesen Sie mit. Vieles verstehen Sie bereits und einiges wird Ihnen vertraut, aber leicht verändert erscheinen.

Frau Ohara: あら、まえだけいじさん、こんばんは。
Maeda: ここにすわってもいいですか。
Frau Ohara: ええ、どうぞ。ふぐははじめてですか。
Maeda: ええ、はじめてです。へびとわにはもうたべましたが。
Frau Ohara: へえ、わにですか。どうでしたか。おいしかったですか。
Maeda: いいえ、かたくてあまりおいしくなかったです。ところで、ごしゅじんがおげんきになって、よかったですね。
Frau Ohara: ええ、ほんとうにたいへんでした。てずかさんもかわいそうでしたね。 ああ、ふぐがきました。いただきましょう。
Maeda: じゃあ、いただきます。

Gut zu wissen!

Itadakimasu heißt wörtlich *Ich erhalte es von oben* und wird vor Beginn der Mahlzeit benutzt. Anders als *Guten Appetit*, sagt man **itadakimasu** eher zu sich selbst, oft übersetzt man es mit „gesegnete Mahlzeit“. Nach dem Essen sagt man **gochisousama** oder **gochisousama deshita** (*Es gab viel und gut zu essen*).

§20

Um Erlaubnis bitten

Mo ii desu haben Sie bereits kennen gelernt. Man kann mit dieser Phrase auch eine **Erlaubnis erteilen** oder, indem man die Partikel **ka** anhängt, um **Erlaubnis bitten: Eigo de mo ii desu./Eigo de mo ii desu ka.** Achtung, **eigo** (*Englisch*) wird hier von der Instrumentalpartikel **de** begleitet.
Um eine Erlaubnis zu erteilen oder zu erfragen, können Sie neben **mo ii desu** auch Verben benutzen. Das Verb steht dann in der **te-Form** vor **mo ii**.
Koko ni suwatte mo ii desu./Koko ni suwatte mo ii desu ka.

Achtung, die Bildung der japanischen Verbformen ist komplex. Lernen Sie die Verben direkt mit drei Formen – **Grundform, masu-Form** und **te-Form:**
setzen = **suwaru – suwarimasu – suwatte**

Die **Grundform** zeigt den Verbstamm an, in dieser Form finden Sie das Verb im Wörterbuch.
Die **masu-Form** stellt das Verb in der bejahten Gegenwart dar.
Die **te-Form** wird in verschiedenen Zusammenhängen gebraucht. Mit ihr kann die absolute Gegenwart („jetzt“, „gerade“) ausgedrückt werden, eine Befehlsform oder eben eine Frage um Erlaubnis gebildet werden.

Schreiben Sie die passende Verbform in die Lücke!

rauchen: suu, suimasu, 1 ______________________

spielen: hiku, 2 ______________________, hiite

sehen: 3 ______________________, mimasu, mite

a hikimasu
b miru
c sutte

かんぱい。

2

Hören Sie sich die folgenden Fragen an. Wählen Sie anschließend die passende untenstehende te-Form aus und schreiben Sie sie in die Lücke.
Bei den Hörtexten finden Sie die Sätze noch einmal in Romaji mit deutscher Übersetzung.

85

a つかって • **b** すって • **c** すわって • **d** ひいて • **e** あびて • **f** みて • **g** いって • **h** かいて

ここに **1** ________________ もいいですか。

タバコを **2** ________________ もいいですか。

ピアノを **3** ________________ もいいですか。

シャワーを **4** ________________ もいいですか。

テレビを **5** ________________ もいいですか。

けいたいを **6** ________________ もいいですか。

ローマじで **7** ________________ もいいですか。

ひとりで **8** ________________ もいいですか。

Sie dürfen – Sie dürfen nicht

§24

Sind Sie einverstanden, antworten Sie z.B.
Ee, tabako o sutte mo ii desu. *Ja, Sie dürfen hier rauchen.*
Wenn Sie nicht einverstanden sind, verneinen Sie entweder mit **Tabako o sutte wa ikemasen.** *Sie dürfen hier nicht rauchen.* oder **Tabako wa chotto...** *Rauchen ist ein bisschen... (schlecht).*

Natürlich können Sie auch Ihr Einverständnis verwehren. Wenn Sie nicht möchten, dass beispielsweise geraucht wird, antworten mit der Verneinung: **Tabako o sutte wa ikemasen.**
Die Phrase **mo ii desu** wird also durch **wa ikemasen** ersetzt.

Gut zu wissen!

Achtung, Japaner gehen mit einem *Nein* sehr delikat um. Die Ablehnung umschreibt man eher mit **chotto** (*ein bisschen*), so bringt man keinen Gesprächspartner in Verlegenheit: **Tabako wa chotto...** (Rauchen ist ein bisschen „*schlecht*")

Hören Sie sich die Aussagen an und schreiben Sie die Kernbegriffe in die richtige Box.

86

erlaubt	nicht erlaubt
	けいたい

かんぱい。

§19
§25

Vergangenheit und Verneinung

Maeda-keiji-san hat schon einmal Kugelfisch gegessen:
Fugu wa tabemashita.
Es hat ihm gut geschmeckt: **Oishikatta desu.**

Die bejahte Vergangenheitsform der **Verben** wird mit der Endung **-mashita** am Verbstamm gebildet.
essen: **taberu – tabemashita**; *trinken:* **nomu – nomimashita**; …

Auch **Adjektive** können in die Vergangenheit gesetzt werden. Bei **i-Adjektiven** wird nicht das Tätigkeitswort **desu** verändert, sondern das Adjektiv selbst. Das Vergangenheitssuffix bei den **i-Adjektiven** ist **-katta**.

Wenn Sie beschreiben möchten, dass etwas teuer war sagen Sie also: **Takakatta desu. Desu** bleibt unverändert. Das **Endungs-i** des Adjektivs fällt weg.
Vergleichen Sie Gegenwart und Vergangenheit:
Oishii desu. = *Das ist lecker.* **Oishikatta desu.** = *Das war lecker.*

In gleicher Weise kann man Adjektive in der Vergangenheit auch verneinen. Die Verneinung des Satzes geschieht mit der Endung **-kunakatta**. Wenn etwas nicht teuer war, sagen Sie: **Takakunakatta desu.**
Herr Maeda hat auch schon Schlange und Krokodil probiert: **Hebi to wani wa mou tabemashita ga.**
Aber leider kann er diese Gerichte nicht weiterempfehlen: **Oishikunakatta desu.**

3

87

Lesen und hören Sie die folgenden Sätze. Wählen Sie die passende Adjektivform aus. Streichen Sie, wie im Beispiel, die anderen Formen.

Gut zu wissen!

Yokatta ist die Vergangenheitsform von **ii** (*gut*). Auch bei der Verneinung **yokunai** (*nicht gut*) bzw. **yokunakatta** (*es war nicht gut*) ist das **ii** nicht mehr zu erkennen. Ursprünglich hieß **ii** jedoch **yoi**, was in der Verneinung der Vergangenheitsform erhalten blieb.

1. コーヒーは (~~あしくなかった~~ | おいしくなかった | ~~おいしかった~~) です。
2. ベルリンは (さむかった | きむかった | ざむかった) です。
3. ふぐは (らかかった | だかかった | たかかった) です。
4. パーティーは (あもしろかった | おもしろくなかった | あもしろくなかった) です。
5. いぬは (かわいかった | こわいかった | かわいくなかった) です。
6. (ようかった | よかった | よくった) ですね。
7. あたまが (りたかった | みたかった | いたかった) です。
8. えきは (ちかくなかった | ちかかった | しかくなかった) です。

かんぱい。

4

Hören Sie nochmals die Unterhaltung zwischen Frau Ohara und Maeda-keiji-san. Wieder einmal fehlen alle Partikeln. Lesen Sie die Bedeutung der einzelnen Partikeln in der systematischen Grammatik nach.

84

§4

Frau Ohara: あら、まえだけいじさん、こんばん **1** は。

Maeda: ここ **2** ____ すわって **3** ____ いいです **4** ____。

Frau Ohara: ええ、どうぞ。ふぐ **5** ____ はじめてです **6** ____。

Maeda: ええ、はじめてです。へびとわに **7** ____ もうたべましたが。

Frau Ohara: へえ、わにです **8** ____。どうでした **9** ____。おいしかったです **10** ____。

Maeda: いいえ、かたくてあまりおいしくなかったです。ところで、ごしゅじん **11** ____ おげんき **12** ____ なって、よかったです **13** ____。

Frau Ohara: ええ、ほんとう **14** ____ たいへんでした。てずかさん

15 ____ かわいそうでした **16** ____。 ああ、ふぐ **17** ____ きました。いただきましょう。

Maeda: じゃあ、いただきます。

Gut zu wissen!

Außer den Partikeln gibt es noch andere wichtige kleine Wörter im Dialog, z. B. **mou** (*schon*), nicht zu verwechseln mit **mo** (*auch*). Die kürzesten Wörter haben oft die wichtigsten Funktionen im Japanischen. Überlesen Sie sie nicht!

5

Hier geht es um **mou** (*schon*) und **mada** (*noch* bzw. *noch nicht*). **Mou yomimashita ka.** Darauf können Sie mit der Kurzantwort **Iie**, **mada desu.** antworten. Lesen Sie sich die Sätze durch und lesen Sie sie auch laut. Schreiben Sie nun もう (**mou**) oder まだ (**mada**) in die Lücken. Die deutsche Übersetzung hilft Ihnen.

1 バスは __________ きましたか。 *Ist der Bus **schon** gekommen (da)?*

2 いいえ、 __________ きません。 *Nein, er ist **noch nicht** da.*

3 __________ あさごはんをたべましたか。 *Haben Sie **schon** gefrühstückt?*

4 __________ わかりません。 *Ich weiß es **noch nicht.***

5 __________ がくせいです。 *Ich bin **schon** Student.*

6 __________ がくせいです。 *Ich bin **noch** Student.*

7 __________ さむいです。 *Es ist **noch** kalt.*

8 __________ にほんにかえりました。 *Er ist **schon** nach Japan zurückgekehrt.*

かんぱい。

6

Lesen Sie die folgenden Sätze. Bei allen Sätzen fehlen die Adjektive. Bilden Sie die passende Adjektivform. Die Übersicht der Adjektive wird Ihnen helfen.

1 にほんのくるまは ____________________ です。
(Japanische Autos sind nicht teuer.)

2 やまださんのアパートは ____________________ です。*(Frau Yamadas Wohnung war nicht geräumig.)*

3 おすしは ____________________ です。
(Die Sushi waren lecker.)

4 ねこは ____________________ です。*(Die Katze war nicht niedlich.)*

5 ホテルは ____________________ です。*(Das Hotel war teuer.)*

6 ドイツは ____________________ です。*(In Deutschland war es kalt.)*

7 セーターは ____________________ です。*(Der Pullover war nicht billig.)*

8 にほんのアパートは ____________________ です。
(Japanische Wohnungen sind nicht billig.)

§25

Präsens	**verneint**
taka**i** desu *es ist teuer* yasu**i** desu *es ist billig* hiro**i** desu *es ist geräumig* daru**i** *schlapp sein* kawai**i desu** *es ist niedlich*	taka**kunai** desu *es ist nicht teuer* yasu**kunai** desu *es ist nicht billig* hiro**kunai** desu *es ist nicht geräumig* daru**kunai** desu *nicht schlapp sein* kawai**kunai desu** *es ist nicht niedlich*
Vergangenheit taka**katta** desu *es war teuer* yasu**katta** desu *es war billig* hiro**katta** desu *es war geräumig* daru**katta** desu *schlapp gewesen sein* kawai**katta desu** *es war niedlich*	**verneint** taka**kunakatta** desu *es war nicht teuer* yasu**kunakatta** desu *es war nicht billig* hiro**kunakatta** desu *es war nicht geräumig* daru**kunakatta** desu *nicht schlapp gewesen sein* kawai**kunakatta desu** *es war nicht niedlich*

Das letzte **i** der **i-Adjektive** ist eine Flexionsendung und entfällt, wenn etwas Neues wie z. B. **katta** angehängt wird.
Na-Adjektive sind wie Substantive unveränderlich und benötigen ein **deshita** für die Vergangenheitsform: **hansamu deshita** (*er sah gut aus*). Man verneint sie mit **dewa arimasen deshita: hansamu dewa arimasen deshita** (*er sah nicht gut aus*).

かんぱい。

7

Hajimete bedeutet *zum ersten Mal* und kann mit Substantiven kombiniert werden. Dabei können Sie das Verb auslassen, seine Funktion übernimmt **desu**.

88

Fugu wa <u>hajimete</u> desu ka. (***Essen** Sie **zum ersten Mal** Fugu?*)

Mit **hajimete** können Sie über viele Tätigkeiten sprechen, ohne eine Verbform zu verwenden. Hören Sie sich die Beispiele an, sprechen Sie sie nach und ergänzen Sie die Hiragana-Fassung.

1 Nihon wa hajimete desu ka. ______
Sind Sie das erste Mal in Japan?

2 Sushi wa hajimete desu ka. ______
Essen Sie zum ersten Mal Sushi?

3 Hee, hajimete kikimashita! ______
Was, das habe ich ja noch nie gehört!

4 Hee, hajimete mimashita. ______
Was, das habe ich ja noch nie gesehen!

5 O-furo wa hajimete desu. ______
Ich gehe zum ersten Mal ins O-furo.

6 Kono resutoran wa hajimete desu. ______
In diesem Restaurant bin ich zum ersten Mal.

Gut zu wissen!

Hajimete ist eigentlich auch eine **te**-Form. Es ist die **te**-Form von **hajimeru**/**hajimemasu** (*etwas beginnen, anfangen*).

8

Übersetzen Sie die folgenden Wörter und Aussagen ins Japanische.

1 es war teuer ______

2 „gesegnete Mahlzeit" ______

3 bedauernswert ______

4 es war nicht niedlich ______

5 Krokodil ______

6 es ist nicht interessant ______

7 zum ersten Mal ______

Gut zu wissen!

Auch diese Adjektivformen können Sie vor ein Substantiv setzen und attributiv verwenden:
kawaikunakatta wani (*ein Krokodil, das nicht niedlich war*)
takakatta kuruma (*ein Auto, das teuer gewesen ist*).

かんぱい。

9

89

Der Abend neigt sich dem Ende zu. Diesmal gab es keinerlei Zwischenfälle und allen haben die Fugu-Köstlichkeiten, die Tezuka-san aufgetischt hat, hervorragend geschmeckt. Jetzt wird es Zeit, die Gläser zu erheben und auf das glückliche Ende anzustoßen. Hören Sie sich den Dialog an.

Maeda: ああ、おいしかったです。ごちそうさまでした。
Frau Ohara: しょうちゅうはいかがですか。
Maeda: けっこうです。
Frau Ohara: ビールは。
Maeda: じゃあ、いただきます。
Herr Ohara: それでは、みんなさん、ほんとうにたいへんおせわになりました。どうもすみませんでした。
Tezuka-san: いいえ、いいえ。おはらさんがげんきになって。なによりですね。それでは、みんなさん、おはらさんのごけんこうをいわってかんぱいしましょう。
Alle: かんぱい！

10

90

Die japanische Aussprache ist nicht schwierig, man muss jedoch auf Langvokale und Doppelkonsonanten achten. Vielleicht spricht Ihr Gegenüber gar nicht vom *Ehemann* (***shujin***), sondern von einem *Gefangenen* (**shuujin**). Genaues Zuhören erleichtert Ihnen auch die Suche im Wörterbuch.
Hören Sie sich nun einige Wörter an und schreiben Sie sie in Hiragana.

1 noch mehr ____________
2 Schnee ____________
3 vorhin ____________
4 Seife ____________
5 das Kleinste ____________
6 Schlamm ____________
7 Visitenkarte ____________
8 weh tun ____________
9 Welt ____________
10 überhaupt ____________
11 Abenteuer ____________
12 Tat ____________
13 Karpfen ____________
14 Straße ____________
15 Mut ____________

かんぱい。

Ordnen Sie nun alle Wörter in die passende Box ein.

Doppelkonsonanten	Langvokale	weder noch

Kanji-Fokus

乾杯 **Kanpai!** *Prost!*
Kanpai bedeutet *trockenes Glas* und wird in China (chinesische Aussprache: *ganbei*) noch wörtlich genommen, d.h. man erwartet von Ihnen, dass Sie Ihr Getränk *„auf Ex"* trinken.
In Japan dagegen entspricht **„Kanpai"** dem deutschen *Prost*.
Das **pai** ist eine Lautveränderung und kommt eigentlich von 杯 **hai** *Glas*. Es setzt sich aus 木 *Baum/Holz* und 不 *nicht* zusammen.
Wir merken uns: Ein *Glas* 杯 ist *nicht* 不 aus 木 *Holz*!

11

Lassen Sie uns auf Ihren Lernerfolg anstoßen! Sie haben nun die wesentlichen Kenntnisse im Japanischen, um sich zu verständigen. Stoßen Sie darauf mit Kommissar Maeda und Frau Ohara an!

91

Frau Ohara: まえださん、しょうちゅうはいかがですが。
Maeda: けっこうです。
Frau Ohara: ビールは。
Maeda: はい、いただきます。
Frau Ohara: それでは、かんぱいしましょう。
Maeda: じゃあ、かんぱい。
Frau Ohara: かんぱい。

Gut zu wissen!

In Japan ist es nicht üblich, sich selbst einzuschenken. Heben Sie Ihr Glas an, wenn man Ihnen etwas einschenken will. Achten Sie auch darauf, dass Sie das Glas Ihres Gegenübers immer füllen, sobald es leer ist.

1 Lektionswortschatz

Schrifttraining

nihon	にほん	Japan	Schriftt.
amerika	アメリカ	Amerika	Schriftt.
okaasan	おかあさん	Mutter	Schriftt.
bīru	ビール	Bier	Schriftt.
eki	えき	Bahnhof	Schriftt.
aoi	あおい	blau	Schriftt.
kuuki	くうき	Luft	Schriftt.
sushi	すし	Sushi	Schriftt.
soto	そと	draußen	Schriftt.
tatsu	たつ	Drachen	Schriftt.
hana	はな	Blume	Schriftt.
fune	ふね	Schiff	Schriftt.
nuno	ぬの	Stoff	Schriftt.
yume	ずめ	Traum	Schriftt.
mune	むね	Brust	Schriftt.
momo	もも	Pfirsisch	Schriftt.
gakki	がっき	Instrument	Schriftt.
toukyou	とうきょう	Tokio	Schriftt.
juu	じゅう	zehn	Schriftt.
kitte	きって	Briefmarke	Schriftt.
sora	そら	Himmel	Schriftt.
wani	わに	Krokodil	Schriftt.
onsen	おんせん	heiße Quelle	Schriftt.
ringo	りんご	Apfel	Schriftt.
o tabemasu	をたべます	essen	Schriftt.
ki	キ	Schlüssel	Schriftt.
gia	ギア	Gang	Schriftt.
kokoa	ココア	Kakao	Schriftt.
kukkī	クックー	Keks	Schriftt.
chīzu	チーズ	Käse	Schriftt.
tesuto	テスト	Test	Schriftt.
bideo	ビデオ	Video	Schriftt.
naifu	ナイフ	Messer	Schriftt.
nōto	ノート	Notiz	Schriftt.
messaji	メッサジ	Nachricht	Schriftt.
menyū	メンユー	Speisekarte	Schriftt.
jazu	ジャズ	Jazz	Schriftt.
sakkā	サッカー	Fußball	Schriftt.
jūsu	ジュース	Saft	Schriftt.
jīpan	ジーパン	Jeans(hosen)	Schriftt.
zero	ゼロ	Null	Schriftt.
terebi	テレビ	Fernseher	Schriftt.

Lektion 1

nihon	にほん	Japan	L1
nippon	にっぽん	Japan	L1
toukyou	とうきょう	Tokio	L1
honshuu	ほんしゅう	Honshu	L1
hokkaidou	ほっかいどう	Hokkaido	L1
shikokou	しこく	Shikoko	L1
kyuushuu	きゅうしゅう	Kyushu	L1
samurai	さむらい	Samurai	L1
sashimi	さしみ	Sashimi (Roher Fisch, dünn geschnitten)	L1
sake	さけ	Reiswein	L1
sayounara	さようなら	Auf Wiedersehen.	L1
sumou	すもう	Sumo, Sumo-Ringer	L1
sakura	さくら	Kirschblüte	L1
sapporo	さっぽろ	Sapporo (Hauptstadt von Hokkaido)	L1

sushi	すし	Sushi (Roher Fisch und Reis)	L1
fugu	ふぐ	Kugelfisch	L1
irasshaimase	いらっしゃいませ	Willkommen	L1
~san	さん	Personensuffix Herr, Frau	L1
Konnichi wa.	こんにちは	Guten Tag	L1
wa (Partikel)	は	Kennzeichnet den Satzgegenstand (Subjekt, Thema)	L1
o-genki desu ka.	おげんきですか。	Wie geht es dir/ Ihnen?	L1
genki	げんき	gut	L1
desu	です	sein (Ich bin, etc.)	L1
ka (Partikel)	か	Fragepartikel: Kennzeichnet eine Frage	L1
arigatou	ありがとう	danke	L1
Genki desu.	げんきです。	Mir/uns geht es gut.	L1
Kochira e douzo.	こちらへどうぞ。	Hier entlang bitte.	L1
kochira	こちら	hier (höflich an andere gerichtet)	L1
e (Partikel)	へ	in, ins, nach (Frage wohin?)	L1
douzo	とぞう。	bitte	L1
Arigatou gozaimasu.	ありがとうございます。	Vielen Dank. (sehr höflich)	L1
Ohayou gozaimasu.	おはようございます	Guten Morgen.	L1
Konban wa.	こんばんは	Guten Abend.	L1
Oyasumi nasai.	おやすみなさい	Gute Nacht.	L1
Jaa ne.	じゃあね	Tschüss.	L1
hitotsu	ひとつ	ein/e (Zählwort)	L1
futatsu	ふたつ	zwei (Zählwort)	L1
mittsu	みっつ	drei (Zählwort)	L1
yottsu	よっつ	vier (Zählwort)	L1
itsutsu	いつつ	fünf (Zählwort)	L1
muttsu	むっつ	sechs (Zählwort)	L1
nanatsu	ななつ	sieben (Zählwort)	L1
yattsu	やっつ	acht (Zählwort)	L1
kokonotsu	ここのつ	neun (Zählwort)	L1
too	とお	zehn (Zählwort)	L1
kudasai	ください	bitte	L1
bīru	ビール	Bier	L1
Bīru o muttsu, kudasai.	ビールをむっつください。	Sechs Bier bitte.	L1
o (Partikel)	を	Objekt-Partikel: Kennzeichnet das direkte Objekt (Akkusativ-Objekt, Wen-Fall)	L1
jūsu	ジュース	Saft	L1
apperujūsu	アップル りんご	Apfelsaft	L1

orenjijūsu	オレンジジュース	Orangensaft	L1
Go-chumumon wa.	ごちゅむもんは。	Was darf es sein?	L1
fugu no sashimi	ふぐのさしみ	Kugelfisch-Sashimi	L1
no (Partikel)	の	Possessiv-Partikel: Kennzeichnet Besitz oder Zugehörigkeit	L1
to (Partikel)	と	Verbindungspartikel: Verbindet Nomen und Pronomen in Aufzählungen	L1
o~ (Höflichkeitspräfix)	お	Vorsilbe bei höflicher Ansprache	L1
~ desu ne.	ですね。	nicht wahr?	L1
wain	ワイン	Wein	L1
ocha	おちゃ	Tee	L1
kōhī	コーヒー	Kaffee	L1
mineraruuōtā	ミネラルウォーター	Mineralwasser	L1
gyuunyuu	ぎゅうにゅう	Milch	L1
koucha	こうちゃ	Grüntee	L1
yakitori	やきとり	gegrilltes Hühnchenfleisch am Spieß	L1
okonomiyaki	おこのみやき	Kohlpfannekuchen (wörtl. Gebratenes, wie es dir gefällt)	L1
tenpura	てんぷら	frittierte Gemüse- und Fischstücke	L1
karēraisu	カレーライス	Curryreis	L1
rāmen	ラーメン	chinesische Nudelsuppe	L1
yakisoba	やきそば	gebratene chinesische Nudeln	L1
oden	おでん	japanischer Eintopf	L1
udon	うどん	japanische Nudelsuppe	L1
o-hashi	おはし	Essstäbchen	L1
fōku	フォーク	Gabel	L1
supūn	スプーン	Löffel	L1
O-kanjou o o-negaishimasu.	おかんじょうをおねがいします。	Die Rechnung bitte.	L1
betsubetsu	べつべつ	Getrennt bitte.	L1

Lektion 2

namae	なまえ	Name	L2
o-namae	おなまえ	dein/Ihr „ehrenwerter" Name	L2
desu	です	die Kopula „sein"	L2
doitsu	ドイツ	Deutschland	L2
no	の	Genitivpartikel	L2
kata	かた	wörtl."Richtung"; höflich für Person	L2
doitsu no kata	ドイツのかた	„eine Person aus Deutschland; Deutsche/Deutscher	L2
hai	はい	ja	L2
shigoto	しごと	Beruf, Arbeit	L2
o-shigoto	おしごと	dein/Ihr „ehrenwerter" Beruf	L2
nan	なん	Fragewort „was?"	L2
enjinia	エンジニア	Ingenieur	L2
bosshu	ボッシュ	Bosch	L2
(ni) tsutomete imasu (Grundformen „tsutomeru" und „iru")	に　つとめて　います	angestellt sein	L2
doko	どこ	Fragewort „wo?"	L2
(ni) sunde imasu (Grundformen „sumu" und „iru")	に　すんでいます	wohnen	L2
Oomori	おおもり	Stadtteil von Tokio	L2
hajimemashite	はじめまして	Nett, Sie kennen zu lernen.	L2
douzo yoroshiku	どうぞよろしく	sehr erfreut	L2
yoroshiku o-negai shimasu	よろしくおねがいします	Angenehm, Sie kennen zu lernen.	L2
gakusei	がくせい	Student/-in	L2
doitsu	ドイツ	Deutschland	L2
doitsu-jin	ドイツじん	Deutsche/-r	L2
doitsu-go	ドイツご	Deutsch	L2
itaria	イタリア	Italien	L2
itaria-jin	イタリアじん	Italiener/-in	L2
itaria-go	イタリアご	Italienisch	L2
igirisu	イギリス	England	L2
igirisu-jin	いぎりすじん	Engländer/-in	L2
eigo	えいご	Englisch	L2
furansu	フランス	Frankreich	L2
furansu-jin	フランスじん	Franzose/Französin	L2
furansu-go	フランスご	Französisch	L2
supein	スペイン	Spanien	L2
supein-jin	スペインじん	Spanier/-in	L2
supein-go	スペインご	Spanisch	L2
oranda	オランダ	Holland, Niederlanden	L2
oranda-jin	オランダじん	Holländer/-in, Niederländer/-in	L2
oranda-go	オランダご	Niederländisch	L2
amerika	アメリカ	Amerika	L2
amerika-jin	アメリカじん	Amerikaner/-in	L2
ōsutoria	オーストリア	Österreich	L2
ōsutoria-jin	オーストリアじん	Österreicher/-in	L2
chuugoku	ちゅうごく	China	L2
chuugoku-jin	ちゅうごくじん	Chinese/Chinesin	L2
chuugoku-go	ちゅうごくご	Chinesisch	L2
madorīdo	マドリード	Madrid	L2
berurin	ベルリン	Berlin	L2
rōma	ローマ	Rom	L2
pari	パリ	Paris	L2
uīn	ウイーン	Wien	L2
amusuterudamu	アムステルダム	Amsterdam	L2
rondon	ロンドン	London	L2
washinton	ワシントン	Washington	L2

pekin	ペキン	Peking, Beijing	L2
suchūwadesu	スチューワデス	Stewardess	L2
uētoresu	ウエートレス	Kellnerin	L2
pairotto	パイロット	Pilot	L2
kenchiku	けんちく	Architektur	L2
kenchiku-ka	けんちくか	Architekt/-in	L2
kyoushi	きょうし	Lehrer/-in (neutral)	L2
sensei	せんせい	Lehrer/-in (höflich)	L2
pan-ya	パンや	Bäcker/-in;Bäckerei	L2
pan-ya-san	パンやさん	Bäcker/-in (höflich)	L2
isha	いしゃ	Arzt (neutral)	L2
o-isha-san	おいしゃさん	Arzt (höflich)	L2
bengoshi	べんごし	Rechtanwalt/ Rechtsanwältin	L2
bengoshi-san	べんごしさん	Rechtanwalt/ Rechtsanwältin (höflich)	L2
ginkou	ぎんこう	Bank	L2
ginkou-in	ぎんこういん	Bankangestellte/-r	L2
kaisha	かいしゃ	Firma	L2
kaisha-in	かいしゃいん	Firmenangestellte/-r	L2
ongaku	おんがく	Musik	L2
ongaku-ka	おんがくか	Musiker/-in	L2
honyaku	ほんやく	Übersetzung	L2
honyaku-ka	ほにゃくか	Übersetzer/-in	L2
kekkon	けっこん	Heirat	L2
kekkon shite imasu	けっこんしています	verheiratet sein	L2
kochira koso	こちらこそ	ganz meinerseits	L2
Ueno	うえの	Stadtteil von Tokio	L2
Kanda	かんだ	Stadtteil von Tokio	L2
keiji	けいじ	Polizeibeamter	L2

Lektion 3

shitamachi	したまち	Altstadt	L3
Asakusa	あさくさ	Stadtteil von Tokio	L3
ikkai	いっかい	Erdgeschoss	L3
nikai	にかい	1.Stock	L3
genkan	げんかん	Eingangsbereich	L3
kyakuma	きゃくま	Gästezimmer	L3
tokonoma	とこのま	Nische mit Rollbild	L3
furo	ふろ	jap. Badewanne	L3
o-furo-ba	おふろば	Badezimmer	L3
oshiire	おしいれ	Wandschrank	L3
toire	トイレ	Toilette	L3
o-tearai	おてあらい	Toilette (höflich)	L3
kodomo	こども	Kind, Kinder	L3
kodomobeya	こどもべや	Kinderzimmer	L3
kaidan	かいだん	Treppe	L3
shinshitsu	しんしつ	Schlafzimmer	L3
ima	いま	Wohnzimmer	L3
daidokoro	だいどころ	Küche	L3
shosai	しょさい	Arbeitszimmer	L3
hiroi	ひろい	weit, geräumig	L3
o-share	おしゃれ	schick	L3
akarui	あかるい	hell	L3
kawaii	かわいい	niedlich, süß	L3
oishii	おいしい	lecker	L3
kirei	きれい	schön, sauber	L3
wakai	わかい	jung	L3
hansamu	ハンサム	gut aussehend (Mann)	L3
ii	いい	gut	L3

tanoshii	たのしい	macht Spaß	L3
uchi	うち	Haus, Zuhause	L3
kore	これ	dies	L3
sore	それ	jenes	L3
are	あれ	jenes	L3
washitsu	わしつ	Zimmer im jap. Stil	L3
arimasu	あります	vorhandensein	L3
imasu	います	vorhandensein	L3
o-ko-san	おこさん	Kind, Kinder (höflich)	L3
musume	むすめ	(eigene) Tochter	L3
musume-san	むすめさん	Tochter (höflich)	L3
o-jou-san	おじょうさん	Tochter (höflich)	L3
neko	ねこ	Katze	L3
tokorode	ところで	übrigens	L3
musuko	むすこ	(eigener) Sohn	L3
musuko-san	むすこさん	Sohn (höflich)	L3
to	と	und	L3
hitori	ひとり	eine Person	L3
futari	ふたり	zwei Personen	L3
sannin	さんにん	drei Personen	L3
yonin	よにん	vier Personen	L3
gonin	ごにん	fünf Personen	L3
rokunin	ろくにん	sechs Personen	L3
shichinin/ nananin	しちにん ななにん	sieben Personen	L3
hachinin	はちにん	acht Personen	L3
kyuunin	きゅうにん	neun Personen	L3
juunin	じゅうにん	zehn Personen	L3
ni	に	Partikel für Ortsangabe	L3
konpyūta	コンピュータ	PC, Computer	L3
purintā	プリンター	Drucker	L3
hondana	ほんだな	Bücherregal	L3
terebi	テレビ	Fernseher	L3
sutereo	ステレオ	Stereoanlage	L3
eakon	エアコン	Klimaanlage	L3
inu	いぬ	Hund	L3
mo	も	auch (Partikel)	L3
denwa	でんわ	Telefon	L3
jitensha	じてんしゃ	Fahrrad	L3
kamera	カメラ	Kamera	L3
petto	ペット	Haustier	L3
kochira	こちら	diese Richtung; höflich für „kore“	L3
sou	そう	so	L3
ikkodate	いっこだて	Einfamilienhaus	L3
ryou	りょう	Wohnheim	L3
apāto	アパート	Mietwohnung	L3
machi	まち	Stadt	L3
naka	なか	in	L3
machi no naka	まちのなか	in der Stadt	L3
inaka	いなか	Land	L3
hou	ほう	Richtung	L3
inaka no hou	いなかのほう	auf dem Land	L3
manshon	マンション	Eigentumswohnung	L3
hitori de	ひとりで	allein	L3
Asakusa	あさくさ	Stadtteil von Tokio	L3
urayamashii	うらやましい	beneidenswert	L3
tsuma	つま	(eigene) Ehefrau	L3
oku-san	おくさん	Ehefrau (höflich)	L3
konnichi wa.	こんにちは	guten Tag	L3
Konban wa.	こんばんは	Guten Abend.	L3
irasshai	いらっしゃい	Willkommen.	L3

o-agari kudasai	おあがりください	kommen Sie bitte rein (hoch)	L3
o-hairi kudasai	おはいりください	kommen Sie bitte rein	L3
o-jama shimasu	おじゃまします	„ich belästige Sie"	L3
douzo, kochira e	どうぞこちらへ	Hier entlang bitte.	L3
omiyage	おみやげ	Mitbringsel	L3
tsumaranai	つまらない	langweilig	L3
mono	もの	Ding	L3
Oyasumi nasai.	おやすみなさい	Gute Nacht.	L3
gochisousama deshita	ごちそうさまでした	Vielen Dank für die Bewirtung	L3

Lektion 4

wanpīsu	ワンピース	Kleid	L4
sētā	セーター	Pullover	L4
burausu	ブラウス	Bluse	L4
tīshatsu	ティーシャツ	T-Shirt	L4
sebiro	せびろ	Anzug	L4
nekutai	ねくたい	Krawatte	L4
kōto	コート	Mantel	L4
zubon	ずぼん	Hose	L4
kutsu	くつ	Schuhe	L4
sukāto	スカート	Rock	L4
waishatsu	ワイシャツ	Oberhemd	L4
būtsu	ブーツ	Stiefel	L4
jīpan	ジーパン	Jeans	L4
sunīkā	スニーカー	Sport- und Freizeitschuhe	L4
akai	あかい	rot	L4
shiroi	しろい	weiss	L4
kuroi	くろい	schwarz	L4
iro	いろ	Farbe	L4
midori iro (no)	みどりいろの	grün	L4
kon iro (no)	こんいろ の	dunkelblau	L4
kiiroi	きいろい	gelb	L4
pinku (no)	ピンクの	pink, rosa	L4
chairo (no)	ちゃいろの	braun	L4
orenji iro	オレンジいろ	orange	L4
gurē (no)	グレー の	grau	L4
kitsui	きつい	eng	L4
nagai	ながい	lang	L4
takai	たかい	teuer	L4
yasui	やすい	billig	L4
yurui	ゆるい	weit	L4
jimi-na	じみな	schlicht	L4
hade-na	はでな	schrill	L4
mijikai	みじかい	kurz	L4
ookii	おおきい	groß	L4
totemo	とても	sehr	L4
niaimasu	にあいます	stehen (jdm)	L4
butikku	ブティック	Boutique	L4
choudo	ちょうど	genau	L4
choudo ii	ちょうどいい	genau richtig	L4
ga	が	am Satzende ein schwaches *aber*	L4
kaimashou	かいましょう	lasst es uns kaufen!	L4
kaimashou ka	かいましょうか	soll ich es kaufen?	L4
depāto	デパート	Kaufhaus	L4
bāgensēru	バーゲンセール	Schlussverkauf	L4
doko	どこ	wo	L4
sumimasen	すみません	Entschuldigung	L4
kangaeru	かんがえる	überlegen	L4
kangaete okimashou	かんがえておきましょう	ich überlege es mir noch einmal	L4
kaimono	かいもの	Einkauf	L4
kaimono o shimasu	かいものをします	einkaufen	L4
hyaku	ひゃく	100	L4
en	えん	Yen	L4
hyaku-en-shoppu	ひゃくえんショップ	100 -Yen- Shop	L4
konbini	コンビニ	24-Stunden-Laden	L4
jidouhan-baiki	じどうはんばいき	(Selbstbedienungs-) Automat	L4
Harajuku	はらじゅく	Stadtteil von Tokio	L4

Lektion 5

kendou	けんどう	Kendo	L5
bokushingu	ボクシング	Boxen	L5
sakkā	サッカー	Fußball	L5
karate	からて	Karate	L5
jogingu	ジョギング	Jogging	L5
suiei	すいえい	Schwimmen	L5
basukettobōru	バスケットボール	Basketball	L5
tenisu	テニス	Tennis	L5
suki	すき	mögen	L5
daisuki	だいすき	sehr mögen	L5
kirai	きらい	nicht mögen	L5
daikirai	だいきらい	überhaupt nicht mögen	L5
jouzu	じょうず	etwas gut können	L5
heta	へた	etwas nicht gut können	L5
bētōben	ベトーベン	Beethoven	L5
baiorin	バイオリン	Geige	L5
supōtsu	スポーツ	Sport	L5
nattou	なっとう	fermentierte Sojabohnen	L5
piano	ピアノ	Klavier	L5
tenpura	てんぷら	Tempura (frittiertes Gemüse)	L5
onsen	おんせん	heiße Quellen	L5
konna/ sonna/anna	こんな そんな あんな	(Attribut) solche, solcher, solches	L5
kyaku	きゃく	Gast	L5
o-kyaku-san	おきゃくさん	Gast (höflich)	L5
o-kyaku-sama	おきゃくさま	Gast (noch höflicher)	L5
kanojou	かのじょう	sie; Freundin	L5
betsu ni	べつに	besonders, speziell	L5
kakkou	かっこう	Form, Gestalt	L5
kakkou ii	かっこういい	gut aussehen	L5
garufurendo	ガルフレンド	Freundin	L5
tokodoki	ときどき	manchmal	L5
keitai	けいたい	Handy	L5
bangou	ばんごう	Nummer	L5

denwa bangou	でんわばんごう	Telefonnummer	L5
mata	また	wieder	L5
renraku	れんらく	Verbindung	L5
renraku shimasu	れんらくします	Verbindung aufnehmen, sich melden	L5
ichi	いち	eins	L5
ni	に	zwei	L5
san	さん	drei	L5
yon	よん	vier	L5
go	ご	fünf	L5
roku	ろく	sechs	L5
nana	なな	sieben	L5
hachi	はち	acht	L5
kyuu	きゅう	neun	L5
zero	ゼロ	null	L5
te	て	Hand	L5
sora	そら	Himmel	L5
gorufu	ゴルフ	Golf	L5
barēbōru	バレーボール	Volleyball	L5
handobōru	ハンドボール	Handball	L5
takkyuu	たっきゅう	Tischtennis	L5
pinpon	ぴんぽん	Tischtennis	L5
bōringu	ボリング	Bowling	L5
haikingu	ハイキング	Bergwandern	L5
yamaaruki	やまあるき	Bergwandern	L5
jouba	じょうば	Reiten	L5
yakyuu	やきゅう	Baseball	L5
aisukēto	アイスケート	Eislaufen	L5
fenshingu	フエンシング	Fechten	L5
sukī	スキー	Ski fahren	L5
benkyou	べんきょう	Lernen, Studium	L5
benkyou o shimasu	べんきょうをします	lernen, studieren	L5
shigoto	しごと	Arbeit, Beruf	L5
shigoto o shimasu	しごとをします	arbeiten	L5
kaji	かじ	Hausarbeit	L5
kaji o shimasu	かじをします	Hausarbeit machen	L5
ryouri	りょうり	Kochen	L5
ryouri o shimasu	りょうりをします	kochen	L5
souji	そうじ	Saubermachen	L5
souji o shimasu	そうじうぃします	putzen, saubermachen	L5
hoka no	ほかの	andere, anderer, anderes	L5
aironkake	アイロンかけ	bügeln	L5
sugoi	すごい	Wahnsinn	L5
ryokou	りょこう	reisen	L5

Lektion 6

ikimasu	いきます	gehen, fahren	L6
kimasu	きます	kommen	L6
densha	でんしゃ	Bahn	L6
de	で	Instrumentalpartikel	L6
basu	バス	Bus	L6
kuruma	くるま	Auto	L6
jitensha	じてんしゃ	Fahrrad	L6
aruite	あるいて	zu Fuß	L6
hikouki	ひこうき	Flugzeug	L6
baiku	バイク	Motorrad	L6
takushi	タクシー	Taxi	L6
o-hashi	おはし	Stäbchen	L6
kanji	かんじ	chinesische Schriftzeichen	L6
shinbun	しんぶん	Zeitung	L6
honya	ほんや	Buchladen	L6
kouen	こうえん	Park	L6
hoteru	ホテル	Hotel	L6
kouban	こうばん	Polizeibox	L6
yuubinkyoku	ゆうびんきょく	Postamt	L6
eki	えき	Bahnhof	L6
hana	はな	Blume	L6
hana-ya	はなや	Blumengeschäft	L6
byouin	びょういん	Krankenhaus	L6
omawarisan	おまわりさん	Polizist	L6
juusho	じゅうしょ	Adresse	L6
no chikaku	のちかく	in der Nähe	L6
hidari	ひだり	links	L6
migi	みぎ	rechts	L6
dono gurai	どのぐらい	wie viel, wie lange	L6
kakarimasu	かかります	kosten, brauchen	L6
fun	ふん	Minute	L6
dou itashimashite	どういたしまして	keine Ursache	L6
naka	なか	im	L6
mae	まえ	vor	L6
ushiro	うしろ	hinter	L6
tonari	となり	direkt neben	L6
tēburu	テーブル	Tisch	L6
ue	うえ	auf	L6
shita	した	unter	L6
honya	ほんや	Buchladen	L6
koko	ここ	hier	L6
gurai	ぐらい	ungefähr	L6
juu	じゅう	zehn	L6
nijuu	にじゅう	zwanzig	L6
sanjuu	さんじゅう	dreizig	L6
yonjuu	よんじゅう	vierzig	L6
gojuu	ごじゅう	fünfzig	L6
rokujuu	ろくじゅう	sechzig	L6
nanajuu	ななじゅう	siebzig	L6
hachijuu	はちじゅう	achtzig	L6
kyuujuu	きゅうじゅう	neunzig	L6
matchi	まっち	Streichhölzer	L6

Lektion 7

moshimoshi	もしもし	Hallo (am Telefon)	L7
otaku	おたく	„ehrenwertes Zuhause“	L7
chigaimasu	ちがいます	falsch, anders sein	L7
doumo sumimasen	どうもすみません	Entschuldigung	L7
machigae-mashita	まちがえました	ich habe mich vertan/verwählt	L7
ichiji	いちじ	ein Uhr	L7
niji	にじ	zwei Uhr	L7
sanji	さんじ	drei Uhr	L7
yoji	よじ	vier Uhr	L7
goji	ごじ	fünf Uhr	L7
rokuji	ろくじ	sechs Uhr	L7
shichiji	しちじ	sieben Uhr	L7
hachiji	はちじ	acht Uhr	L7
kuji	くじ	neun Uhr	L7

juuji	じゅうじ	zehn Uhr	L7
juuichiji	じゅういちじ	elf Uhr	L7
juuniji	じゅうにじ	zwölf Uhr	L7
...han	。。。はん	halb...	L7
gozen	ごぜん	Vormittag	L7
gogo	ごご	Nachmittag	L7
kyou	きょう	heute	L7
muri	むり	unmöglich	L7
gomen nasai	ごめんなさい	Entschuldigung, tut mir leid	L7
getsuyoubi	げつようび	Montag	L7
kayoubi	かようび	Dienstag	L7
suiyoubi	すいようび	Mittwoch	L7
mokuyoubi	もくようび	Donnerstag	L7
kinyoubi	きにょうび	Freitag	L7
doyoubi	どようび	Samstag	L7
nichiyoubi	にちようび	Sonntag	L7
kara	から	von	L7
made	まで	bis	L7
rihāsaru	リハーサル	Probe	L7
soshite	そして	dann	L7
tomodachi	ともだち	Freund/-in	L7
sentou	せんとう	öffentliches Bad	L7
hima	ひま	Freizeit	L7
hima desu	ひまです	Zeit haben	L7
iriguchi	いりぐち	Eingang	L7
aimasu	あいます	treffen	L7
namae	なまえ	Name	L7
wakarimasu	わかります	verstehen	L7
ippun	いっぷん	eine Minute	L7
nifun	にふん	zwei Minuten	L7
sanpun	さんぷん	drei Minuten	L7
yonpun	よんぷん	vier Minuten	L7
gofun	ごふん	fünf Minuten	L7
roppun	ろっぷん	sechs Minuten	L7
nanafun	ななふん	sieben Minuten	L7
hachifun	はちふん	acht Minuten	L7
kyuufun	きゅうふん	neun Minuten	L7
juppun	じゅっぷん	zehn Minuten	L7
nanji	なんじ	wie spät? Um wieviel Uhr?	L7
doko de	どこで	wo?	L7

Lektion 8

arubaito	アルバイト	Job	L8
mainichi	まいにち	täglich, jeden Tag	L8
okimasu	おきます	aufstehen	L8
shawa o abimasu	しゃわをあびます	duschen	L8
...goro	ごろ	ca, etwa	L8
asa	あさ	Morgen	L8
asagohan	あさごはん	Frühstück	L8
hiru	ひる	Mittag	L8
hirugohan	ひるごはん	Mittagessen	L8
ban	ばん	Abend	L8
bangohan	ばんごはん	Abendessen	L8
tabemasu	たべます	essen	L8
hikimasu	ひきます	Instrument spielen	L8
baiorin o hikimasu	バイオリンをひきます	Geige spielen	L8
piano o hikimasu	ピアノをひきます	Klavier spielen	L8
yomimasu	よみます	lesen	L8
daigaku	だいがく	Universität	L8
ondai	おんだい	Musikhochschule	L8
nomimasu	のみます	trinken	L8
tsukurimasu	つくります	machen, herstellen	L8
bangohan o tsukurimasu	ばんごはんをつくります	Abendessen zubereiten	L8
yoru	よる	Abend	L8
E-mēru	E-メール	E-Mail	L8
kakimasu	かきます	schreiben	L8
nemasu	ねます	schlafen	L8
nihyaku	にひゃく	200	L8
sanbyaku	さんびゃく	300	L8
yonhyaku	よんひゃく	400	L8
gohyaku	ごひゃく	500	L8
roppyaku	ろっぴゃく	600	L8
nanahyaku	ななひゃく	700	L8
happyaku	はっぴゃく	800	L8
kyuuhyaku	きゅうひゃく	900	L8
sen	せん	1000	L8
nisen	にせん	2000	L8
sanzen	さんぜん	3000	L8
yonsen	よんせん	4000	L8
gosen	ごせん	5000	L8
rokusen	ろくせん	6000	L8
nanasen	ななせん	7000	L8
hassen	はっせん	8000	L8
kyuusen	きゅうせん	9000	L8
ichiman	いちまん	10000	L8
niman	にまん	20000	L8
sanman	さんまん	30000	L8
yonman	よんまん	40000	L8
goman	ごまん	50000	L8
rokuman	ろくまん	60000	L8
nanaman	ななまん	70000	L8
hachiman	はちまん	80000	L8
kyuuman	きゅうまん	90000	L8
hyakuman	ひゃくまん	1000000	L8
taihen	たいへん	schlimm, anstrengend, hart	L8
nanjikan	なんじかん	Wie viele Stunden?	L8
gurai	ぐらい	ungefähr	L8
renshuu	れんしゅう	Übung	L8
renshuu shimasu	れんしゅうします	üben	L8
ichijikan	いちじかん	eine Stunde	L8
nijikan	にじかん	zwei Stunden	L8
sanjikan	さんじかん	drei Stunden	L8
yojikan	よじかん	vier Stunden	L8
gojikan	ごじかん	fünf Stunden	L8
rokujikan	ろくじかん	sechs Stunden	L8
shichijikan	しちじかん	sieben Stunden	L8
hachijikan	はちじかん	acht Stunden	L8
kujikan	くじかん	neun Stunden	L8
juujikan	じゅうじかん	zehn Stunden	L8
juuichijikan	じゅういちじかん	elf Stunden	L8
juunijikan	じゅうにじかん	zwölf Stunden	L8
isogashii	いそがしい	viel zu tun haben	L8
dake	だけ	nur	L8
shuu ni	しゅうに	pro Woche	L8
ikkai	いっかい	einmal	L8
nikai	にかい	zweimal	L8
sankai	さんかい	dreimal	L8

yonkai	よんかい	viermal	L8
gokai	ごかい	fünfmal	L8
rokkai	ろっかい	sechsmal	L8
nanakai	ななかい	siebenmal	L8
ikura	いくら	wie teuer?	L8
kono/sono/ano	この　その　あの	dieses, jenes (mit Substantiv)	L8
shinjimasu	しんじます	glauben	L8
shinjiraremasu	しんじられます	glauben können	L8
shinjiraremasen	しんじられません	unglaublich; nicht glauben können	L8
chichi	ちち	(eigener) Vater	L8
otousan	おとうさん	Vater (höflich)	L8
okanemochi	おかねもち	reiche Person	L8
sararīman	サラリーマン	Angestellter	L8
haha	はは	(eigene) Mutter	L8
okaasan	おかあさん	Mutter (höflich)	L8
karimono	かりもの	Leihgabe	L8
onna	おんな	Frau	L8
yoi	よい	gut	L8
rajio	ラジオ	Radio	L8
kikimasu	ききます	hören	L8
shimasu	します	machen, tun	L8
supōtsu o shimasu	スポーツをします	Sport treiben	L8
genki	げんき	gesund, munter	L8
o-genki	おげんき	gesund, munter (höflich)	L8

Lektion 9

itai desu	いたいです	Schmerzen haben, weh tun	L9
atama	あたま	Kopf	L9
shitsurei	しつれい	Unhöflichkeit	L9
shitsurei shimasu	しつれいします	„ich bin unhöflich"; Entschuldigung	L9
kudasai	ください	höflicher Imperativ	L9
shujin	しゅじん	(eigener) Ehemann	L9
go-shujin	ごしゅじん	Ehemann (höflich)	L9
okagen	おかげん	Gesundheitszustand (höflich)	L9
ikaga	いかが	wie? (höflich)	L9
mada	まだ	noch	L9
karada	からだ	Körper	L9
darui	だるい	lahm, schlapp	L9
shokuyoku	しょくよく	Appetit	L9
i	い	Magen	L9
yappari	やっぱり	also	L9
arerugī	アレルギー	Allergie	L9
fugu ryouri	ふぐりょうり	Fugu-Gerichte	L9
kankei	かんけい	Beziehung	L9
(ni) kankei arimasen	に　かんけいありません	nichts zu tun haben mit	L9
anshin	あんしん	Beruhigung	L9
sorosoro	そろそろ	langsam, allmählich	L9
kaeru/kaerimasu	かえる　かえります	heimkehren, gehen	L9
odaiji ni	おだいじに	gute Besserung	L9
mimi	みみ	Ohr	L9
nodo	のど	Hals	L9
yubi	ゆび	Finger	L9
ashi	あし	Fuß, Bein	L9
onaka	おなか	Bauch	L9
hiza	ひざ	Knie	L9
nugu/nugimasu	ぬぐ　ぬぎます	auziehen (Kleidung)	L9
chiisai	ちいさい	klein	L9
samui	さむい	kalt	L9
omimai	おみまい	Krankenbesuch	L9
kusuri	くすり	Medikament, Arznei	L9
kusuri-ya	くすりや	Apotheke	L9

Lektion 10

ara	あら	Oh! (Frauensprache)	L10
suwaru/suwarimasu	すわる　すわります	sich setzen	L10
hajimete	はじめて	zum ersten Mal	L10
hebi	へび	Schlange	L10
wani	わに	Krokodil	L10
katai	かたい	hart	L10
(ni) naru/narimasu	に　なる　なります	werden	L10
hontou ni	ほんとうに	wirklich	L10
kawaisou	かわいそう	bedauernswert, arm	L10
suu/suimasu	すう　すいます	rauchen	L10
tabako o suimasu	タバコをすいます	rauchen	L10
miru	みる	sehen	L10
ikemasen	いけません	es geht nicht	L10
minna	みんな	alle	L10
minna-san	みんなさん	Sie alle (Anrede)	L10
o-sewa ni narimashita	おせわになりました	ich habe Ihnen Umstände gemacht	L10
doumo sumimasen deshita	どうもすみませんでした	ich bitte vielmals um Entschuldigung	L10
..wa nani yori desu	。。。なによりです	die Hauptsache ist, dass.....	L10
kenkou	けんこう	Gesundheit	L10
go-kenkou	ごけんこう	Gesundheit (höflich)	L10
iwau/iwaimasu	いわう　いわいます	feiern	L10
kanpai	かんぱい	Prost!	L10
kanpai suru/shimasu	かんぱいする　します	anstoßen	L10

2 Lösungen

Schrifttraining

S. 9:

eki	aoi	kuuki
え	あ	く
き	お	う
	い	き

S. 10:

sushi	soto	tatsu
す	そ	た
し	と	つ

S. 11:

hana	fune	nuno
は	ふ	ぬ
な	ね	の

S. 12:

yume	mune	momo
ゆ	む	も
め	ね	も

toukyou	juu	kitte
とうきょう	じゅう	きって

S. 13:

sora	wani	onsen
そ	わ	お
ら	に	ん
		せ
		ん

Ringo o tabemasu ka.
りんごをたべますか。

S. 14:

ki	gia	kokoa
キ	ギ	コ
ー	ア	コ
		ア

S. 15:

kukkī	tesuto
ク	テ
ッ	ス
キ	ト
ー	

S. 16:

bideo	naifu	nōto
ビ	ナ	ノ
デ	イ	ー
オ	フ	ト

S. 17:

messēji	menyū
メ	メ
ッ	ニ
セ	ュ
ー	ー
ジ	

S. 18:

amerika	zero
ア	ゼ
メ	ロ
リ	
カ	

bīru	sakkā	jūsu	jīpan
ビール	サッカー	ジュース	ジーパン

Lektion 1

2

8 すし **6** さくら **2** さしみ **5** すもう **7** さっぽろ
4 さようなら **1** さむらい **3** さけ

6

1 Irasshaimase **3** Wie geht es Ihnen? **4** ありがとう。げんきです。
2 Konnichi wa. **1** Willkommen! **1** いらしゃいませ。
3 O-genki desu ka. **2** Guten Tag. **2** こんにちは。
4 Arigatou. Genki desu. **5** Hier entlang bitte
5 こちらへどうぞ。
5 Kochira e douzo **4** Danke. Es geht mir gut!
3 おげんきですか。

7

6 Jaa ne **2** Konnichi wa **5** Sayounara
3 Konban wa **4** Oyasumi nasai **1** Ohayou gozaimasu

9

10 Bīru o too, kudasai. **5** Jūsu o itsutsu, kudasai. **6** Bīru o muttsu, kudasai. **1** Ringojūsu o hitotsu, kudasai. **7** Bīru o nanatsu, kudasai. **2** Jūsu o futatsu, kudasai. **3** Orenjijūsu o mittsu, kudasai. **9** Bīru o kokonotsu, kudasai. **4** Ringojūsu o yottsu, kudasai. **8** Orenjijūsu o yattsu, kudasai.

Lösungen

10
Der Kellner verwendet die Höflichkeitsvorsilbe **o-** (die auch in **O-Genki desu ka.** vorkommt).

11
1 sake さけ **2** wain ワイン **3** ocha おちゃ **4** kōhī コーヒー **5** mineraruuōtā ミネラルウオーター **6** gyuunyuu ぎゅうにゅう **7** koucha こうちゃ **8** jūsu ジュース

12
1 sushi すし **2** sashimi さしみ **3** yakitori やきとり **4** okonomiyaki おこのみやき **5** tenpura てんぷら **6** karēraisu カレーライス **7** rāmen ラーメン **8** yakisoba やきそば **9** oden おでん **10** udon うどん

17
O-kanjou o onegaishimasu. おかんじょうをおねがいします。 Betsubetsu desu. べつべつです。

Lektion 2

Kanji-Fokus
1c 山本 Yamamoto **2e** 森田 Morita **3a** 山下 Yamashita **4b** Honda 本田 **5d** 山口 Yamaguchi **6g** 山田 Yamada **6f** 上田 Ueda **7h** 田口 Taguchi **9j** 川田 Kawada **8k** 川口 Kawaguchi **9i** 森川 Morikawa

2
Maeda: O-namae wa は?
Myūra: Myūra desu. Myūra Petora desu.
Maeda: Doitsu no の kata desu ne ね.
Myūra: Hai.
Maeda: O-shigoto wa は nan desu ka か.
Myūra: Enjinia desu. Toukyou no の Boshu ni に tsutomete imasu.
Maeda: Doko ni に sunde imasu ka か.
Myūra: Toukyou no の ōmori ni に sunde imasu.

3
1. Hajimemashite はじめまして。
2. Tanpo Miki みき desu. 3. Gakusei desu です.
4. Yoroshiku よろしく o-negaishimasu.

5
L ōsutoria **S** chuugoku-go **B** itaria-jin
L nihon **B** doitsu-jin **S** eigo
B huugoku-jin **B** supein-jin **S** doitsu-go
L furansu **B** amerika-jin **B** furansu-jin
L igirisu **S** itaria-go **L** doitsu
S supein-go **S** nihongo **L** amerika

6
oranda – amusuterudamu; nihon – toukyou; chuugoku – pekin; itaria – rōma; amerika – washinton; furansu – pari; igirisu – rondon; ōsutoria – uīn; **doitsu** – **berurin**; supein – madorīdo

7
1 kenchikuka けんちくか
2 kyoushi/sensei きょうし せんせい
3 panya/panya-san ぱんや ぱんやさん
4 isha/o-isha-san いしゃ おいしゃさん
5 bengoshi/bengoshi-san べんごし べんごしさん
6 yuubinya/yuubinya-san ゆうびんや ゆうびんやさん
7 ginkouin ぎんこういん
8 kaishain かいしゃいん

8
1 Tanpo Miki – gakusei – toukyou no ueno
たんぽみき – がくせい – とうきょうのうえの
2 Watanabe Hiroshi – shutottogaruto – chuubingen daigaku – nihongo no kyoushi
わんたなべひろし – シュトットガルト – チュウビンゲンだいがく – にほんごのきょうし
3 Toyota – Enjinia – Nagoya
とよた – エンジニア – なごや

Lektion 3

5
1 hoitori **2** juunin **3** yonin **4** hachinin **5** nananin/shichinin **6** futari **7** sannin **8** gonin **9** rokunin **10** kyuunin

6
1 Genkan wa doko desu ka? **2** Kaidan wa doko desu ka? **3** Ima wa doko desu ka? **4** Daidokoro wa doko desu ka? **5** Shosai wa doko desu ka? **6** O-furoba wa doko desu ka? **7** Toire/o-tearai wa doko desu ka? **8** Kodomobeya wa doko desu ka? **9** Shinshitsu wa doko desu ka? **10** Tokonoma wa doko desu ka?

7
Maeda: O-sharena uchi desu **ne**.
Tezuka: Sou desu **ka**. Arigatou gozaimasu. Kore **wa** ima desu.
Maeda: Hiroi desu **ne**.
Tezuka: Kore **wa** kyakuma desu.
Maeda: Hee, washitsu **mo** arimasu **ne**. Akarui desu **ne**.

Neko: Nyao.
Maeda: Aa, neko-chan **mo** imasu ne. Kawaii desu **ne**. Tokorode, Tezuka-san **wa** o-ko-san **ga** imasu **ka**.
Tezuka: Hai, sannin imasu. Musume futari **to** musuko hitori desu. Kodomobeya **wa** nikai **ni** arimasu.

Das ko-so-a-do System
a Are **wa musuko no jitensha desu.**
b Sore **wa denwa desu.**
c Kore **wa shosai desu.**

8
1b Kore wa ima desu. **2a** Kore wa terebi desu. **3a** O-tearai wa doko desu ka. **4c** Sore wa kamera desu ka.

9
1g Petto ga imasu ka. Hai, neko ga imasu. *Haben Sie Haustiere? Ja, ich habe eine Katze.*
2f O-kosan ga imasu ka. Hai, futari imasu. *Haben Sie Kinder? Ja, ich habe zwei.*
3e Konpyūtā ga arimasu ka. Iie, arimasen. *Haben Sie einen Computer? Nein, ich habe keinen.*
4b Kore wa kyakuma desu ka. Iie, watashi no shosai desu. *Ist dies das Gästezimmer? Nein, das ist mein Arbeitszimmer.*
5c Kore wa musume desu. Kawaii desu ne. *Das ist meine Tochter. Die ist aber süß.*
6d Kore wa ima desu. Hiroi desu ne. *Dies ist das Wohnzimmer. Das ist aber groß.*
7a Kore wa musuko desu.Hansamu desu ne. *Das ist mein Sohn. Der ist aber gutaussehend!*

10
1 ~~Oshire~~/Oshiire ga arimasu ka.
2 ~~Arigato~~/Arigatou gozaimasu.
3 Yamada-san wa petto/~~peto~~ ga imasu ka.
4 Kodomo ga ~~sanin~~/sannin imasu.

12
Tesuka-san: Asakusa, ikkodate, neko
Miki-san: ryou, Ueno

Lektion 4

1
1b; 2d; 3a; 4f; 5j; 6e; 7c; 8i; 9h; 10g

2
1 akai sētā あかいセーター **2** shiroi tīshatsu しろいティーシャツ **3** kuroi wanpīsu くろいワンピース **4** midori-iro (no) kōto みどりいのろコート **5** kon-iro (no) zubon こにろのずぼん **6** kiiroi waishatsu きいろいワイシャツ **7** pinku (no) sebiro to nekutai ピンクのせびろとネクタイ **8** chairo (no) kutsu ちゃいろのくつ **9** orenji-iro (no) burausu オレンジイロのブラウス **10** gurē (no) sukāto グレーのスカート

3
7 takai – *teuer* **8 yasui** – *billig* **2 kitsui** – *eng* **1 yurui** – *weit* **4 jimi-na** – *schlicht*; **3 hade-na** – *schrill*; **5 nagai** – *lang* **6 mijikai** – *kurz*;

4
Maeda: Kireina wanpisu desu ne.
Ohara: Sou desu ka. Chotto kitsui desu ga.
Maeda: Iro wa koniro desu ka, kuro desu ka.
Ohara: Kuro deshou. Chotto hade dewa arimasen ka.
Maeda: Iie, totemo niaimasu yo.
Ohara: Chotto mijikai desu ga.
Maeda: Iie, choudo ii desu yo.
Ohara: Jaa, kaimashou ka.

5
1 kireina **2** kitsui **3** koniro **4** hade **5** mijikai **6** ii

6
Verneinung na- und i-Adjektive
O-share dewa arimasen.
(auch mögich: ... dewa nai desu.)
Dressu wa kirei dewa arimasen.
Hade dewa arimasen.

1c *Das Kleid ist nicht teuer.*; **2a** *Der Rock ist nicht weit.*; **3b** *Der Anzug ist nicht schick.*

7
1 Yamadan-san no inu wa kawakaiku arimasen.
2 Kitsuku arimasen.
3 Sono zubon wa yuruku arimasen ne.
4 Kono sebiro wa akaku arimasen.
5 Sono zubon wa akaku arimasen.
6 Hashimoto-san wa hansamu dewa arimasen.

8
1A; 2V; 3V; 4A

9
Maeda: Kireina wanpīsu desu ne.
Ohara: Sou desu ka. Chotto kitsui desu ga.
Maeda: Iro wa koniro desu ka, kuro desu ka.
Ohara: Kuro deshou. Chotto hade dewa arimasen ka.
Maeda: Iie, totemo niaimasu yo.
Ohara: Chotto mijikai desu ga.
Maeda: Iie, choudo ii desu yo.
Ohara: Jaa, kaimashou ka.

10

1 kuroi くろい **2** kon-iro こんいろ **3** pinku ピンク
4 midori-iro みどりい **5** gurē グレー
6 akai あかい **7** orenji-iro **8** chairo ちゃいろ
9 kiiroi きいろい **10** shiroi しろい

11

1✓ 2x 3✓ 4 x 5✓ 6 x

Lektion 5

1

1 kendou **2** bokushingu **3** sakkā **4** karate **5** jogingu
6 barē **7** suiei **8** basukettobōru **9** tenisu

Vorlieben und Abneigungen

1 Miki-san wa/は baiorin ga/が jouzu desu/です ne.
2 Chihiro wa/は supōtsu wa/は jouzu dewa/では arimasen.
3 Nattou wa/は suki dewa arimasen/ありません.

2

1 Karaoke ga daikirai desu./だいきらいです。
2 Hanako wa piano ga jouzu desu ne!/じょうずですね。
3 Kurausu wa eigo ga heta desu ne!/へたですね。
4 Tenpura ga suki desu ka./すきですか。
5 Manga wa suki dewa arimasen./すきではありません。
6 Watashi wa nihon no onsen ga daisuki desu./がだいすきです。

4

0: zeroゼロ; **1: ichi/**いち; **2: ni/**に; **3: san/**さん;
4: yon/よん; **5: go/**ご; **6: roku/**ろく;
8: hachi/はち; **7: nana/**なな; **9: kyuu/**きゅう

5

1. 5921-0275 2. 983-5252 3. 711-2430 4. 265-8916
5. 5784-8085 6. 41-6819 7. 89-8085 8. 0205-4969

8	ゼロにゼロごのよんきゅうろくきゅう	7	はちきゅうのはちゼロはちご
5	ごななはちよんのはちゼロはちご	2	きゅうはちさんのごにごに
3	なないちいちのによんさんゼロ	4	にろくごのはちきゅういちろく
1	ごきゅうにいちのゼロにななご	6	よんいちのろくはちいちきゅう

6

1. Maeda: Bokushingu ga/が jouzu desu ne/ね. Sugoi desu ne/ね.
2. Ueda: Sou desu ka/か.
3. Maeda: Tokorode, Ohara-san no/の okusan mo/も daisuki desutte ne/ね.
4. Ueda: Hee? Sonna koto arimasen yo! Okyakusama no/の okusan deshou!
5. Maeda: Kanojou ga/が imasu ka/か.
6. Ueda: Betsu ni/に imasen ga.
7. Ueda: Tokidoki Tanpo Mikisan to/と jogingu o/を shimasu ga.
8. Maeda: Sou desu ka/か. Tokorode, keitai wa/は arimasu ka?

7

1 03-3335-6720 **2** 0711-121-2439 **3** 041-835-1078
4 090-6255-390 **5** 208-789-1235 **6** 040-4387642
7 03-3585-0289 **8** 030-6936138

8

1 Golf – gofuru ゴルフ **2** Volleyball – barēbōru バレーボール **3** Handball – handobōru ハンドボール
4 Tischtennis – takkyau たっきゅう – pinpon ピンポン **5** Bowling – bōringu ボーリング **6** Fahrrad fahren – saikuringu (engl. cycling) サイクリング
7 Bergwandern – haikingu (engl. hiking) ハイキング – yamaaruki やまあるき **8** Reiten – jouba じょうば **9** Baseball – yakyuu やきゅう **10** Eislaufen – aisusukēto アイススケート **11** Fechten – fenshingu フェンシング **12** Ski (fahren) – sukī スキー

9

1f; 2j; 3g; 4b; 5e; 6d; 7i; 8h; 9c; 10a;

10

1. Herr Suzuki kann gut kochen. – Suzuki-san wa ryouri ga jouzu desu. – すずきさんはりょうりがじょうずです。 **2.** Ich mag Katzen. – Neko ga suki desu. – ねこがすきです。 **3.** Ich kann gut schwimmen! – Suiei ga jouzu desu. – すいえいがじょうずです。 **4.** Ich kann nicht gut Badminton spielen. – Badominton ga heta desu. – バドミントンがへたです。 **5.** Ich hasse Putzen! – Souji ga daikirai desu! – そうじがだいきらいです。
6. Ich liebe Ballett sehr! – Barē ga daisuki desu. – バレーがだいすきです。 **7.** Reisen Sie gerne? – Ryokou ga suki desu ka? – りょこうがすきですか。 **8.** Ich hasse Sushi! – Sushi ga daikirai. – すしがだいきらい。 **9.** Ich lerne sehr gerne Japanisch! – Nihongo no benkyou ga daisuki desu. – にほんごのべんきょうがだいすきです。 **10.** Spielen Sie gern Fußball, Herr Yamada? – Yamada-san wa sakkā ga suki desu ka? – やまださんはサッカー がすきですか。

12

(Antwortbeispiele)

1. いぬ　が　すきですか。Inu ga suki desu ka? (*Mögen Sie Hunde?*)
   (inu wa) suki desu yo. *Hunde mag ich.*
   (inu wa) daisuki desu. *Ich liebe Hunde!*
   (Inu wa) suki dewa arimasen. *Hunde mag ich nicht.*
   (Inu wa) amari suki dewa arimasen. *Hunde mag ich nicht besonders.*
   (Inu wa) kirai desu. *Hunde mag ich nicht.*
   (Inu wa) daikirai desu. *Hunde mag ich überhaupt nicht.*
2. りょうり　が　じょうずですか。Ryouri ga jouzu desu ka ? (*Können Sie gut kochen?*)
   Jouzu desu yo. *Kochen kann ich gut.*
   Iie, heta desu. *Nein, das kann ich nicht gut.*
3. カラオケ　が　きらいですか。Karaoke ga kirai desu ka? (*Mögen Sie Karaoke nicht?*)
   Iie, daisuki desu! *Nein, das mag ich total!*
   Hai, kirai desu. Ja, das gefällt mir nicht.

13

Maeda: g) gorufu wa suki desu **a)** ryouri mo heta desu **f)** shigoto ga suki desu **h)** supōtsu mo jouzu dewa arimasen
Ohara: c) aironkake mo suki desu **d)** kaimono ga daisuki desu **b)** ryouri mo suki desu **e)** souji ga kirai desu

Lektion 6

1

1 でんしゃでいきます。**2** バスでいきます。
3 くるまでいます。 **4** じてんしゃでいきますか。
5 あるいていきます。 **6** ひこうきでいきます。
7 タクシーでいきます。 **8** バイクできますか。

2

1c) こうえん **2f)** パンや **3a)** ほんや **4 j)** コンビニ
5b) ブティック **6 m)** びょういん **7 i)** えき
8h) ゆうびんきょく **9g)** こうばん **10l)** はなや
11k) スーパー **12 n)** ひゃくえんショップ
13e) ホテル **14d)** ぎんこう

Richtungsangaben

ほんやはスーパー のみぎにあります。 Honya wa sūpā no migi ni arimasu. *Der Buchladen ist rechts vom Supermarkt.*
ほんやのまえにくるまがあります。Honya no mae ni kuruma ga arimasu. *Vor dem Buchladen steht ein Auto.*
ホテルのちかくにこうえんがあります。Hoteruno chikaku ni kouen ga arimasu. *In der Nähe des Hotels ist ein Park.*

4

1b) ビールはテーブルのうえにあります。
Bīru wa tēburu no ue ni arimasu.
Das Bier steht auf dem Tisch.

2a) ねこはテーブルのしたにいます。
Neko wa tēburu no shita ni imasu.
Die Katze sitzt unter dem Tisch.

3c) こうえんのなかにレストランがあります。
Kouen no naka ni resutoran ga arimasu.
Im Park gibt es ein Restaurant.

4b) スーパーはほんやのひだりにあります。
Sūpā wa honya no hidari ni arimasu.
Links vom Buchladen ist ein Supermarkt.

5

1. **sumimasen** – *Entschuldigung*
2. **chikaku** – *in der Nähe*
3. **tonari** – *direkt neben, benachbart*
4. **doko** – *wo?*
5. **aruite** – *zu Fuß*
6. **dou itashimashite** – *keine Ursache*
7. **kouen – ***Park*
8. **Sou desu ka. – Ach so ist das.**

す	み	ま	せ	ん	な	ぬ	は	と	ろ
に	ね	り	に	れ	ね	こ	へ	な	ふ
ど	ん	ほ	れ	ふ	ろ	う	た	り	わ
う	ほ	ち	ら	へ	ね	え	ら	よ	そ
い	な	か	ら	ん	へ	ん	ぬ	よ	う
た	ね	く	な	へ	あ	ん	ろ	に	で
し	を	に	る	れ	る	ぬ	よ	ひ	す
ま	ね	わ	ね	れ	い	を	ど	ひ	か
し	ふ	な	ろ	ね	て	ぬ	こ	ら	ぬ
て	は	ほ	に	ら	り	る	ほ	に	に

7

1 すみませんｆ。ここはどこですか 。 Sumimasen. Koko wa doko desu ka. (*Wo ist hier? Wo bin ich?*)
2 ここは うえのこうえんです。Koko wa Ueno kouen desu. (*Hier ist der Ueno-Park.*)
3 このじゅうしょ はどこですか。 Kono juusho wa doko desu ka? (*Wo ist diese Adresse?*)
4 えきのちかく ですよ。 Eki no chikaku ni desu yo. (*Es ist in der Nähe des Bahnhofs.*)
5 どのぐらいかかりますか。 Donogurai kakarimasu ka. (*Wie lange dauert es ungefähr?*)

6 ごふんぐらいかかりますよ。 Gofunkurai kakarimasu yo. (*Etwa fünf Minuten.*)
7 ああ、そうですか。ありがとうございます。 Aa, sou desu ka. Arigatou gozaimasu.（*Aha, so ist das. Vielen Dank.*)
8 どういたしまして。Dou itashimashite. (*Keine Ursache.*)

8

10: juu – じゅう **20:** nijuu – にじゅう **30:** sanjuu – さんじゅう **40:** yonjuu – よんじゅう **50:** gojuu – ごじゅう **60:** rokujuu – ろくじゅう **70:** nanajuu – ななじゅう **80:** hachijuu – はちじゅう **90:** kyuujuu – きゅうじゅう

9

15 じゅうご juugo **37** さんじゅうなな sanjuunana **12** じゅうに juuni **64** ろくじゅうよん rokujuuyon/ろくじゅうし rokujuushi **25** にじゅうご nijuugo **17** じゅうしち juushichi/じゅうなな juunana **20** にじゅう nijuu **53** ごじゅうさん gojuusan **98** きゅうじゅうはち kyuujuuhachi **71** ななじゅういち nanajuuichi/しちじゅういち shichijuunichi **86** はちじゅうろく hachijuuroku **42** よんじゅうに yonjuuni/しじゅうに shijuuni **99** きゅうじゅうきゅう kyuujuukyuu **19** じゅうきゅう juukyuu **11** じゅういち juuichi

10

1. ビール があります か。
2. パン やのみぎにデパート があります。
3. こうえんのなかにレストラン があります。
4. オレンジジュースはありますか。
5. くつやのひだりにコンビニ があります。
6. パン はありますか。

11

	richtig	falsch
1. こうばんのちかくにデパートがあります。		x
2. スーパーもあります。		x
3. パンやのひだりにコンビニがあります。	x	
4. ゆうびんきょくはこうばんのちかくにあります。		x
5. あるいてじゅうごふんかかります。	x	

13

1 *Entschuldigung.* Sumimasen. **2** *Wo befinde ich mich hier?* Koko wa doko desu ka. **3** *Wo gibt es eine Polizei-Box?* Kouban wa doko desu ka. **4** *Gibt es in der Nähe einen Supermarkt?* Kono chikaku ni sūpā wa arimasu ka. **5** *Gibt es hier in der Nähe eine Post?* Kono chikaku ni yuubinkyuku wa arimasu ka. **6** *Gibt es hier in der Nähe ein Café?* Kono chikaku ni kissaten ga arimasu ka. **7** *Vielen Dank.* Doumo arigatou gozaimasu. **8** *Keine Ursache.* Dou itashimashite. **9** *Wie lange braucht man bis dahin?* Dono gurai kakarimasu ka.

Kanji-Fokus
1e; 2g; 3a; 4b; 5h; 6c; 7d; 8f

Lektion 7

1

まちがえました。 **Machigaemashita.** (Sie können natürlich die Entschuldigung: どうもすみません **Doumo sumimasen . . .** voranstellen.)

2

1f ごぜんいちじ gozen ichiji **2c** にじはん nijihan **3j** さんじはん sanjihan **4g** よじ yoji **5h** ごごごじはん gogo gojihan **6a** しちじ shichiji **7e** ごごろくじはん gogo rokujihan **8d** じゅうじはん juujihan **9b** じゅういちじ juuichiji **10i** じゅうにじはん juunijihan

3

1 moshi moshi (*Begrüßung am Telefon*)
2 otaku (*„ehrenwertes“ Zuhause*)
3 iie (*Nein*)
4 chigaimasu (*falsch*)
5 Watanabe (*Familienname*)
6 doumo sumimasen deshita (*Entschuldigung*)
7 doumo sumimasen (*Entschuldigung*)
8 machigaemashita (*ich habe mich vertan*)
9 gogo (*Nachmittag*)
10 gozen (*Vormittag*)
11 shichiji (*7 Uhr*)
12 juunijihan (*12:30 Uhr*)

も	ち	や	ち	が	い	ま	す	ぬ	や	ど
し	ち	じ	か	わ	ほ	ほ	ね	う	め	う
も	ち	ま	る	わ	た	な	べ	け	ち	も
し	を	ご	じ	や	ほ	た	か	ま	め	す
め	ふ	ご	ぜ	ん	る	も	ま	ち	め	み
も	め	や	け	ま	お	し	ち	が	れ	ま
お	た	く	か	れ	す	い	い	え	じ	せ
し	う	を	か	ま	ほ	を	け	ま	れ	ん
じ	ゅ	う	に	じ	は	ん	す	し	ま	で
や	じ	め	に	ま	め	じ	お	た	に	し
ど	う	も	す	み	ま	せ	ん	め	ち	た

5

19f げつようび; **20e** かようび; **21d** すいようび; **22c** もくようび; **23b** きんようび; **24a** どぞうび; **25g** にちようび

6

にほんのゆうびんきょくはくじ **(1.)** から ごじ **(2.)** までです。 Nihon no yuubinkyoku wa kuji **kara** goji **made** desu. *Japanische Poststellen haben von 9 bis 17 Uhr geöffnet.*

ろくじ **(3.)** からしちじはん **(4.)** までテニスをします。 Rokuji **kara** shichiji han **made** tenisu oshimasu. *Von 6:00 bis 7:30 spiele ich Tennis.*

とうきょう **(5.)** までいきます。 Toukyou **made** ikimasu. *Ich gehe nach Tokio.*

さんじ **(6.)** からリハーサルがあります。
Sanji **kara** rihāsaru ga arimasu. *Ich habe ab 3:00 Uhr eine Probe.*

7

1. どこにいきますか。 Doku ni ikimasu ka. *Wohin gehen/fahren Sie?* auch *Wohin fährst/gehst du?*
2. ひろしまにいきます。 Hiroshma ni ikimasu. *Ich fahre/gehe nach Hiroshima.*
3. きんようびはどこにいきますか。 Kinyoubi wa doko ni ikimasu. *Wohin gehst/fährst du am Freitag?*
4. にちようびはどこにいきますか。 Nichijoubi wa doko ni ikimasu. *Wohin fährst du am Sonntag?*

8

A まえだですが。 あのう、すみませんが、きょうの さんじはちょっとむりです。
よじでもいいすか。

B よじです か。ごめんなさい。 きょうはかようびでしょう。ごじまでリハーサルがあ ります。
そしてともだちとせんとうにいきま す。ろくじからひまです。

C じゃあ、ろくじにせんとうのいりぐちであいません か。

D いいですよ。

E じゃあ、そうしましょう 。せんとうの なまえは。

(Die Umschrift und Übersetzung finden Sie im Hörtext Lektion 7, Übung 4 – Tack 56.)

9

1. よじでもいいですか。 **Yo ji** demo ii desu ka.
2. えいごでもいいですか。 **Eigo** demo ii desu ka.
3. きょうでもいいですか。 **Kyou** demo ii desu ka.
4. ビールでもいいですか。 **Bīru** demo ii desu ka.
5. すいようびでもいいですか。 **Suiyoubi** demo ii desu ka.
6. がいこくじんでもいいですか。 **Gaigokujin** demo ii desu ka.
7. カラオケでもいいですか。 **Karaoke** demo ii desu ka.
8. ローマじでもいいですか。 **Rōmaji** demo ii desu ka.
9. ええ、ローマじでもいいですよ。 Ee, **rōmaji** demo ii desu yo.
10. ええ、それでもいいです。 Ee, **sore** demo ii desu.

Tageszeiten

07:30 - あさのしちじはん **asa** no shichiji han
18:00 - よる のろくじ **yoru** no rokuji
23:30 - よなか のじゅういちじはん **yonaka** no juuichiji han
ごごのよじじゅっぷんまえ = **15:50** gogo no yoji jupppun mae
あさのごじじゅうごふんまえ = **04:45** asa no goji juugofun mae
よなかのじゅういちじじゅうななふんすぎ = **23:17** yonaka no juuichi juunana fun sugi.

10

8:30 はちじはん hachiji han
9:50 じゅうじじゅっぷんまえ juuji juppun mae
3:15 さんじじゅうごふんすぎ sanji juugofun sugi
1:59 にじいっぷんまえ niji ippun mae

Lektion 8

1

1. おきます **2.** あびます **3.** たべます **4.** ひきます **5.** よみます **6.** いきます **7.** のみます **8.** つくります **9.** かきます **10.** ねます

2

ななじゅうさんまんごせんよんひゃくさんじゅうに

3

いっせんまんえんぐらいです。
Issenmanen gurai desu. *Ungefähr 10.000.000 Yen.*

4
たんぽさん **1.)** は バイオリン **2.)** を ひきます **3.)** か 。Tanpo-san baiorin o hikimasu ka. ええ、おんだい **4.)** で バイオリン **5.)** を べんきょうしています。 Ee, ondai de baiorin o benkyou shite imasu. ピアノ **6.)** も ひきます。 Piano mo hikimasu. ときどきしゅう **7.)** に さんかいバイトをします。 Tokidoki shjuu ni sankai baito o shimasu. しんじられません **8.)** が。 Shinjiraremasen ka.

5
1 おきますokimasu **2** たべますtabemasu **3** のみます nomimasu **4** ねますnemasu **5** よみまyomimasuす **6** かきます kakimasu **7** ひきますhikimasu **8** つくります tsukurimasu **9** あいますaimasu **10** いきます ikimasu

6
1 さんかい **2** ろっかい **3** にかい **4** よんかい **5** いっかい **6** ごかい

7
1. 10000000 いっせんまんissenman **2.** 20.000.000 にせんまんnisenman **3.** さんぜんごひゃく3500 sanzengohyaku **4.** 100 ひゃく hyaku **5.** 10.000 いちまんichiman **6.** 1000 せんsen **7.** 400 よんひゃく yonhyaku **8.** 4000 よんせんyonsen

8
1. 300 さんびゃくsanbyaku **2.** 5.000 ごせんgosen **3.** 10.000 いちまんichiman **4.** 600 ろっぴゃく roppyaku **5.** 101.000 じゅうまんいっせんjuumanissen **6.** 1.800 せんはっぴゃくsenhappyaku **7.** 9.000 きゅうせんkyuusen **8.** 78.400 ななまんはっせんよんひゃく nanamanhassenyonhyaku

9
1 にじかん **2** じゅうにじかん **3** さんじかん **4** いちじかん **5** ごじかん **6** よじかん **7** しちじかん **8** ろくじかん

10
Hier können wir keine Lösung vorgeben. Wenn Sie unsicher sind, orientieren Sie sich am besten an den anderen Beispielsätzen aus der Lektion.

12

1 Aufstehen: どうようびははちじにおきます。Doyoubi wa hachiji ni okimasu.	**6 Tennis:** ごごはテニスをします。Gogo wa tenisu o shimasu.	**4 Putzen:** くうじからじゅうじまでそうじをします。Kuji kara juuji made souji o shimasu.
3 Lesen: そしてしんぶんをよみます。Soshite shinbun o yomimasu.	**2 Frühstücken:** はちじはんにあさごはんをたべます。Hachijihan ni asagohan o tabemasu.	**5 E-Mails:** じゅうじからじゅういちじまでコンピューターでE・メールをかきます。E-mēru o kakimasu.

13
1 はは haha *(eigene) Mutter* **2** ちち chichi *(eigener) Vater* **3** むすこ musuko *(eigener) Sohn* **4** むすめ musume *(eigene) Tocher* **5** そぼ sob *(eigene) Großmutter* **6** そふ sofu *(eigener) Großvater* **7** おかあさん okaasan *Mutter* **8** おとうさん otousan *Vater* **9** むすこさんmusuko-san *Sohn* **10** おじょうさんojousan *Tochter* **11** おばあさん obaasan *Großmutter* **12** おじいさん ojiisan *Großvater*

Lektion 9

1
1 あたまあ atama **2** みみ mimi **3** せなか senaka **4** おなか onaka **5** のど nodo **6** あし ashi **7** は ha **8** ゆび yubi **9** ひざ hiza **10** いi

3

し	ん	み	き	せ	ゆ	く	ぬ	す	せ	の
つ	い	か	が	で	す	か	た	べ	し	れ
れ	ぬ	し	あ	い	ん	ん	れ	ぞ	り	う
い	た	ょ	え	ま	て	け	え	し	り	お
し	ょ	く	よ	く	ら	い	れ	だ	る	い
ま	し	わ	す	わ	ん	な	ら	さ	ら	が
す	み	ア	ま	お	だ	い	じ	に	わ	い
い	れ	レ	み	た	う	ま	ん	み	い	た
ぬ	せ	ル	ん	お	き	て	く	だ	さ	い
か	ん	ギ	い	な	い	あ	れ	り	た	で
お	は	ー	れ	う	じ	ん	あ	あ	ふ	す
て	ご	ぎ	ね	の	べ	ひ	え	り	め	り

4
1 あたま atama **2** のど nodo **3** みみ mimi **4** ゆび yubi **5** あし ashi **6** おなか onaka **7** ひざ hiza

5
fragen きいて – trinken のんで – aufstehen おきて – zurückkehren かえって – lesen よんで – ausziehen ぬいて

6
おちゃを **1 a** のんでください。
Trinken Sie bitte Tee.
しちじに **2 g** おきてください。
Stehen Sie bitte um 7 Uhr auf.
E-メールを **3 d** よんでください。
Lesen Sie bitte Ihre E-Mails.
おいしゃさんに **4 h** きいてください。
Fragen Sie bitte den Arzt.
ピアノを **5 c** ひいてください。
Spielen Sie bitte Klavier.
おすしを **6 i** たべてください。
Essen Sie bitte Sushi.
ゆうびんきょくに **7 b** いってください。
Gehen Sie bitte zur Post.
はちじに **8 e** おこしてください。
Wecken Sie mich bitte um 8 Uhr.
おいしいケーキを **9 f** つくってください。
Backen Sie bitte einen leckeren Kuchen.

7
1b: O kagen wa ikaga desu ka? Karada wa mada darui desu.
2a: Odaijini. Arigatou gozaimasu.
3d: O-isha-san ni kiite kudasai.
4c: O-genki desu ka. Arigatou gozaimasu. Genki desu.

8
ここに **1 d** きてください。*Komm bitte her.* (kommen: kuru – kimasu) おいしゃさんに **2 b** きいてください。*Fragen Sie bitte den Arzt.* (fragen, hören: kiku – kikimasu) おちゃを **3 e** のんでください。*Trinken Sie bitte Tee!* (trinken: nomu – nomimasu) ほんを **4 j** よんでください。*Lies bitte ein Buch!* (lesen: yomu – yomimasu) ゆうびんきょくに **5 k** いってください。*Geh bitte zur Post!* (gehen, fahren: iku – ikimasu) これを **6 f** かってください。*Kauf das bitte!* (kaufen: kau – kaimasu) かたかなで **7 a** かいてください。*Schreib bitte in Katakana!* (schreiben: kaku – kakimasu) **8 c** かえってください。*Geh nach Hause!* (zurückkehren: kaeru – kaerimasu)

nicht verwendet: **b** きいて **g** くる **h** かく **i** かえります **l** のむ

9
Maeda: おかげんはいかがですか。
Ohara: からだはまだだるいです。
Maeda: いは。
Ohara: そうですね。いもまだちょっといたいです。
Maeda: あたまは。
Ohara: あたまはもういたくありません。
Maeda: おだいじに。
Ohara: ありがとうございます。

10
1 からだはまだだるいです。**2** はなこはまだちいさだす。**3** わたしはまだがくせいです。**4** まださむいですね。**5** つまはまだドイツにいます。**6** やまださんはまだですか。**7** にほんごはまだへたです。**8** まだわかいですよ。

11
8	7	6	5	4	3	2	1
のどはまだいたいです。	おなかはまだいたいです。	ひざはまあいたいです。	あしはまだいたいです。	ゆびはまだいたいです。	みみはまだいたいです。	せなかはまだいたいです。	ははまだいたいです。

12
3 Kuchen backen: **Oishi kēki o tsukutte kudasai.**
2 Einkaufen: **Sūpā de gyuunyuu to battā o katte kudasai.**
5 Hund ausführen: **Yamada-san no inu to chotto kouen ni itte, sanpo shite kudasai.**
4 Putzen: **Soshite daidokoro o souji shite kudasai.**
6 Tee trinken: **O-mise ni kaette, yukkuri ocha o nonde kudasai ne.**
1 Fahrrad: **Jitensha de sūpā ni itte kudasai.**

13
Dialog 1 + b; Dialog 2 + a; Dialog 3 + c; Dialog 4 + b

Lektion 10

Um Erlaubnis bitten!
rauchen: suu, suimasu, **1c sutte**; *spielen*: hiku,
2a hikimasu, hiite; *sehen*: **3b miru**, mimasu, mite

2

1 c すわって **2 b**すって **3 d** ひいて**4 e** あびて
5 f みて**6 a** つかって**7 h** かいて**8 g** いって

Sie dürfen – Sie dürfen nicht

erlaubt	nicht erlaubt
ひとりでいってもいいです。 **ペット**もいいです。 **ピアノ**をひいてもいいです。 **コンピューター**をつかってもいいです。	**けいたい**をつかってはちょっと。 **タバコ**はいけません。 ここに**すわって**はいけません。 **ねこ**はちょっと。 **イタリアご**はちょっと。

3

1 コーヒーは**(**~~あしくなかった~~ | おいしくなかった | ~~おいしかった~~**)**です。
2 ベルリンは**(**さむかった | ~~きむかった~~ | ~~ざむかった~~**)** です。
3 ふぐは**(**~~らかかった~~ | ~~だかかった~~ | たかかった**)**です。
4 パーティーは**(**~~あもしろかった~~ | おもしろくなかった | ~~あもしろくなかった~~**)**です。
5 いぬは**(**かわいかった | ~~こわいかった~~ | ~~かわいくなかった~~**)**です。
6 **(**~~ようかった~~ | よかった | ~~よくった~~**)**ですね。
7 あたまが**(**~~りたかった~~ | ~~みたかった~~ | いたかった**)**です。
8 えきは**(**ちかくなかった | ~~ちかかった~~ | ~~しかくなかった~~**)**です。

4

1 は **2** に **3** も **4** か **5** は **6** か **7** は **8** か **9** か **10** か **11** が **12** に **13** ね **14** に **15** も **16** ね **17** が

5

1もう Basu wa mou kimashita ka.
2まだ Iie, mada kimasen.
3もう Mou asagohan o tabemashita ka.
4まだ Mada wakarimasen.
5もう Mou gakusei desu.
6まだ Mada gakusei desu.
7まだ Mada samui desu.
8もう Mou nihon ni kaerimashita.

6

1たかくない
2ひるくなかった
3おいしかった
4かわいくなかた
5たかかった
6さむかった
7やすくまかった
8やすくない

7

1にほんははじめてですか。
2すしははじめてですか。
3へえ、はじめてききました。
4へえ、はじめてみました。
5おふろははじめてです。
6このレストランははじめてです。

8

1たかかったてす
2いただきます
3かわいそう
4かわいくなかったです
5わに
6おもしろくないてす
7はじめて

10

Doppel-konsonanten	Langvokale	weder noch
4せっけん sekken (*Seife*) **10**いったい ittai (*überhaupt*) **1**もっと motto (*noch mehr*) **3**さっき sakki (*vorhin*)	**14**どうろ douro (*Straße*) **15** ゆっき yuuki (*Mut*) **12**こうい koui (*Tat*) **5**さいしょう saishou (*das kleinste*) **7**めいし meishi (*Visitenkarte*) **11**ぼうけん bouken (*Abenteuer*)	**9**せけん seken (Welt) **2**ゆき yuki (Schnee) **6**どろ doro (Schlamm) **8**いたい itai (weh tun) **13**こい koi (Karpfen)

3 Hörtexte zu CD 1

Lektion 1

Übung 1 – Track 01

siehe Lektion

Übung 2 – Track 02

samurai さむらい *Samurai*
sashimi さしみ *Sashimi*
sake さけ *Sake*
sayounara さようなら *Auf Wiedersehen!*
sumou すもう *Sumo*
sakura さくら *Kirschblüte*
sapporo さっぽろ *Sapporo*
sushi すし *Sushi*

Übung 3 – Track 03

Tezuka: いらっしゃいませ。ああ、おはらさん、こんにちは。おげんきですか。
Ohara: ええ、ありがとう、げんきです。
Tezuka: こちらへどうぞ。

Tezuka: *Herzlich willkommen! Aa, Herr Ohara, guten Tag. Wie geht es Ihnen?*
Ohara: *Oh, danke. Gut!*
Tezuka: *Hier entlang, bitte.*

Übung 5 – Track 04

ohayou gozaimasu おはようございます
(weniger höflich) ohayou おはよう
konnichi wa こんにちは
konban wa こんばんは
oyasumi nasai おやすみなさい
sayounara さようなら
jaa ne じゃあね

Übung 10 – Track 05

Kellner: ごちゅうもんは。
Gast: ビールをひとつとふぐのさしみをふたつください。
Kellner: ビールをおひとつ。。。と。。。ふぐのさしみをおふたつ。。。ですね。

Kellner: *Was darf es sein?*
Gast: *Ein Bier und zweimal Fugu-Sashimi, bitte.*
Kellner: *Also, ein Bier bitte und zweimal Fugu-Sashimi, nicht wahr?*

Übung 11 – Track 06

1 sake さけ *Sake* **2** wain ワイン *Wein* **3** ocha おちゃ *Tee* **4** kōhī コーヒー *Kaffee* **5** mineraruuōtā ミネラルウオーター *Mineralwasser* **6** gyuunyuu ぎゅうにゅう *Milch* **7** koucha こうちゃ *Grüntee* **8** jūsu ジュース *Saft*

Übung 12 – Track 07

sushi すし Sushi
sashimi さしみ Sashimi (roher Fisch ohne Reisgrundlage)
yakitori やきとり Yakitori (gegrilltes Hühnchenfleisch am Spieß)
okonomiyaki おこのみやき Kohlpfannkuchen (wörtl.: „Gebratenes, wie es dir gefällt")
tenpura てんぷら Tempura (frittiertes Gemüse)
karēraisu カレーライス Curry-Reis
rāmen ラーメン Ramen (chinesische Nudelsuppe)
yakisoba やきそば Yakisoba (gebratene japanische Nudeln)
oden おでん Oden (japanischer Eintopf)
udon うどん Udon (Nudelsuppe)

Übung 14, 15, 16 – Track 08/09/10

Tezuka: いらっしゃいませ。ああ、おはらさん、こんにちは。おげんきですか。
Ohara: ええ、ありがとう、げんきです。
Tezuka: こちらへどうぞ。
Tesuka: ごちゅうもんは。
Ohara: ビールおひとつとふぐのさしみおふたつください。
Tesuka: ビールをおひとつ。。。と。。。ふぐのさしみをおふたつ。。。ですね。

Tezuka: *Herzlich willkommen! Aa, Herr Ohara, guten Tag. Wie geht es Ihnen?*
Ohara: *Oh, danke. Gut!*
Tezuka: *Hier entlang, bitte.*
Tesuka: *Was darf es sein?*
Ohara: *Ein Bier und zweimal Fugu-Sashimi, bitte.*
Tesuka: *Also, ein Bier und zweimal Fugu-Sashimi, nicht wahr?*

Übung 18 – Track 11

O-kanjou o o-negaishimasu.
おかんじょうをおねがいします。
Die Rechnung bitte.
Betsubetsu desu. べつべつです。
Getrennt bezahlen.

Lektion 2

Übung 1, 2 – Track 12

Maeda: O-namae wa?
Myūra: Myūra desu. Myūra Petora desu.
Maeda: Doitsu no kata desu ne.
Myūra: Hai.
Maeda: O-shigoto wa nan desu ka.
Myūra: Enjinia desu. Toukyou no Bosshu ni tsutomete imasu.
Maeda: Doko ni sunde imasu ka.
Myūra: Toukyou no ōmori ni sunde imasu.

Maeda: おなまえは。
Myūra: ミューラです。ミューラペトラです。
Maeda: ドイツのかたですね。
Myūra: はい。
Maeda: おしごとはなんですか。
Myūra: エンジニアです。とうきょうのボシュにつとめています。
Maeda: どこにすんでいますか。
Myūra: とうきょうのおおもりにすんでいます。

Maeda: Ihr Name ist?
Myūra: Müller. Petra Müller.
Maeda: Sie sind Deutsche, nicht wahr?
Myūra: Ja.
Maeda: Was ist ihr Beruf?
Myūra: Ich bin Ingenieurin. Ich bin bei Bosch in Tokio angestellt.
Maeda: Wo wohnen Sie?
Myūra: Ich wohne in den Tokioter Stadtteil Oomori.

Übung 5 – Track 13

siehe Lektion

Übung 8 – Track 14

1 kenchikuka けんちくか Architekt/-in
2 kyoushi/sensei きょうし せんせい Lehrer/-in
3 panya/panya-san ぱんや ぱんやさん Bäcker/Bäckerin
4 isha/o-isha-san いしゃ おいしゃさん Arzt/Ärztin
5 bengoshi/bengoshi-san べんごし べんごしさん Rechtsanwalt/-wältin
6 yuubinya/yuubinya-san ゆうびんや ゆうびんやさん Postbote/-in
7 ginkouin ぎんこういん Bankangestellte/r
8 kaishain かいしゃいん Firmenangestellte/r

Übung 9 – Track 15

Dialog 1
Hajimemashite. Tanpo Miki desu. Gakusei desu. Toukyou no Ueno ni sunde imasu. Yoroshiku o negai shimasu.
はじめまして。たんぽみきです。がくせいです。とうきょうのうえのにすんでいます。よろしくおねがいします。
Nett, Sie kennen zu lernen. Ich bin Tanpo Miki. Ich bin Studentin. Ich wohne in Ueno, einem Stadtteil von Tokio. Angenehm, Sie kennen zu lernen.

Dialog 2
Hajimemashite. Watanabe Hiroshi desu. Ima doitsu no Shutottogaruto ni sunde imasu. Chūbingen Daigaku ni tsutomete imasu. Nihongo no kyoushi desu. Douzo yoroshiku.
はじめまして。わんたなべひろしです。いまどいつのシュトットガルトにすんでいます。チュウビンゲンだいがくにつとめています。にほんごのきょうしです。どうぞよろしく。
Nett, Sie kennen zu lernen. Ich bin Watanabe Hiroshi Watanabe. Jetzt wohne ich in Deutschland, in Stuttgart. Ich arbeite an der Universität Tübingen. Ich bin Japanisch-Lehrer. Sehr erfreut.

Dialog 3
Hajimemashite. Toyota no Kimura Kenji desu. Enjinia desu. Ima Nagoya ni sunde imasu. Yoroshiku o negai shimasu.
はじめまして。とよたのきむらけんじです。エンジニアです。いまなごやにすんでいます。よろしくおねがいします。
Nett, Sie kennen zu lernen. Ich bin Kenji Kimura von Toyota. Ich bin Ingenieur. Jetzt lebe ich in Nagoya. Angenehm, Sie kennen zu lernen.

Übung 10, 11 – Track 16, 17 Miki spricht, 18 Maeda spricht

Miki Tanpo: たんぽみきです。
Maeda: まえだです。
Miki Tanpo: はじめまして。どうぞよろしく。
Maeda: こちらこそどうぞよろしく。
Miki Tanpo: とうきょうのうえのにすんでいます。がくせいです。まえださんは?
Maeda: とうきょうのかんだにすんでいます。けいじです。

Miki Tanpo: Ich bin Miki Tanpo.
Maeda: Mein Name ist Maeda.
Miki Tanpo: Nett, Sie kennen zu lernen.
Maeda: Ganz meinerseits.

Miki Tanpo: Ich wohne im Tokioter Stadtteil Ueno. Ich bin Studentin. Und Sie Herr Maeda?
Maeda: Ich wohne im Stadtteil Kanda in Tokio. Ich bin Polizeibeamter.

Lektion 3

Übung 1 – Track 19

1 genkan げんかん Eingangsbereich **2** kaidan かいだん Treppe **3** ima いま Wohnzimmer **4** daidokoro だいどころ Küche **5** shosai しょさい Arbeitszimmer **6** o-furoba toire/o-tearai おふろば トイレ おてあらい Bad/Toilette **7** oshiire おしいれ Wandschrank **8** kodomobeya こどもべや Kinderzimmer **9** shinshitsu しんしつ Schlafzimmer **10** tokonoma とこのま Nische mit Rollbild **11** kyakuma きゃくま Gästezimmer

Übung 2 – Track 20

siehe Lektion

Übung 3 – Track 21

Maeda: おしゃれなうちですね。
Tezuka: そうですか。ありがとうございます。これはいまです。
Maeda: ひろいですね。
Tezuka: これはきゃくまです。
Maeda: へえ、わしつもありますね。あかるいですね。
Neko: にゃお
Maeda: ああ、ねこちゃんもいますね。かわいいですね。ところで、てずかさんはおこさんがいますか。
Tezuka: はい、さんにんいます。むすめふたりとむすこひとりです。こどもべやはにかいにあります。

Maeda: Das ist aber ein schickes Haus!
Tezuka: Finden Sie? Vielen Dank. Dies hier ist das Wohnzimmer.
Maeda: Das ist aber geräumig.
Tezuka: Hier ist das Gästezimmer.
Maeda: Nanu, Sie haben ja auch ein Zimmer im japanischen Stil! Und es ist auch sehr hell, nicht wahr.
Neko: Miau
Maeda: Oh, Sie haben auch ein Kätzchen. Die ist aber niedlich. Da fällt mir ein, haben Sie eigentlich Kinder, Herr Tezuka?
Tezuka: Ja, drei. Zwei Töchter und einen Sohn. Die Kinderzimmer sind im 1. Stock.

Übung 10 – Track 22

1 おしいれがありますか。
Gibt es einen Wandschrank?
2 ありがとうございます。Vielen Dank.
3 やまださんはペットガいますか。
Hat Herr Yamada ein Haustier?
4 こどもがさんいんいます。Ich habe drei Kinder.

Übung 11 – Track 23

1 Ikkodate ni sunde imasu. いっこだてにすんでいます。*Ich wohne in einem Einfamilienhaus.*
2 Ryou ni sunde imasu. りょうにすんでいます。*Ich wohne in einem Wohnheim.*
3 Watashi wa apāto ni sunde imasu. わたしはアパートにすんでいます。*Ich wohne in einer Mietwohnung.*
4 Machi no naka ni sunde imasu. まちのなかにすんでいます。*Ich wohne in der Stadt.*
5 Inaka no hou ni sunde imasu. いなかのほうにすんでいます。*Ich wohne auf dem Land.*
6 Manshon ni sunde imasu. マンションにすんでいます。*Ich wohne in einer Eigentumswohnung*
7 Hitori de sunde imasu. ひとりですんでいます。*Ich wohne allein.*

Übung 12 – Track 24, Track 25

Tezuka-san spricht

Tezuka: Tokorode, Miki wa doko ni sunde imasu ka.
Miki: Toukyou no Ueno desu. Tezuka-san wa?
Tezuka: Asakusa desu. Apāto ni sunde imasu ka.
Miki: Iie, ryou desu. Tezuka-san wa?
Tezuka: Ikkodate ni sunde imasu.
Miki: Hee, urayamashii desu ne.
Tezuka: Kore wa watashi no uchi desu.
Miki: Hiroi desu ne. Petto ga imasu ka.
Tezuka: Ee, imasu yo. Neko ga imasu. Kore wa tsuma desu.
Miki: Hee, oku-san wakai desu ne!
Tezuka: Sou desu ka. Kore wa musume to neko desu.
Miki: Kawaii desu ne.

Tezuka: ところで、みきはどこにすんでいますか。
Miki: とうきょうのうえのです。てずかさんは。
Tezuka: あさくさです。アパートにすんでいますか。
Miki: いいえ、りょうです。てずかさんは。
Tezuka: いっこだてにすんでいます。
Miki: へえ、うらやましいですね。
Tezuka: これはわたしのうちです。
Miki: ひろいですね。ペットがいますか。
Tezuka: ええ、いますよ。ねこがいます。これわつまです。

Miki: へえ、おくさんわかいですね。
Tezuka: そうですか。これわむすめとねこです。
Miki: かわいですね。

Tezuka: Übrigens, Miki, wo wohnen Sie?
Miki: Im Stadtteil Ueno in Tokyo. Und Sie, Herr Tezuka?
Tezuka: Ich wohne in Asakusa. Wohnen Sie in einem Apartment?
Miki: Nein, ich wohne in einem Wohnheim. Und Sie, Herr Tezuka?
Tezuka: Ich wohne in einem Einfamilienhaus.
Miki: Oh, das ist aber beneidenswert.
Tezuka: Dies ist mein Haus.
Miki: Das ist aber geräumig. Haben Sie ein Haustier?
Tezuka: Ja, ich habe eines – eine Katze. Dies ist meine Frau.
Miki: Nanu, Ihre Frau sieht aber jung aus.
Tezuka: Finden Sie? Das sind meine Töchter und unsere Katze.
Miki: Die sind aber niedlich.

Lektion 4

Übung 1 – Track 26

1 sētā セーター Pullover **2** tīshatsu ティーシャツ T-Shirt **3** wanpīsu ワンピース Kleid **4** kōto コート Mantel (Jacke) **5** waishatsu ワイシャツ Hemd **6** sebiro to nekutai せびろとネクタイ Anzug und Krawatte **7** burausu ブラウス Bluse **8** sukāto スカートRock **9** kutsu くつ Schuhe **10** zubon ずぼん Hose

Übung 2 – Track 27

1 akai sētā あかいセーター roter Pullover **2** shiroi tīshatsu しろいティーシャツ weißes T-Shirt **3** kuroi wanpīsu くろいワンピース schwarzes Kleid **4** midori-iro (no) kōto みどりいろのコート grüner Mantel **5** kon-iro (no) zubon こんいろのずぼん dunkelblaue Hose **6** kiiroi waishatsu きいろいワイシャツ gelbes Hemd **7** pinku (no) sebiro to nekutai ピンクのせびろとネクタイ pinker Anzug und Krawatte **8** chairo (no) kutsu ちゃいろのくつ braune Schuhe **9** orenji-iro (no) burausu オレンジいろのブラウス orange Bluse **10** gurē (no) sukāto グレーのスカートgrauer Rock

Übung 3 – Track 28

yurui kōto ゆるいコートweite Jacken
kitsui wanpīsu きついワンピース enge Kleider
hade-na waishatsu はでなワイシャツ schrille Hemden
jimi-na burausu じみなオレンジイロ schlichte Blusen
nagai tīshatsu ティーシャツながいチーシャツ lange T-Shirts
takai kutsu たかいくつ teure Schuhe
yasui nekutai やすいネクタイ billige Krawatten
mijikai sukāto みじかいスカート kurze Röcke

Übung 4; 5; 9 – Track 29

Maeda: きれいなワンピースですね。
Ohara: そうですか。ちょっときついですが。
Maeda: いろはこんいろですか、くろですか。
Ohara: くろでしょう。ちょっとはでではありませんか。
Maeda: いいえ、とてもにあいますよ。
Ohara: ちょっとみじかいですが。
Maeda: いいえ、ちょうどいいですよ。
Ohara: じゃあ、かいまそうか。

Maeda: Das ist aber ein schönes Kleid.
Ohara: Finden Sie? Aber es ist ein bisschen eng.
Maeda: Was die Farbe angeht, ist das dunkelblau oder schwarz?
Ohara: Das ist doch wohl schwarz. Finden Sie nicht, dass es ein wenig gewagt ist?
Maeda: Nein, es steht Ihnen sehr gut!
Ohara: Aber es ist ein wenig kurz.
Maeda: Nein, das ist doch genau richtig.
Ohara: Ja dann, soll ich's kaufen?

Übung 8 – Track 30

1 V Kono sētā wa ookii deshou. このセーターはおおきいでしょう。Diese Pullover ist etwas groß, oder?
2 A Kono wanpīsu wa kitsui desu. このワンピースはきついです。Dieses Kleid ist eng.
3 A Būtsu wa koniro desu. ブーツはこんいろです。Diese Stiefel sind dunkelblau.
4 V Kono zubon wa chotto mijikai deshou. このずぼんはちょっとみじかいでしょう。Diese Hose ist wohl etwas zu kurz.

Übung 11 – Track 31

Kunde: Sumimasen, akai tīshatsu ga arimasu ka.
Verkäuferin: Akai tīshatsu desu ka. Arimasu yo.
Kunde: Takai desu ka.
Verkäuferin: Takakunai desu yo. Yasui desu.
Kunde: Būtsu mo arimasu ka.
Verkäuferin: Sunīkā wa arimasu ga, būtsu wa arimasen.

Kunde: Sētā wa?
Verkäuferin: Kuroi sētā to shiroi sētā ga arimasu.
Kunde: Sou desu ka. Nekutai mo arimasu ka.
Verkäuferin: Arimasu yo. Kore desu.
Kunde: Uwaa, hade desu ne.

Kunde: すみません、あかいチーシャツがありますか。
Verkäuferin: あかいティーシャツですか。ありますよ。
Kunde: たかいですか。
Verkäuferin: たかくないですよ。やすいです。
Kunde: ブーツもありますか。
Verkäuferin: スニーカはありますが、ブーツはありません。
Kunde: セーターは。
Verkäuferin: くろいセーターとしろいセーターがあります。
Kunde: そうですか。ネクタイもありますか。
Verkäuferin: ありますよ。これです。
Kunde: うわあ、はでですね。

Kunde: Entschuldigung, haben Sie rote T-Shirts?
Verkäuferin: Rote T-Shirts? Haben wir!
Kunde: Sind sie teuer?
Verkäuferin: Nein, sie sind nicht teuer! Die sind billig.
Kunde: Haben Sie auch Stiefel?
Verkäuferin: Wir haben zwar Freizeitschuhe, aber Stiefel haben wir nicht.
Kunde: Und Pullover?
Verkäuferin: Wir haben schwarze Pullover und weiße Pullover.
Kunde: Ach so. Haben Sie auch Krawatten?
Verkäuferin: Ja, haben wir. Diese hier!
Kunde: Oh Gott, die sind ja schrill!

Übung 11 – Track 32

Diese Stiefel bitte!
Haben Sie weiße Hosen?
Haben Sie auch schwarze Hosen?
Das ist ein bisschen weit.
Das ist ein bisschen eng.
Das ist ein bisschen schrill.
Das ist ein bisschen schlicht.
Das ist ein bisschen teuer.
Ich überlege es mir noch einmal.

Lektion 5

Übung 1 – Track 33

1 kendou *Kendo* **2** bokushingu *Boxen* **3** sakkā *Fußball* **4** karate *Karate* **5** jogingu *Joggen* **6** barē *Ballet* **7** suiei *Schwimmen* **8** basukettobōru *Basketball* **9** tenisu *Tennis*

Übung 2 – Track 34

1 Karaoke ga daikirai desu. カラオケがだいきらいです。 Ich hasse Karaoke.
2 Hanako wa piano ga jouzu desu ne! はなこはピアノがじょうずですね。 Hanako kann aber gut Klavier spielen.
3 Kurausu wa eigo ga heta desu ne! クラウスはえいごがへたですね。 Klaus spricht aber schlecht Englisch.
4 Tenpura ga suki desu ka. てんぷらがすきですか。 Mögen Sie Tempura?
5 Manga wa suki dewa arimasen. まんごはすきではありません。 Ich mag keine Manga.
6 Watashi wa nihon no onsen ga daisuki desu. わたしはにほんのおんせんがだいすきです。 Ich liebe japanische Bäder.

Übung 3 – Track 35

Maeda: ボクシングがじょうずですね。すごいですね。
Ueda: そうですか。
Maeda: スポーツがすきでしょう。
Ueda: ええ、だいすきです。
Maeda: ところで、おはらさんのおくさんもだいすきですってね。
Ueda: へえ。そんなことありませんよ。おきゃくさまのおくさんでしょう。
Maeda: かのじょうはいますか。
Ueda: べつにいませんが。
Maeda: うえださんはかっこういいでしょう。かのじょうがいるでしょう。
Ueda: ときどきたんぼみきさんとジョギングをしますが。
Maeda: そうですか。ところで、けいたはありますか。
Ueda: ありますよ。
Maeda: ばんごうは。
Ueda: 090 – 91066532 です。
Maeda: またれんらくします。

Maeda: Sie können ja gut boxen! Das ist ja Wahnsinn.
Ueda: Finden Sie?
Maeda: Sie mögen wohl Sport, was?
Ueda: Ja, sehr.
Maeda: Übrigens habe ich gehört, dass Sie auch die Frau von Herrn Ohara sehr mögen.
Ueda: Was? Das ist ja wohl absurd! Sie ist die Ehefrau eines Gastes!
Maeda: Haben Sie eine Freundin?
Ueda: Eigentlich nicht.

Maeda: Aber Sie sehen doch toll aus, Herr Ueda. Haben Sie keine Freundin?
Ueda: Manchmal jogge ich mit Miki Tanpo.
Maeda: Ach so ist das. Übrigens, haben Sie ein Handy?
Ueda: Klar hab ich eins.
Maeda: Und die Nummer ist?
Ueda: 090 – 91066532.
Maeda: Ich melde mich wieder.

Übung 4 – Track 36

zero イェロ Null – ichi いちeins – ni にzwei – san さんdrei – yon よんvier – go ごfünf – roku ろくsechs – nana ななsieben – hachi はちacht – kyuu きゅうneun

Übung 5 – Track 37

1 go-kyuu-ni-ichi-no-zero-ni-nana-go 5921-0275
2 kyuu-hachi-san-no-go-ni-go-ni 983-5252
3 nana-ichi-ichi-no-ni-yon-san-zero 711-2430
4 ni-roku-go-no-hachi-kyuu-ichi-roku 265-8916
5 go-nana-hachi-yon-no-hachi-zero-hachi-go 5784-8085
6 yon-ichi-no-roku-hachi-ichi-kyuu 41-6819
7 hachi-kyuu-no-hachi-zero-hachi-go 89-8085
8 zero-ni-zero-go-no-yon-kyuu-roku-kyuu 0205-4969

Übung 7 – Track 38

1 Watashi no denwa bangou wa zero-san-no-san-san-san-go-no-roku-nana-ni-zero desu.
Meine Telefonnummer ist 03-3335-6720.
2 Denwa bangou wa zero-nana-ichi-ichi-no-ichi-ni-ichi-no-ni-yon-san-kyuu desu.
Meine Telefonnummer ist 0711-121-2439.
3 Watashi no denwa bangou wa zero-yon-ichi-no-hachi-san-go-no-ichi-zero-nana-hachi desu.
Meine Telefonnummer ist 041-835-1078.
4 Keitai wa zero-kyuu-zero-no-roku-ni-go-go-no-san-kyuu-zero desu.
Meine Handynummer ist 090-6255-390.
5 Keitai wa arimasu yo. Bangou wa ni-zero-hachi-no-nana-hachi-kyuu-no-ichi-ni-san-go desu.
Ich habe ein Handy. Die Nummer ist 208-789-1235.
6 Denwa bangou wa zero-yon-zero-no-yon-san-hachi-nana-roku-yon-ni desu.
Meine Telefonnummer ist 040-4387642.
7 Watashi no denwa bangou wa zero-san-no-san-go-hachi-go-no-zero-ni-hachi-kyuu desu.
Meine Telefonnummer ist 03-3585-0289.
8 Watashi no denwa bangou wa zero-san-zero-no-roku-kyuu-san-roku-ichi-san-hachi desu
Meine Telefonnummer ist 030-6936138.

Übung 9 – Track 39

1 kaimono o shimasu かいものをします *einkaufen*
2 souji o shimasu そうじをします *putzen*
3 ryouri o shimasu りょうりをします *kochen*
4 kaji o shimasu かじをします *den Haushalt machen*
5 shigoto o shimasu しごとをします *arbeiten*
6 benkyou o shimasu べんきょうをします *lernen*
7 ryokou o shimasu りょこうをします *reisen*
8 sakkā o shimasu サッカーをします *Fußball spielen*
9 jogingu o shimasu ジョギングをします *joggen*
10 badominton o shimasu バドミントンをします *Badminton spielen*

Übung 11 – Track 40/41 Miki spricht

Miki: けんじさんはりょうりがじょうずですね。
Kenji: そうですか。
Miki: ところで、けんじさんはカラオケがすきですか。
Kenji: カラオケですか。だいきらいですよ。.
Miki: ああ、そうですか。えいがは。
Kenji: えいがもあまりすきではありませんが。でもスポーツがだいすきですよ。みきさんは。
Miki: スポーツはへたですよ。でもジョギングがすきです。
Kenji: じゃあ、ジョギングをしましょう。

Miki: Kenji, du kannst wirklich gut kochen!
Kenji: Findest du?
Miki: Übrigens, magst du eigentlich Karaoke?
Kenji: Karaoke? Das hasse ich wie die Pest.
Miki: Ach so, und Kino?
Kenji: Kino mag ich auch nicht besonders. Aber Sport mag ich total! Und du Miki?
Miki: Ich bin schlecht in Sport. Aber Jogging mag ich.
Kenji: Ja, dann lass und doch mal joggen.

Übung 13 – Track 42

Maeda: おはらさんはかいものがすきですね。
Ohara: ええ、だいすきです。りょうりもすきです。
Maeda: ほかのかじは。
Ohara: そうですね。アイロンかけもすきですよ。でもそうじはきらいです。まえださんは。
Maeda: わたしですか。しごとはすきですが、かじはきらいです。りょうりもへたです。

Ohara: そうですか。スポーツは。
Maeda: スポーツもあまりじょうずではありません。でもゴルフはすきです。

Maeda: Sie kaufen gern ein, Frau Ohara, nicht wahr?
Ohara: Ja, ich liebe das. Aber ich koche auch gern.
Maeda: Und Hausarbeit?
Ohara: Ja, also. Bügeln mag ich wohl. Aber Putzen hasse ich. Und Sie, Herr Maeda?
Maeda: Ich? Ich arbeite gern, aber Hausarbeit mag ich nicht. Kochen kann ich auch nicht gut.
Ohara: Ach so. Und Sport?
Maeda: Im Sport bin ich auch nicht so gut. Aber ich liebe Golf!

Übung 14 – Track 43

siehe Lektion

Lektion 6

Übung 1 – Track 44

1 でんしゃでいきます。Densha de ikimasu.
Ich fahre mit der Bahn (U-; S-; Zug allgemein).
2 バスでいきます。Basu de ikimasu.
Ich fahre mit dem Bus.
3 くるまでいます。Kuruma de ikimasu ka.
Fahren Sie mit dem Auto?
4 じてんしゃでいきますか。Jitensha de ikimasu ka.
Fahren Sie mit dem Fahrrad?
5 あるいていきます。Aruite ikimasu.
Ich gehe zu Fuß.
6 ひこうきでいきます。Hikoki de ikimasu.
Ich reise mit dem Flugzeug.
7 タクシーでいきます。Takushī de ikimasu.
Ich fahre mit dem Taxi.
8 バイクできますか。Baiku de ikimasu.
Ich fahre mit dem Motorrad.

Übung 2 – Track 45

1c) こうえ – kouen – Park **2f)** パンや – pan-ya – Bäckerei **3a)** ほんや – hon-ya – Buchladen **4 j)** コンビニ – konbini – 24-Stunden-Laden **5b)** ブティック – butikku – Boutique **6m)** びょういん – byouin – Krankenhaus **7i)** えき – eki – Bahnhof **8h)** ゆうびんきょく – yuubinkyoku – Post **9g)** こうばん – kouban – Polizeibox **10l)** はなや – hana-ya – Blumenladen **11k)** スーパー – sūpā – Supermarkt **12n)** ひゃくえんショップ – hyaku-en-shoppu – 100-Yen-Shop **13e)** ホテル – hoteru – Hotel **14d)** ぎんこう – ginkou – Bank

Übung 3 – Track 46

Maeda: Sumimasen, kono juusho wa doko desu ka.
O-Mawari-san: Sou desu ne. Ueno kouen no chikaku desu yo. Yuubinkyoku no tonari desu.
Maeda: Dono gurai kakarimasu ka.
O-Mawari-san: Takushī de ikimasu ka.
Maeda: Iie, aruite ikimasu.
O-Mawari-san: Aruite desu ka. Sou desu ne. Nijuugofun gurai kakarimasu yo.
Maeda: Doumo arigatou gozaimasu.
O-Mawari-san: Dou itashimashite.

Maeda: Entschuldigung, wo befindet sich diese Adresse?
O-Mawari-san: Ja, so also. Das ist in der Nähe vom Ueno-Park. Direkt neben der Post.
Maeda: Wie lange braucht man bis dahin ungefähr?
O-Mawari-san: Fahren Sie mit dem Taxi?
Maeda: Nein, ich gehe zu Fuß.
O-Mawari-san: Zu Fuß wollen Sie gehen? Ja, also. Da brauchen Sie ungefähr 25 Minuten.
Maeda: Vielen Dank.
O-Mawari-san: Keine Ursache.

Übung 8 – Track 47

10 じゅう juu; 20 にじゅう nijuu; 30 さんじゅう sanjuu; 40 よんじゅう yonjuu; 50 ごじゅう gojuu; 60 ろくじゅう rokujuu; 70 ななじゅう nanajuu; 80 はちじゅう hachijuu; 90 きゅうじゅう kyuujuu

Übung 10 – Track 48

1. ビール がありますか。Bīru ga arimsu ka.
Haben Sie Bier?
2. パン やのみぎにデパート があります。Pan-ya no migi ni depāto ga arimsu. *Rechts von der Bäckerei ist ein Kaufhaus.*
3. こうえんのなかにレストラン があります。Kouen no naka ni resutoran ga arimsu. *Im Park gibt es ein Restaurant.*
4. オレンジジュースがありますか。Orenjijūsu ga arimasu ka. *Haben Sie Orangensaft?*
5. くつやのひだりにコンビニ があります。Kutsuya no hidari ni konbini ga arimsu. *Links vom Schuhladen ist ein 24-Stunden-Laden.*
6. パン はありますか。Pan ga arimasu ka. *Haben Sie Brot?*

Hörtexte zu CD 1

Übung 11 – Track 49

Maeda: Sumimasen. kouban no chikaku ni depāto wa arimasu ka.
O-Mawari-san: Depāto desu ka. Depāto wa arimasen yo.
Maeda: Sūpā wa?
O-Mawari-san: Sūpā mo arimasen. Demo konbini wa arimasu yo. Panya-san no hidari ni arimasu.
Maeda: Yuubinkyoku wa?
O-Mawari-san: Kouban no chikaku ni wa arimasen ga.
Maeda: Dono gurai kakarimasu ka
O-Mawari-san: Takushī de ikimasu ka.
Maeda: Iie, aruite ikimasu.
O-Mawari-san: Aruite juugo fun kakarimasu yo.
Maeda: Arigatou gozaimasu.
O-Mawari-san: Iie, dou itashimashite.

Maeda: Entschuldigung, gibt es in der Nähe der Polizeibox ein Kaufhaus?
O-Mawari-san: Ein Kaufhaus? Ein Kaufhaus gibt es hier nicht!
Maeda: Gibt es einen Supermarkt?
O-Mawari-san: Einen Supermarkt gibt es auch nicht. Aber es gibt einen 24-Stunden-Laden. Er ist links von der Bäckerei.
Maeda: Gibt es eine Post?
O-Mawari-san: In der Nähe der Polizeibox gibt es keine.
Maeda: Wie weit ist es bis dorthin?
O-Mawari-san: Fahren Sie mit dem Taxi?
Maeda: Nein, ich gehe zu Fuß.
O-Mawari-san: Zu Fuß sind es ungefähr fünfzehn Minuten.
Maeda: Vielen Dank.
O-Mawari-san: Nein, keine Ursache.

Übung 12 – Track 50/51 B spricht

A: Sumimasen, kono chikaku ni sūpā wa arimasu ka.
B: Sūpā desu ka. Arimasu yo.
A: Doko desu ka.
B: Hoteru no tonari ni arimasu.
A: Doumo arigatou gozaimasu.
B: Dou itashimashite.

A: Entschuldigung, gibt es in der Nähe einen Supermarkt?
B: Einen Supermarkt? Ja, es gibt einen!
A: Wo ist er?
B: Neben dem Hotel ist er.
A: Vielen Dank.
B: Keine Ursache.

Übung 13 – Track 52

1 Sumimasen. *Entschuldigung*
2 Koko wa doko desu ka? *Wo befinde ich mich hier?*
3 Kouban wa doko desu ka? *Wo gibt es eine Polizei-Box?*
4 Kono chikaku ni sūpā wa arimasu ka? *Gibt es in der Nähe einen Supermarkt?*
5 Kono chikaku ni yuubinkyoku wa arimasu ka? *Gibt es hier in der Nähe eine Post?*
6 Kono chikaku ni kissaten wa arimasu ka? *Gibt es hier in der Nähe ein Café?*
7 Doumo arigatou gozaimasu. *Vielen Dank.*
8 Dou itashimashite. *Keine Ursache.*
9 Dono gurai kakarimasu ka? *Wie lange braucht man bis dahin?*

Lektion 7

Übung 1 – Track 53

Watanabe: Moshi moshi.
Maeda: Anou, Tanpo-san no otaku deshou ka.
Watanabe: Iie, chigaimasu. Watanabe desu ga.
Maeda: A, doumo sumimasen. Machigaemashita.

Watanabe: Hallo?!
Maeda: Öhmm, bin ich mit Frau Tanpo(s Zuhause) verbunden?
Watanabe: Nein, das ist nicht richtig. Hier ist Watanabe.
Maeda: Oh, ich bitte vielmals um Entschuldigung. Ich habe mich verwählt.

Übung 2 – Track 54 siehe Lösungen

Übung 3 – Track 55 siehe Lösungen

Übung 4 – Track 56

Miki: Moshi moshi.
Maeda: Anou, Tanpo-san no o-taku desu ka.
Miki: Hai, Tanpo Miki desu.
Maeda: Maeda desu ga. Anou sumimasen ga, kyou no sanji wa chotto muri desu. Yoji de mo ii desu ka.
Miki: Yoji desu ka. Gomen nasai. Kyou wa kayoubi deshou. Goji made rihāsaru ga arimasu. Soshite tomodachi to sentou ni ikimasu. Rokuji kara hima desu.
Maeda: Jaa, rokuji ni sentou no iriguchi de aimasen ka.
Miki: Ii desu yo.
Maeda: Jaa, sou shimashou. Sentou no namae wa.
Miki: Okada desu.
Maeda: Hai, wakarimashita.

Miki: Hallo.
Maeda: Also, spreche ich mit Frau Tanpo?
Miki: Ja, hier ist Miki Tanpo.
Maeda: Hier ist Maeda. Also es tut mir Leid, aber heute um 3 Uhr, das ist ein bisschen schlecht. Geht es auch um 4 Uhr?
Miki: Um 4 Uhr? Es tut mir Leid. Heute ist Dienstag, nicht wahr? Da habe ich bis 5 Uhr Probe. Und dann gehe ich mit einer Freundin ins Sentou. Ab 6 Uhr habe ich Zeit.
Maeda: Ja, wollen wir uns dann nicht um 6 Uhr am Eingang des Sentou treffen?
Miki: Ja, ist gut.
Maeda: Ja, so machen wir's. Wie heißt das Sentou?
Miki: Okada.
Maeda: Gut, dann weiß ich Bescheid.

Übung 5 – Track 57

siehe Lösungen und Lektion

Übung 8 – Track 58

siehe Lösungen und Track 56

Übung 9 – Track 59

siehe Lösungen

Übung 10 – Track 60

siehe Lösungen

Übung 11 – Track 61, 62 Miki spricht

Miki: Moshi moshi
Kenji: Miki-san desu ka.
Miki: Hai, Miki desu.
Kenji: Anou, doyoubi jogingu o shimasen ka.
Miki: Ii desu yo! Nanji ?
Kenji: Goji wa?!
Miki: Ii desu yo. Doko de aimashou ka?
Kenji: Ueno Kouen no iriguchi de aimashou.
Miki: Sou shimashou. Jaa doyoubi ne.
Kenji: Ee, jaa doyoubi ni.

Miki: Hallo?!
Kenji: Bist du's, Miki?
Miki: Ja, hier ist Miki.
Kenji: Öhm, wollen wir nicht am Samstag joggen gehen?
Miki: Gute Idee! Um wieviel Uhr?
Kenji: Wie wäre 5 Uhr?
Miki: Das ist gut. Wo wollen wir uns treffen?
Kenji: Treffen wir uns doch am Eingang vom Ueno Park.
Miki: Ja, so machen wir's. Also dann bis Samstag.
Kenji: Ja, bis Samstag!

Übung 12 – Track 63

じゃあ、げつようびに Jaa, getsuyoubi ni.
Bis Montag!
ではすいようびに Dewa suiyoubi ni.
Bis Mittwoch!
じゃあ、もくようびに Jaa, mokuyoubi ni.
Bis Donnerstag!
じゃあ、にちようびに Jaa, nichiyoubi ni.
Bis Sonntag!
じゃあ、あした Jaa, ashita! Bis morgen!
ではらいしゅう Dewa raishuu! Bis nächste Woche!
ではらいげつ Dewa raigetsu! Bis nächsten Monat!
じゃあね Jaa ne! Bis dann!

Übung 13 – Track 64

1. ありがとうございます。 Arigatou gozaimasu. *Vielen Dank!*
2. いいですね。 Ii desu ne. *Das ist ja toll!*
3. はい、わかりました。 Hai, wakarimshita. *Ja, ich habe alles verstanden!/Ja, alles okay!/Dann weiß ich Bescheid.*
4. じゃあ、そうしましょう！ Jaa, soushimashou. *Ja, dann machen wir das doch so!*
5. そうですか。 Sou desu ka. *Ach so ist das.*
6. どこですか。 Doko desu ka. *Wo ist das denn?/Wo findet das denn statt?*
7. どのぐらいかかりますか。 Dono gurai kakarimasu ka. *Wie lange dauert das? Wie lange geht das?*
8. エアコンがありますか。 Eakon ga arimasu ka. *Gibt's da eine Klimaanlage?*
9. ビールがありますか。 Bīru ga arimsu ka. *Gibt es Bier dort?*

Lektion 8

Übung 1 – Track 65

1. Miki-san wa mainichi rokuji ni okimasu. *Miki-san steht jeden Tag um 6 Uhr auf.*
2. Soshite shawā o abimasu. *Dann duscht sie.*
3. Rokujihan goro asagohan o tabemasu. *Um ca. 6.30 frühstückt sie.*
4. Rokujiyonjuppun kara juuji made baiorin o hikimasu. *Von 6.40 bis 10.00 Uhr spielt sie Geige.*

5. Soshite shinbun o yomimasu.
Dann ließt sie Zeitung.
6. Jujihan ni daigaku ni ikimasu.
Um 10.30 Uhr geht sie an die Uni.
7. Gogo tomodachi to kōhī o nomimasu. *Nachmittags trinkt sie Kaffee mit ihren Freundinnen.*
8. Bangohan o tsukurimasu. *Dann kocht sie Abendessen.*
9. Yoru konpyūtā de E-mēru o kakimasu.
Am Abend schreibt sie E-Mails am Computer.
10. Juunijihan ni nemasu. *Um 0.30 Uhr geht sie schlafen.*

Übung 3 – Track 66

Maeda: Tanpo-san wa baiorin o hikimasu ka.
Miki: Ee, ondai de baiorin o benkyou shite imasu.
Maeda: Taihen deshou. Mainichi nan jikan gurai renshuu shimasu ka.
Miki: Gojikan gurai desu. Piano mo hikimasu.
Maeda: Arubaito mo shite imasu ne. Isogashii deshou.
Miki: Ee, isogashii desu. Demo baito wa suiyoubi to kinyoubi dake desu. Tokidoki shuu ni sankai baito o shimasu ga.
Maeda: Tokorode, baiorin wa takai deshou ne. Ikura desu ka, sono baiorin wa?
Miki: Sou desu ne. Issenmanen gurai desu.
Maeda: Sugoi desu ne. Shinjiraremasen ne. Otousan wa o-kanemochi deshou.
Miki: Iie, chigaimasu yo. Chichi wa sararīman desu. Haha wa kyoushi desu. Baiorin wa karimono desu.
Maeda: Aa, sou desu ka.

Maeda: Spielen Sie Geige, Frau Tanpo?
Miki: Ja, ich studiere Geige an der Musikhochschule.
Maeda: Das ist bestimmt hart. Wie viele Stunden üben Sie denn ungefähr am Tag?
Miki: 5 Stunden ungefähr. Klavier spiele ich auch noch.
Maeda: Und Sie jobben ja auch noch, nicht wahr? Sie haben bestimmt viel zu tun.
Miki: Ja, das stimmt. Aber ich jobbe nur am Mittwoch und am Freitag. Manchmal arbeite ich 3 Mal pro Woche.
Maeda: Übrigens, Geigen sind doch bestimmt teuer, oder? Wie teuer ist die Geige, die Sie da haben?
Miki: Ja, lassen Sie mich überlegen. 10.000.000 Yen ungefähr.
Maeda: Das ist ja Wahnsinn! Das ist ja unglaublich! Da muss Ihr Herr Vater ja ein reicher Mann sein.
Miki: Nein, so ist das nicht. Mein Vater ist Angestellter. Meine Mutter ist Lehrerin. Die Geige ist geliehen.
Maeda: Ach so ist das.

Übung 6 – Track 67

Tokidoki shuu ni sankai baito o shimasu.
Manchmal arbeite ich dreimal pro Woche.
Yamamoto-san wa shuu ni rokkai jogingu o shimasu.
Herr/Frau Yamamoto joggt sechsmal pro Woche.
Shuu ni nikai nihongo o benkyou shimasu.
Ich lerne zweimal pro Woche Japanisch.
Shuu ni yonkai depāto ni ikimasu.
Viermal pro Woche gehe ich in Kaufhaus.
Honda-san wa shuu ni ikkai karaoke o shimasu.
Herr/Frau Honda macht einmal pro Woche Karaoke.
Mariko-san wa shuu ni gokai kēki o tsukurimasu.
Mariko backt fünfmal pro Woche einen Kuchen.

Übung 7 – Track 68

1. Maeda: Ikura desu ka, sono baiorin wa.
Wie teuer ist diese Violine?
Miki: Sou desu ne. Issenmanen gurai desu.
Nun ja, etwa 10.000.000 Yen.
2. Frau: Sono kuruma wa ikura desu ka.
Wie teuer ist dieses Auto?
Mann: Nisenmanen gurai desu.
Ungefähr 20.000.000 Yen.
3. Mann: Kono tokei wa ikura desu ka.
Diese Uhr kostet wie viel?
Frau: Sanzengohyakuen desu. *3500 Yen.*
4. Mann: Kono pan wa ikura desu ka.
Das Brot ist wie teuer?
Frau: Hyaku en desu. *100 Yen.*
5. Mann: Sono kutsu wa ikura desu ka.
Was kosten diese Schuhe?
Frau: Ichimanen desu. *10.000 Yen.*
6. Mann: Kono nekutai wa ikura desu ka.
Diese Krawatte, was kostet sie?
Frau: Senen desu. *1000 Yen.*
7. Mann: Sentou wa ikura desu ka.
Was kostet der Eintritt ins Bad?
Frau: Yonhyakuen desu. *400 Yen.*
8. Mann: Konsāto no chiketto wa ikura desu ka.
Was kostet das Konzertticket?
Frau: Yonsenen desu. *4000 Yen.*

Übung 8 – Track 69

siehe Lösungen

Übung 9 – Track 70

1 わたしはまいにちにじかん Eメールをかきます。
Watashi wa mainichi nijikan E-mēru o kakimasu.
Ich schreibe jeden Tag für zwei Studen E-Mails.

2 ちちはまいにちじゅうにじかんしごとをします。
Chichi wa mainichi juunijikan shigoto o shimasu.
Mein Vater arbeitet jeden Tag 12 Stunden.

3 ははまいにちさんじかんそうじをします。
Haha wa mainichi sanjikan souji o shimasu.
Meine Mutter putzt jeden Tag 3 Stunden.

4 わたしはまいにちいちじかん にほんごをべんきょします。Watashi wa mainichi ichijikan nihongo o benkyou shimasu.
Ich lerne jeden Tag für eine Stunde Japanisch.

5 みきさんはまいにちごじかんバイオリンをれんしゅうします。Miki-san wa mainichi gojikan baiorin o renshuu shimasu.
Miki übt jeden Tag fünf Stunden Geige.

6 こどもはまいにちよじかんラジオをききます。
Kodomo wa mainichi yojikan rajio o kikimasu.
Das Kind hört jeden Tag vier Stunden Radio.

7 わたしはまいにちしちじかんねます。
Watashi wa mainichi shichijikan nemasu.
Ich schlafe jeden Tag sieben Stunden.

8 けんじはどようびろくじかんスポーツをします。
Kenji wa doyoubi rokujikan supōtsu o shimasu.
Kenji macht jeden Samstags für sechs Stunden Sport.

Übung 11 – Track 71, 72 Maeda spricht

Maeda: Tanpo-san wa baiorin o hikimasu ka.
Miki: Ee, ondai de baiorin o benkyou shite imasu.
Maeda: Taihen deshou. Mainichi nan jikan gurai renshuu shimasu ka.
Miki: Gojikan gurai desu. Piano mo hikimasu.
Maeda: Arubaito mo shite imasu ne. Isogashii deshou.
Miki: Ee, isogashii desu. Demo baito wa suiyoubi to kinyoubi dake desu.
Tokidoki shuu ni sankai baito o shimasu ga.

Maeda: *Frau Tanpo, Sie spielen Geige?*
Miki: *Ja, ich studiere Geige an der Musikhochschule.*
Maeda: *Das ist bestimmt hart. Wie viele Stunden üben Sie denn am Tag?*
Miki: *Ungefähr fünf Stunden. Ich spiele auch Klavier.*
Maeda: *Jobben tun Sie auch, nicht wahr? Sie haben bestimmt viel zu tun.*
Miki: *Ja, das stimmt. Aber ich jobbe nur am Mittwoch und am Freitag.*
Manchmal arbeite ich dreimal pro Woche.

Übung 12 – Track 73

どようびははちじにおきます。
はちじはんにあさごはんをたべます。
そしてしんぶんをよみます。
くじからじゅうじまでそうじをします。
じゅうじからじゅういちじまでコンピューターでEメールをかきます。
ごごはテニスをします。

Doyoubi wa hachiji ni okimasu.
Hachijihan ni asagohan o tabemasu.
Soshite shinbun o yomimasu.
Kuji kara juuji made souji o shimasu.
Juuji kara juuichiji made konpyūtā de E-meru o kakimasu.
Gogo wa tenisu o shimasu.

Am Samstag stehe ich um 8.00 Uhr auf.
Um 8.30 Uhr frühstücke ich.
Dann lese ich Zeitung.
Von 9.00 – 10.00 Uhr mache ich sauber.
Von 10.00 – 11.00 Uhr schreibe ich E-Mails am Computer.
Nachmittags spiele ich Tennis.

Übung 13 – Track 74

1 はは haha *(eigene) Mutter* **2** ちち chichi *(eigener) Vater* **3** むすこ musuko *(eigener) Sohn* **4** むすめ musume *(eigene) Tocher* **5** そぼ sobo *(eigene) Großmutter* **6** そふ sofu *(eigener) Großvater* **7** おかあさん okaasan *Mutter* **8** おとうさん otousan *Vater* **9** むすこさんmusukosan *Sohn* **10** おじょうさんojousan *Tochter* **11** おばあさん obaasan *Großmutter* **12** おじいさん ojiisan *Großvater*

Übung 14 – Track 75, 76 A spricht

A: Otousan wa o-genki desu ka.
B: Arigatou gozaimasu. Chichi wa genki desu.
A: Okaasan wa?
B: Haha mo genki desu.

A: *Wie geht es dem ehrenwerten Vater?*
B: *Vielen Dank. Meinem Vater geht es gut!*
A: *Und der Mutter?*
B: *Der Mutter geht es auch gut!*

Lektion 9

Übung 1 – Track 77

1. あたまがいたいです。 **Atama** ga itai desu.
   *Ich habe **Kopf**schmerzen.*
2. みみがいたいです。 **Mimi** ga itai desu.
   *Ich habe **Ohren**schmerzen.*
3. せなかがいたいです。 **Senaka** ga itai desu.
   *Ich habe **Rücken**schmerzen.*
4. おなかがいたいです。 **Onaka** ga itai desu.
   *Ich habe **Bauch**schmerzen.*
5. のどがいたいです。 **Nodo** ga itai desu.
   *Ich habe **Hals**schmerzen.*
6. あしがいたいです。 **Ashi** ga itai desu.
   *Mein **Bein/Fuß** tut weh.*
7. はがいたいです。 **Ha** ga itai desu.
   *Ich habe **Zahn**schmerzen.*
8. ゆびがいたいです。 **Yubi** ga itai desu.
   *Mein **Finger** tut weh.*
9. ひざがいたいです。 **Hiza** ga itai desu.
   *Mein **Knie** schmerzt.*
10. いがいたいです。 **I** ga itai desu.
   *Ich habe **Magen**schmerzen.*

Übung 2 – Track 78

Maeda: Shitsurei shimasu.
Frau Ohara: Ara, keiji-san, konnichi wa. Shujin desu.
Maeda: Konnichi wa. O-kagen wa ikaga desu ka.
Herr Ohara: Arigatou gozaimasu. Mada karada wa darui desu. Shokuyoku ga arimasen. Soshite i ga mada itai desu.
Frau Ohara: Yappari arerugī deshita. Fuguryouri ni kankei arimasen deshita. O-isha-san ni kiite kudasai! Anshin shimashita!
Maeda: Yokatta desu ne. Jaa, sorosoro kaerimasu. O-daiji ni.
Herr Ohara: Arigatou gozaimasu.

Maeda: *Guten Tag.*
Frau Ohara: *Ja, Kommissar Maeda, guten Tag! Dies hier ist mein Mann.*
Maeda: Guten *Tag. Wie geht es Ihnen?*
Herr Ohara: *Danke. Mein Körper ist noch ziemlich schlapp. Ich habe keinen Appetit. Außerdem habe ich noch Magenschmerzen.*
Frau Ohara: *Es handelte sich doch um eine Allergie. Aber mit dem Fugu-Gericht hat es nichts zu tun. Fragen Sie den Arzt! Da bin ich wirklich beruhigt!*
Maeda: *Ganz meinerseits. Ja, dann gehe ich mal langsam. Ich wünsche Ihnen gute Besserung.*
Herr Ohara: *Vielen Dank.*

Übung 3 – Track 79

しつれいします **shitsurei shimasu** *Guten Tag.* (wörtl.: *Ich bin unhöflich.*)
いかがですか **ikaga desu ka** *Wie ist es?*
だるい **darui** *lahm, schlapp*
しょくよく **shokuyoku** *Appetit*
いがいたいです **i ga itai desu** *Der Magen tut weh.*
アレルギー **arerugī** *Allergie*
かんけいない **kankeinai** *keine Beziehung haben, nichts mit etwas zu tun haben*
きいてください **kiite kudasai** *Bitte fragen Sie.*
おだいじに **o-daiji ni** *Gute Besserung.*

Übung 5– Track 80

siehe Lektion und Lösungen

Übung 9– Track 81

Maeda: O-kagen wa ikaga desu ka.
Ohara: Karada wa mada darui desu.
Maeda: I wa?
Ohara: Sou desu ne. I mo mada chotto itai desu.
Maeda: Atama wa?
Ohara: Atama wa mou itaku arimasen.
Maeda: O-daiji ni.
Ohara: Arigatou gozaimasu.

Maeda: *Wie geht es Ihnen?*
Ohara: *Ich fühle mich immer noch schlapp.*
Maeda: *Und Ihr Magen?*
Ohara: *Nun ja, mein Magen schmerzt ebenfalls noch ein wenig.*
Maeda: *Und der Kopf?*
Ohara: *Mein Kopf tut nicht mehr weh.*
Maeda: *Dann wünsche ich Ihnen gute Besserung.*
Ohara: *Vielen Dank.*

Übung 12– Track 82

あのう、みきさんすみませんが、ちょっとじてんしゃでスーパーにいってください。スーパーでぎゅうにゅうとバッターをかってください。みきさんはケーキがじょうずでしょう。おいしいケーキをつくってください。そしてだいどころをそうじしてください。おとなりさんのやまださんはきょうあしがいたいって。やまださんのいぬとちょっとこうえんにいって、さんぽしてください。をみってにかえって、ゆっくりおちゃをのんでくださいね。

Anou, Miki-san sumimasen ga, chotto jitensha de sūpā ni itte kudasai. Sūpā de gyuunyuu to battā o katte kudasai. Miki-san wa kēki ga jouzu deshou. Oishii kēki o tsukutte kudasai. Soshite daidokoro o souji shite kudasai. O-tonari-san no Yamada-san wa kyou ashi ga itai itte. Yamda-san no inu to chotto kouen ni itte, sanpo shite kudasai. O mitte ni kaette, yukkuri ocha o nonde kudasai ne.

Ach, Miki, sei so gut, fahr doch mal kurz mit dem Fahrrad in den Supermarkt. Im Supermarkt kaufst du bitte Milch und Butter. Du kannst doch gut Kuchen backen, Miki, oder? Back dann bitte einen leckeren Kuchen. Dann mach die Küche sauber. Herr Yamada, der Nachbar, hat heute gesagt, dass er solche Schmerzen in den Beinen hat. Geh doch bitte anschließend mit dem Hund von Herrn Yamada ein wenig im Park spazieren. Wenn du zurück bist, trink bitte in aller Ruhe Tee, ja?

Übung 13– Track 83

1
わたしははちじにおきて、シャワーをあびて、コーヒーをのみます。 Watashi wa hachiji ni okite, shawā o abite, kōhī o nomimasu. *Ich stehe um acht Uhr auf, nehme eine Dusche und trinke Kaffee.*

2
わたしはくじにおきて、コーヒーをのんで、シャワーをあびます。 Watashi wa kuji ni okite, kōhī o nonde, shawā o abimasu. *Ich stehe um 9 Uhr auf, trinke Kaffee und nehme eine Dusche*.

3
わたしはじてんしゃでこうえんいいって、さんぽをして、そしてにほんごをべんきょうします。
Watashi wa jitensha de kouen ni itte, sanpo o shite, soshite nihongo o benkyou shimasu.
Ich fahre mit dem Fahrrad in den Park, gehe spazieren, dann lerne ich Japanisch.

4
わたしはにほんごをべんきょうして、じてんしゃでこうえんいいって、さんぽをしまうす。
Watashi wa nihongo o benkyou shite, jitensha de kouen ni itte, sanpo o shimasu.
Ich lerne Japanisch, fahre mit dem Fahrrad in den Park und gehe spazieren.

Lektion 10

Übung 1 + 4 – Track 84

Frau Ohara: Ara, Maeda-keiji-san, konban wa.
Maeda: Koko ni suwatte mo ii desu ka.
Frau Ohara: Ee, douzo. Fugu wa hajimete desu ka.
Maeda: Ee, hajimete desu. Hebi to wani wa mou tabemashita ga.
Frau Ohara: Hee, wani desu ka. Dou deshita ka. Oishikatta desu ka.
Maeda: Iie, katakute amari oishikunakatta desu. Tokorode, go-shuujin ga o-genki ni natte, yokatta desu ne.
Frau Ohara: Ee, hontou ni taihen deshita. Tezuka-san mo kawaisou deshita ne. Aa, fugu ga kimashita. Itadakimashou.
Maeda: Jaa, itadakimasu.

Frau Ohara: *Ja, Kommissar Maeda, guten Abend!*
Maeda: *Darf ich mich hier hersetzen?*
Frau Ohara: *Ja bitte. Essen Sie zum ersten Mal Fugu?*
Maeda: *Ja, zum ersten Mal. Schlange und Krokodil habe ich aber schon einmal gegessen.*
Frau Ohara: *Was, Krokodil?! Und wie war's? War es lecker?*
Maeda: *Nein, es war hart und hat nicht besonders geschmeckt. Übrigens, Ihrem Mann scheint es ja wieder gut zu gehen. Da kann man ja froh sein.*
Frau Ohara: *Ja. Das war ja wirklich schlimm. Auch Herr Tezuka hat mir leid getan. Ah, da kommt der Fugu! Jetzt essen wir erstmal.*
Maeda: *Ja, guten Appetit.*

Übung 2 – Track 85

1 Koko ni suwatte mo ii desu ka. *Kann ich mich hier hinsetzen?*
sich hinsetzen: **suwaru/suwarimasu/suwatte**
2 Tabako o sutte mo ii desu ka. *Darf ich rauchen?*
rauchen: **suu/suimasu/sutte**
3 Piano o hiite mo ii desu ka. *Darf ich Klavier spielen?*
spielen (Instrument): **hiku/hikimasu/hiite**
4 Shawā o abite mo ii desu ka. *Darf ich duschen?*
duschen: **shawā o abiru/shawā o abimasu/shawā o abite**
5 Terebi o mite mo ii desu ka. *Darf ich fernsehen?*
sehen: **miru/mimasu/mite**

Hörtexte zu CD 1

6 Keitai o tsukatte mo ii desu ka. *Darf ich das Handy benutzen?*
benutzen: **tsukau/tsukaimasu/tsukatte**

7 Rōmaji de kaite mo ii desu ka. *Darf ich auch mit Romaji schreiben?*
schreiben: **kaku/kakimasu/kaite**

8 Hitori de itte mo ii desu ka. *Kann ich da auch allein hingehen? gehen*: **iku/ikimasu/itte**

Sie dürfen – Sie dürfen nicht – Track 86

Keitai o tsukatte wa chotto... けいたいをつかってはちょっと。 *Bitte benutzen Sie kein Handy.*
Hitori de itte mo ii desu. ひとりでいってもいいです。 *Sie dürfen alleine gehen.*
Tabako wa ikemasen. タバコはいきません。 *Rauchen ist nicht erlaubt.*
Petto mo ii desu. ペットもいいです。 *Haustiere sind auch erlaubt!*
Piano o hiite mo ii desu. ピアノをひいてもいいです。 *Klavierspielen ist OK.*
Koko ni **suwatte** wa ikemasen. ここにすわってはいきません。 *Hier können Sie nicht sitzen.*
Neko wa chotto... ねこはちょっと。 *Katzen sind hier etwas...*
Itaria-go wa chotto... イタリアごはちょっと。 *Mit Italienisch ist es schwierig...*
Konpyūtā o tsukate mo ii desu ka. コンピューターをつかってもいです。 *Sie können den Computer benutzen.*

Übung 3 – Track 87

Kōhī wa oishikunakatta desu.
Der Kaffee hat nicht gut geschmeckt.
Berurin wa samukatta desu. *Es war kalt in Berlin.*
Fugu wa takakatta desu. *Der Fugu war teuer.*
Pātī wa omishirokunakatta desu.
Die Party war nicht interessant.
Inu wa kawaikatta desu. *Der Hund war niedlich.*
Yokatta desu ne. *Da haben Sie aber Glück gehabt!*
Atama ga itakatta desu. *Ich hatte Kopfschmerzen.*
Eki wa chikakunakatta desu.
Der Bahnhof war nicht nah gelegen.

Übung 7 – Track 88

siehe Lektion und Lösung

Übung 9 – Track 89

Maeda: Aa, oishikatta desu. Gochisousama deshita.
Frau Ohara: Shouchuu wa ikaga desu ka.
Maeda: Kekkou desu.
Frau Ohara: Bīru wa?
Maeda: Jaa, itadakimasu.
Herr Ohara: Sore dewa, minna-san, hontou ni taihen o-sewa ni narimashita. Doumo sumimasen deshita.
Tezuka-san: Iie, iie. Ohara-san ga genki ni natte. Nani yori desu ne. Sore dewa, minna-san, Ohara-san no go-kenkou o iwatte kanpai shimashou!
Alle: Kanpai!

Maeda: *Aa, das hat gut geschmeckt! Das war hervorragend!*
Frau Ohara: *Wie wär's mit einem Reisschnaps?*
Maeda: *Nein, danke.*
Frau Ohara: *Und Bier?*
Maeda: *Ja, gern.*
Herr Ohara: *Ja, dann, ich habe Ihnen allen wirklich sehr große Unannehmlichkeiten bereitet. Ich bitte vielmals um Entschuldigung.*
Tezuka-san: *Aber nein! Sie sind wieder gesund, Herr Ohara, das ist doch die Hauptsache! Also dann lassen Sie uns alle auf die Gesundheit von Herrn Ohara anstoßen.*
Alle: *Prost!*

Übung 10 – Track 90

siehe Lösungen

Übung 11 – Track 91

Frau Ohara: Maeda-san, shouchuu wa ikaga desu ka.
Maeda: Kekkou desu.
Frau Ohara: Bīru wa?
Maeda: Hai, itadakimasu.
Frau Ohara: Sore dewa, kanpai shimashou.
Maeda: Jaa, kanpai!
Frau Ohara: Kanpai!

Frau Ohara: *Wie wär's mit einem Schnaps, Herr Maeda.*
Maeda: *Nein, danke.*
Frau Ohara: *Wie wär's mit einem Bier?*
Maeda: *Ja, gern.*
Frau Ohara: *Ja, dann lassen Sie uns anstoßen!*
Maeda: *Ja, dann Prost!*
Frau Ohara: *Prost!*

4 Hörtexte zu CD 2

Inhaltsverzeichnis

Wie benutzen Sie die CD?

Sie hören das Wort oder die Wendung zunächst auf Deutsch, danach folgt jeweils eine Pause, in der Sie Zeit haben, die japanische Entsprechung zu nennen. Dann hören Sie eine korrekte japanische Übersetzung. Um einen größeren Lerneffekt zu erzielen, sprechen Sie ganz unbeschwert nach. Sie werden rasch merken, dass die japanische Aussprache gar nicht so fremd ist. Deshalb nützt auch schon einfaches Zuhören, wenn Sie sich einmal nicht konzentrieren können.

Begrüßung

Willkommen!	Irasshaimase.
Guten Tag!	Konnichi wa.
Wie geht es Ihnen?	O-genki desu ka.
Oh, vielen Dank. Es geht mir gut.	Ee, arigatou. Genki desu.
Hier entlang bitte.	Kochira e douzo.
Guten Morgen. (oder etwas weniger höflich: Morgen.)	Ohayou gozaimasu./ Ohayou.
Guten Abend.	Konban wa.
Gute Nacht.	Oyasumi nasai.
Bis bald.	Jaa ne!
Wenn Sie sich jemandem vorstellen sagen Sie: *Erfreut, Sie kennen zu lernen.*	Hajimemashite.
Sehr erfreut, Sie kennen zu lernen. (Behalten Sie mich in guter Erinnerung).	Douzo yoroshiku.
Angenehm, Sie kennen zu lernen.	Yoroshiku onegaishimasu.
Wie heißen Sie?	O-namae wa nan desu ka.
Ich bin Petra Müller.	Myura Petora desu.
Was sind Sie von Beruf?	O-shigoto wa nan desu ka.
Ich bin Ingenieurin.	Enjinia desu.
Ich wohne in Tokio.	Toukyou ni sunde imasu.
Wo arbeiten Sie?	Doko ni tsutomete imasu ka.
Ich arbeite bei Bosch.	Boshu ni tsutomete imasu.
Ich arbeite bei Bosch in Tokio.	Toukyou no Boshu ni tsutomete imasu.
Kommen Sie doch bitte hoch.	Douzo, o-agari kudasai.
Kommen Sie doch bitte herein.	O-hairi kudasai.
Entschuldigen Sie die Belästigung.	O-jama shimasu.
Hier entlang bitte.	Douzo, kochira e.
Dies ist mein Gastgeschenk. Bitte.	O-miyage desu. Douzo.
Herzlichen Dank für die Bewirtung!	Gochisousama deshita.
Auf Wiedersehen.	Sayounara.

Berufe

Architekt	kenchikuka
Lehrer	kyoushi/sensei
Bäcker	pan-ya/pan-ya-san
Arzt	isha/o-isha-san
Anwalt	bengoshi/bengoshi-san
Postbote	yuubin-ya/yuubin-ya-san
Banker	ginkouin
Angestellter	kaishain

Nationalitäten, Länder, Sprachen

Deutschland	doitsu
Japan	nihon
China	chuugoku
Italien	itaria
England	igirisu
Frankreich	furansu
Spanien	supein
Holland	oranda
Amerika	amerika
Österreich	ōsutoria
Deutscher/Deutsche	doitsu-jin
Franzose/Französin	furansu-jin
Spanier/-in	supein-jin

Italiener/-in	itaria-jin
Amerikaner/-in	amerika-jin
Chinese/Chinesin	chuugoku-jin
Sie sind Deutsche/r nicht wahr?	Doitsu no kata desu ne.
Jetzt lebe ich in Stuttgart in Deutschland.	Ima doitsu no Shutotto-garuto ni sunde imasu.
Japanisch	nihon-go
Chinesisch	chuugoku-go
Deutsch	doitsu-go
Spanisch	supein-go
Italienisch	itaria-go
Englisch	ei-go
Japanisch lernen macht großen Spaß!	Nihongo no benkyou ga daisuki desu.

Hobby und Arbeit

Boxen	bokushingu
Kendo	kendou
Karate	karate
Schwimmen	suiei
Joggen	jogingu
Tennis	tenisu
Ballett	barē
Fußball	sakkā
Basketball	basukettobōru
Fußball spielen	sakkā o shimasu
Joggen gehen	jogingu o shimasu
Badminton spielen	badominton o shimasu
Einkaufen gehen	kaimono o shimasu
putzen	souji o shimasu
kochen	ryouri o shimasu
den Haushalt erledigen	kaji o shimasu
arbeiten	shigoto o shimasu
lernen	benkyou o shimasu
reisen	ryokou o shimasu
Herr Suzuki kann gut kochen, nicht wahr!	Suzuki-san wa ryouri ga jouzu desu ne.
Ich liebe Baseball.	Yakyuu ga daisuki desu.
Reisen Sie gerne?	Ryokou wa suki desu ka.
Ich lerne sehr gerne Japanisch.	Nihongo no benkyou ga daisuki desu.
Ich bin schlecht im Tennis.	Tenisu wa heta desu.
Frau Yamada, mögen Sie Fußball?	Yamada-san wa sakkā ga suki desu ka.
Sie sind gut im Boxen, nicht wahr.	Bokushingu ga jouzu desu ne.
Ich stehe um 8 Uhr auf, nehme eine Dusche und trinke Kaffee.	Watashi wa hachiji ni okite, shawā o abite, kōhī o nomimasu.
Ich fahre mit dem Fahrrad in den Park, ich gehe spazieren und schließlich lerne ich Japanisch.	Watashi wa jitensha de kouen ni itte, sanpo o shite, soshite nihongo o benkyou shimasu.

Zahlen und Zählwörter

allgemeines Zählwort für 1	hitotsu
allgemeines Zählwort für 2	futatsu
allgemeines Zählwort für 3	mitsu
allgemeines Zählwort für 4	yotsu
allgemeines Zählwort für 5	itsutsu
allgemeines Zählwort für 6	mutsu
allgemeines Zählwort für 7	nanatsu
allgemeines Zählwort für 8	yatsu
allgemeines Zählwort für 9	kokonotsu
allgemeines Zählwort für 10	too
Zwei Bier bitte!	Biru o futatsu.
eine Person	hitori
2 Personen	futari
3 Personen	sannin
4 Personen	yonin
5 Personen	gonin
6 Personen	rokunin
Bei 7 Personen gibt es zwei Möglichkeiten.	nananin/shichinin
8 Personen	hachinin
9 Personen	kyuunin
10 Personen	juunin
Null	zero
1	ichi
2	ni
3	san
4	yon/shi
5	go
6	roku
7	nana/shichi
8	hachi
9	kyuu
10	juu
Meine Telefonnummer ist: 041-835-1078.	Watashi no denwa bang-ou wa zero-yon-ichi-no-hachi-san-go-no-ichi-zero-nana-hachi desu.
Meine Handy-Nummer ist: 090-6255-390	Keitai wa zero-kyuu-zero-no-roku-ni-go-go-no-san-kyuu-zero desu.
20	nijuu
30	sanjuu
40	yonjuu
50	gojuu
60	rokujuu
70	nanajuu
80	hachijuu
90	kyuujuu
11	juuichi
12	juuni
13	juusan
14	juushi/juuyon

17	juushichi/juunana
25	nijuugo
37	sanjuunana
86	hachijuuroku
100	hyaku
300	sanbyaku
5.000	gosen
10.000	ichiman

Uhrzeiten und Wochentage

Vormittags	gozen
Nachmittags	gogo
1 Uhr nachts	gozen ichiji
2:30 Uhr oder 14:30 Uhr	nijihan
4 Uhr oder 16 Uhr	yoji
17:30 Uhr	gogo gojihan
7 Uhr oder 19 Uhr?	shichiji
9:50 Uhr	juuji juppun mae
3:15 Uhr oder 15:15 Uhr	sanji juugofun sugi
Montag	getsuyoubi
Dienstag	kayoubi
Mittwoch	suiyoubi
Donnerstag	mokuyoubi
Freitag	kinyoubi
Samstag	doyoubi
Sonntag	nichiyoubi
Bis Montag!	Jaa getsuyoubi ni.
Bis Mittwoch!	Dewa suiyoubi ni.
Bis morgen!	Jaa ashita!
Bis nächste Woche!	Dewa raishuu!

Familie

eigene Familie	
Mutter	haha
Vater	chichi
Tochter	musume
Sohn	musuko
Oma	sobo
Opa	sofu
Familie eines anderen	
Mutter	okaasan
Vater	otousan
Tochter	ojousan
Sohn	musuko-san
Großmutter	obaa-san
Großvater	ojii-san
Geht es Ihrem Vater gut?	Otousan wa o-genki desu ka.
Vielen Dank, meinem	Arigatou gozaimasu.
Vater geht es gut.	Chichi wa genki desu.
Wie geht es Ihrer Mutter?	Okaasan wa?
Meiner Mutter geht es auch gut.	Haha mo genki desu.

Verkehrsmittel

Ich fahre mit der Bahn.	Densha de ikimasu.
Ich nehme den Bus.	Basu de ikimasu.
Ich komme mit dem Auto.	Kuruma de kimasu ka.
Ich komme mit dem Fahrrad.	Jitensha de kimasu ka.
Ich gehe zu Fuß.	Aruite ikimasu.
Ich nehme das Flugzug.	Hikouki de ikimasu.
Ich komme mit dem Taxi.	Takushī de ikimasu.
Ich komme mit dem Motorrad.	Baiku de kimasu ka.

In der Stadt

Park	kouen
Bäckerei	pan-ya
Buchladen	hon-ya
24-Stunden-Laden	konbini
Boutique	butikku
Krankenhaus	byouin
Bahnhof	eki
Post	yuubinkyoku
Polizeistelle	kouban
Blumenladen	hana-ya
Supermarkt	sūpā
100-Yen-Shop	hyaku-en-shoppu
Hotel	hoteru
Bank	ginkou
Wo bin ich hier? (wörtlich: *Wo ist hier?*)	Koko wa doko desu ka?
Wo ist der Bahnhof?	Eki wa doko desu ka?
auf dem Land	inaka no hou
in der Stadt	machi no naka
Ich lebe in der Stadt.	Machi no naka ni sunde imasu.
Ich lebe auf dem Land.	Inaka no hou ni sunde imasu.

Ortsangaben

Auf dem Tisch ist ein Bier.	Tēburu no ue ni bīru ga arimasu.
Unter dem Tisch ist eine Katze.	Tsukue no shita ni neko ga imasu.
Vor der Bäckerei steht ein Auto.	Pan-ya no mae ni kuruma ga arimasu.
Hinter dem Haus ist eine Garage.	Uchi no ushiro ni garēji ga arimasu.
Der Buchladen ist rechts vom Supermarkt.	Honya wa sūpā no migi ni arimasu.
Das Hotel ist im Park.	Hoteru wa kouen no naka ni arimasu.

Neben dem 100-Yen-Shop ist ein 24-Stunden-Laden.	Hyaku-en-shoppu no tonari ni konbini ga arimasu.
Im Park gibt es ein Restaurant.	Kouen no naka ni resutoran ga arimasu.
Wo bin ich hier? (wörtlich: Wo ist hier?)	Koko wa doko desu ka.
Wo ist der Bahnhof?	Eki wa doko desu ka.
Entschuldigung, gibt es hier in der Nähe einen Supermarkt?	Sumimasen, kono chikaku ni sūpā wa arimasu ka.
Neben dem Hotel gibt es einen.	Hoteru no tonari ni arimasu.
Vielen Dank!	Doumo arigatou gozaimasu.
Keine Ursache.	Dou itashimashite

Rund um's Haus

Windfang, Diele, Eingangsbereich	genkan
Flur	rouka
Nische mit Rollbild	tokonoma
Küche	daidokoro
Wohnzimmer	ima
Badezimmer	o-furo-ba
Toilette	toire/o-tearai
Treppe	kaidan
Schlafzimmer	shinshitsu
Herr Tezukas Arbeitszimmer	Tezuka-san no shosai
Kinderzimmer	kodomobeya
Wandschrank	oshiire
Gästezimmer	kyaku ma
Erdgeschoss	ikkai
1. Etage	nikai
Haus	uchi
Einfamilienhaus	ikkodate
Apartment	apāto
Wohnheim	ryou
Computer	konpyūtā
Drucker	purintā
Bücherregal	hondana
Fernseher	terebi
Tisch	tēburu
Bett	beddo
Sofa	sofa
Tür	doa
Das ist aber schick, nicht wahr!	O-share desu ne!
Das ist aber geräumig nicht wahr!	Hiroi desu ne!
Das ist hell!	Akarui desu!

Speisen und Getränke

Sushi	sushi
Sashimi	sashimi
Yakitori	yakitori
Tempura	tenpura
Okonomiyaki	okonomiyaki
Curry-Reis	karēraisu
Ramen	rāmen
Yakisoba	yakisoba
Oden	oden
Udon	udon
Eiscreme	aisukurīmu
Salat	sarada
Das ist lecker, nicht wahr!	Oishii desu ne!
Bier	bīru
Grüntee	ocha
Wein	wain
Saft	jūsu
schwarzer Tee	koucha
Milch	gyuunyuu
Mineralwasser	mineraruuōtā
Kaffee	kōhī
Reisschnapps	sake
Orangensaft	orenjijūsu
Cola	kōra

Kleidung

Pullover	sētā
T-Shirt	tīshatsu
Kleid	wanpīsu
Mantel	kōto
Hemd	waishatsu
Anzug und Krawatte	sebiro to nekutai
Bluse	burausu
Rock	sukāto
Schuhe	kutsu
Hose	zubon
ein roter Pullover	akai sētā
ein weißes T-Shirt	shiroi tīshatsu
ein schwarzes Kleid	kuroi wanpīsu
ein grüner Mantel	midori-iro (no) kōto
eine dunkelblaue Hose	kon-iro (no) zubon
ein gelbes Hemd	kiiroi waishatsu
braune Schuhe	chairo (no) kutsu
eine orange Bluse	orenji-iro (no) burausu
ein grauer Rock	gurē (no) sukāto
ein enges Kleid	kitsui wanpīsu
ein weiter Mantel	yurui kōto
ein schrilles Hemd	hade-na waishatsu
ein schicker Anzug	oshare-na sebiro
eine schlichte Bluse	jimi-na burausu
ein kurzer Rock	mijikai sukāto

ein langes T-Shirt	nagai tīshatsu
teure Schuhe	takai kutsu
eine billige Krawatte	yasui nekutai

Beim Arzt

Mein Kopf tut weh.	Atama ga itai desu.
Mein Ohr schmerzt.	Mimi ga itai desu.
Mein Rücken tut weh.	Senaka ga itai desu.
Mein Bauch tut weh.	Onaka ga itai desu.
Ich habe Halsschmerzen.	Nodo ga itai desu.
Mein Bein/Fuß tut weh.	Ashi ga itai desu.
Ich habe Zahnschmerzen.	Ha ga itai desu.
Mein Finger/Zeh tut weh.	Yubi ga itai desu.
Mein Knie tut weh.	Hiza ga itai desu.
Mein Magen tut weh.	I ga itai desu.
gute Besserung	O-daiji ni.
Allergie	arerugī
Ich fühle mich noch schlapp.	Karada wa mada darui desu.
Wie ist Ihr Befinden?	O-kagen wa ikaga desu ka.

Verbformen

fragen	kiku – kikimasu – kiite kudasai
trinken	nomu – nomimasu – nonde kudasai
aufstehen	okiru – okimasu – okite kudasai
zurückkehren	kaeru – kaerimasu – kaette kudasai
lesen	yomu – yomimasu – yonde kudasai
ausziehen	nugu – nugimasu – nuide kudasai

5 Systematische Grammatik

§1 Satzstellung

Für die japanische Sprache gilt ein einfaches Satzmuster:

Subjekt	**Objekt**	**Prädikat**
Watashi wa	**enjinia**	**desu.**
Ich	*Ingenieur/in*	*ist*
Myūra san wa	**enjinia**	**desu.**
Frau/Herr Müller	*Ingenieur/in*	*ist.*

Diese Satzstellung kann im Japanischen immer erhalten bleiben, da grammatische Informationen durch nachgestellte Partikeln gegeben werden.
So entsteht durch die Partikel **ka** hinter dem Prädikat aus dem Satz ein Fragesatz.

Myura san wa	**enjinia**	**desu ka.**
Frau/Herr Müller	*Ingenieur/in*	*ist?*

Durch die Partikel **o** hinter dem Substantiv (Hauptwort) wird das Akkusativobjekt (Wen?/Was? Fall) gebildet.

Watashi wa	ringo **o**	kaimasu.
Ich	***den** Apfel*	*kaufe.*

Das japanische Substantiv erscheint fast immer mit Platzzuweisung:
- entweder durch die Partikel **ga**, wenn es das Subjekt, oder **wa**, wenn es das Thema des Satzes ist*.
- oder durch eine andere Partikel (**o**, **ni**, **no**, usw.), die die Fälle klärt,
- oder es wird gefolgt von **desu**, was so viel wie *ist* bedeutet.

* **wa** kann für sich allein sowohl ein Subjekt als auch ein Akkusativobjekt als Satzthema bezeichnen, d.h. anstelle der Partikel **ga** und **o** stehen. Ist ein anderes Satzglied Thema des Satzes, muss **wa** der entsprechenden Partikel folgen, also: **ni wa, no wa,** usw.

Die Satzstellung ändert sich auch nicht in den verschiedenen Zeiten und in der Verneinung:

Anata wa	ringo **o**	kaimashita ka.
Sie/du	***den** Apfel*	*kauften/kauftest?*
Watashi wa	ringo **o**	kaimasen deshita.
Ich	***den** Apfel*	*nicht kaufte.*

Fragewörter, Verhältniswörter und sogar Konjunktionen haben den Charakter von Substantiven und werden auf diese Weisen in den Satz eingebaut. Das Fragewort **doko** (*wo*) wird in den folgenden Sätzen wie das Substantiv **Kyoto** oder **eki** (*Bahnhof*) behandelt.

Eki wa	doko	desu ka.
(der) Bahnhof	*wo*	*ist?*
Anata wa	doko e	ikimasu ka.
Sie	*wohin*	*gehen?*
Watashi wa	Kyoto e	ikimasu.
Ich	*nach Kyoto*	*fahre.*

Grammatik

Anata wa	doko kara	kimashita ka.
Sie/du	*woher*	*kamen?*
Watashi wa	eki no mae ni	machimasu.
Ich	*vor dem Bahnhof*	*warte.*

§2 Zählen ohne Zählwort

Im Japanischen werden Gegenstände oft mit ganz bestimmten Kategoriewörtern gezählt. Gegenstände, die in keine bestimmte Kategorie passen, werden mit dem folgenden Zahlensystem gezählt. Dieses Zahlensystem kann auch verwendet werden, wenn man die passenden Kategoriewörter nicht kennt.

1 – hitotsu
2 – futatsu
3 – mittsu
4 – yottsu
5 – itsutsu
6 – muttsu
7 – nanatsu
8 – yattsu
9 – kokonotsu
10 – too

Tamanegi o yottsu	to	tomato o futatsu	kudasai.
4 Zwiebeln	*und*	*2 Tomaten*	*bitte.*

§3 Die absolute Gegenwart (te-Form)

Das Japanische verfügt über eine Form zum Ausdruck der absoluten Gegenwart, eines momentanen Zustands. Deutsch könnte man es mit *jetzt, gerade, im Moment* wiedergeben. Diese Form entspricht der englischen Verlaufsform (*ing*-Form).
Die **-te**-Form des Japanischen wird oft in Kombination mit einer Form von **iru** *sein* gebraucht, wobei diese Form wie jedes andere japanische Verb behandelt wird:

imasu – Gegenwart
imashita – Vergangenheit
imasen – Gegenwart verneint
imasen deshita – Vergangenheit verneint

Shinbun o **yonde imasu**.	*Ich lese gerade die Zeitung.*
Tegami o **yonde imashita**.	*Ich habe den Brief gelesen.*
Suzuki-san o **shitte imasu** ka?	*Kennen Sie Herrn Suzuki?*
Hai/Ee, **shitte imasu**.	*Ja, ich kenne (ihn).*
Kono koto o shitte **imasen deshita** ka?	*Haben Sie nicht von dieser Sache gewusst?*
Hai/Ee, **shitte imasen deshita**.	*Nein, ich wusste (es nicht).*

Die Bildung der **-te**-Form ist nicht ganz so regelmäßig wie bei den anderen Formen. Sie ist wichtig, da man die **-te**-Form auch zum Ausdruck der Befehlsform braucht und darüber hinaus zur Satzverknüpfung.

1. Verbgruppe

An den Verbstamm wird ein **-te** angehängt, wobei sich aber die jeweils letzten Konsonanten des Stammes verändern.

Verb		Stamm	Konsonanten-veränderung	-te-Form
kaku	*schreiben*	kak-	k > i	kaite
kiku	*hören*	kik-	k > i	kiite
aruku	*zu Fuß gehen*	aruk-	k > i	aruite
hanasu	*sprechen*	hanas-	s > shi	hanashite
kasu	*leihen*	kas-	s > shi	kashite
kaeru	*zurückkehren*	kaer-	r > tt	kaette
shiru	*kennen, wissen*	shir-	r > tt	shitte
matsu	*warten*	mats-	ts > tt	matte
motsu	*haben*	mots-	ts > tt	motte
yomu	*lesen*	yom-	m > nd	yonde
sumu	*wohnen*	sum-	m > nd	sunde

2. Verbgruppe

An den Stamm wird ein **-te** angehängt. Die Bildung dieser Formen ist ganz regelmäßig.

Verb		Stamm	-te-Form
iru	*sein*	i-	ite
miru	*sehen*	mi-	mite
dekiru	*können*	deki-	dekite
oboeru	*sich erinnern*	oboe-	oboete
tsutomeru	*angestellt sein*	tsutome-	tsutomete

Unregelmäßige Formen

kuru	*kommen*	kite
suru	*tun, machen*	shite
iku	*gehen*	itte
iu	*sagen*	itte

Formenübersicht

1. Verbgruppe

Verben, die nicht auf **-iru**, **-eru** enden

	Stamm	**-te-Form**	**-ta-Form**	**-anai-Form**
kaku *(schreiben)*	kak-	kaite	kaita	kakanai
yomu *(lesen)*	yom-	yonde	yonda	yomanai
kaeru *(zurückkehren)*	kaer-	kaette	kaetta	kaeranai

2. Verbgruppe

Verben auf **-iru**, **-eru**

	Stamm	**-te-Form**	**-ta-Form**	**-nai-Form**
iru *(sein)*	i-	ite	ita	inai
miru *(sehen)*	mi-	mite	mita	minai
dekiru *(können)*	deki-	dekite	dekita	dekinai
oshieru *(lehren)*	oshie-	oshiete	oshieta	oshienai

Unregelmäßige Formen

suru *(machen)* – shite – shita – shinai
kuru *(kommen)* – kite – kita – konai

§4 Substantive (Hauptwörter) + Partikel

Das Japanische kennt weder bestimmte noch unbestimmte Artikel. Die grammatische Information, wie ein Substantiv (Hauptwort) verwendet wird, wird durch **Partikeln** gegeben, kleine Funktionswörter, die hinter das Substantiv bzw. Pronomen (Fürwort) treten. Die Substantive selbst werden nicht verändert. Da jedes Substantiv eine beliebige Position innerhalb des Satzes einnimmt, erscheinen die Substantive fast immer mit ihrer jeweiligen nachgestellten Zuweisung innerhalb des Satzes; entweder gefolgt von der jeweiligen **Partikel** oder durch das Wörtchen **desu** (*ist*). (In wenigen Fällen werden **Partikeln** weggelassen. In diesem Kurs kommen auch solche Sätze vor, in denen das betreffende Satzglied ohne Postposition stehen muss; dabei handelt es sich um idiomatischen Sprachgebrauch.)

Fälle

wa, ga verwende das Substantiv im 1. Fall (Nominativ, *wer*-Fall)
no verwende das Substantiv im 2. Fall (Genitiv, *wessen*-Fall)
ni verwende das Substantiv im 3. Fall (Dativ, *wem*-Fall)
o, wa verwende das Substantiv im 4. Fall (Akkusativ, *wen*-Fall)

wa, ga folgen einem Substantiv bzw. Pronomen und kennzeichnen nicht nur die Verwendung im 1. oder 4. Fall, sondern haben auch die Aufgabe, das **Satzthema** herauszustellen, das häufig das Subjekt des Satzes ist, aber es nicht sein muss.

Ashita wa	nani o	shimasu ka?
Morgen	was	machst du?
Kare wa	hikouki de	kimasu.
Er	mit (dem) Flugzeug	kommt.

no nach einem Substantiv oder Pronomen gibt die Zugehörigkeit zu einer Person oder zu einer Sache an. Es zeigt also den Besitz an. Der Besitzer steht jeweils vor, der Gegenstand hinter dem Wörtchen **no**.

ie no	mado	*Fenster des Hauses*
chichi no	ie	*das Haus des Vaters*

Tritt die Partikel **no** hinter die Personalpronomen, erhält man dadurch die besitzanzeigenden Fürwörter *mein, dein, sein* usw.

watashi no	hon	
mein	*Buch*	*(wessen Buch?)*
anata no	kuruma	
ihr/dein	*Auto*	*(wessen Auto?)*

ni steht **1.** für den Dativ und antwortet auf die Frage **wem?**

Kare wa	okaasan ni	agemasu
Er	*der Mutter*	*gibt*

2. wird mit **ni** auch der Raum, Ort oder der Zeitpunkt bezeichnet, an dem sich jemand oder etwas befindet: **ni** antwortet auf die Fragen **wo?** und **wann?**
Hoteru **ni** tomarimashita. *„In einem Hotel übernachtete" Ich übernachtete in einem Hotel.*
Nanji **ni** kimasu ka? *„Wann (Sie) werden kommen?"; Um wie viel Uhr kommen Sie?*

o nach einem Substantiv hat die Funktion des Akkusativs (**wen?** oder **was?**).
Tokei **o** kaimasu. *„Eine Uhr kaufen"; Ich kaufe eine Uhr.*

Weitere Partikel (nachgestellte Funktionswörter) Im Folgenden werden weitere Funktionswörter aufgeführt, die nach dem gleichen oben genannten Schema funktionieren.

e *(nach)* gibt die Richtung an auf die Frage **wohin?**
Depāto **e** ikimasu. *Ich gehe **ins** Kaufhaus.*
Doitsu **e** kaerimasu. *Ich gehe **nach** Deutschland zurück.*

de *(in, im)* gibt den Ort einer Handlung an auf die Frage **wo?**
Nihon **de** kaimashita. ***In** Japan gekauft.*

de *(mit, mittels)* gibt das Mittel an, mit Hilfe dessen etwas geschieht: **womit?**
Ohashi **de** tabemasu. *Ich esse **mit** Stäbchen.*
Takushī **de** ikimasu. *Ich fahre **mit** dem Taxi.*

made *(bis)* gibt den zeitlichen oder räumlichen Punkt an, bis zu dem eine Handlung oder ein Zustand verläuft: **Bis wann/wo?**
Bāzeru **made**... ***Bis** Basel...*
Kyou **made**... ***Bis** heute...*
Itsu kara itsu **made** ... ka? *Von wann **bis** wann ...?*

kara *(von (her), ab)* gibt den zeitlichen oder räumlichen Punkt an, von dem ab eine Handlung geschieht: **Ab wann/wo?**
Kinou **kara** byouki desu. ***Seit*** *gestern bin ich krank.*
Ima **kara** ginkou ni ikimasu. ***(Ab)*** *jetzt gehe ich in die Bank.*
Itsu **kara** gakkou ni ikimasu ka? ***Ab/Seit*** *wann gehst du in die Schule?*
Ashita **kara** ikimasu. ***Ab*** *morgen gehe ich.*

ka am Ende eines Satzes bedeutet so viel wie ein Fragezeichen. Diese Partikel **ka** stellt den einzigen Unterschied zwischen einem Aussagesatz und einem Fragesatz dar.
Ringo o kaimasu. *Du kaufst einen Apfel.* Ringo o kaimasu **ka**? *Kaufst du einen Apfel?*

§5 Länder-Suffixe

Land	Bewohner	Sprache
nihon (Japan)	nihon-**jin** (Japaner, -in)	nihon-**go** (Japanisch)
chuugoku (China)	chuugoku-**jin** (Chinese, -in)	chuugoku-**go** (Chinesisch)
doitsu (Deutschland)	doitsu-**jin** (Deutsche, -r)	doitsu-**go** (Deutsch)
furansu (Frankreich)	furansu-**jin** (Franzose, -in)	furansu-**go** (Französisch)
supein (Spanien)	supein-**jin** (Spanier, -in)	supein-**go** (Spanisch)
itaria (Italien)	itaria-**jin** (Italiener, -in)	itaria-**go** (Italienisch)
Igirisu (England)	igirisu-**jin** (Engländer, -in)	ei-**go** (Englisch)
oranda (Holland)	oranda-**jin** (Holländer, -in)	oranda-**go** (Holländisch)
amerika (Amerika)	amerika-**jin** (Amerikaner, -in)	ei-**go** (Englisch)
ōsutoria (Österreich)	ōsutoria-**jin** (Österreicher, -in)	doitsu-**go** (Deutsch)

§6 Personensuffixe

-ka kenchiku-**ka** (kenchiku + **ka**) *Architekt, -in* (Architektur + Person)
ongaku-**ka** (ongaku + **ka**) *Musiker, -in* (Musik + Person)
honyaku-**ka** (honyaku + **ka**) *Übersetzer, -in* (Übersetzung + Person)
-shi bengo-**shi** (bengo + **shi**) *Rechtsanwalt, -anwältin* (Verteidigung + Person)
-ya yuubin-**ya** (yuubin + **ya**) *Postbote, -botin* (Post + Person)
pan-**ya** (pan + **ya**) *Bäcker, -in* (Brot + Person)
-in ginkou-**in** (ginkou + **in**) *Bankangestellter, -e*
(Bank + hier: Angestellter (wörtl. Person Mitglied))
kaisha-**in** (kaisha + **in**) *Firmenangestellter, -e* (Firma + Angestellter)

Grammatik

§7 i-Adjektive und na-Adjektive

Adjektive sind Wörter, die ein Substantiv (Hauptwort) näher bestimmen.
Es gibt zwei Gruppen von Adjektiven, die jeweils unterschiedlich behandelt werden.

1. i-Adjektive (echte Adjektive)
Sie enden immer auf **-i**, wobei diesem ein **a, i, o** oder **u** vorausgeht.
yasui - *billig* furui - *alt* atarashii - *neu* ookii - *groß* omoshiroi - *interessant*
tooi - *weit* chiisai - *klein* takai - *teuer*

2. na-Adjektive (Quasi-Adjektive)
na-Adjektive sind Substantive, die erst durch Anhängen von **na** zu Adjektiven werden. Meistens enden sie nicht auf **-i**. Falls doch, dann geht dem **-i** ein **e** oder ein Konsonant voraus.
kirei - *schön* suki - *gern haben* shizuka - *ruhig* iya - *unangenehm* benri- *praktisch*

Attributiver Gebrauch: das schöne ..., das große ...

i-Adjektive	**na-Adjektive**
furui otera - *ein alter Tempel*	kirei na hana - *eine schöne Blume*
atarashii kuruma - *ein neues Auto*	suki na hito - *ein Mensch, den ich liebe/mag*
tooi machi - *weit entfernte Stadt*	yuumei na otera - *ein berühmter Tempel*

Prädikativer Gebrauch: ... ist schön, ... ist groß
Bildung: **wa + Adjektiv + desu**
Tatemono wa takai desu. *Das Gebäude ist hoch.*
Kono hon wa omoshiroi desu. *Dieses Buch ist interessant.*

wa + na-Adjektiv (ohne na) **+ desu**
Kono kissaten wa shizuka desu ne? *Dieses Café ist ruhig, nicht?*
Kenchouji wa yuumei desu ka? *Ist der Kenchouji-Tempel berühmt?*

§8 arimasu/imasu

Grammatik

Wenn Sie auf eine Person oder eine Sache verweisen, die vorhanden oder anwesend ist, verwenden Sie die Verben **arimasu** und **imasu**. Im Japanischen wird dabei zwischen Lebendigem (**imasu**) und unbelebten Dingen (**arimasu**) unterschieden:
Tezuka-san no uchi ni wa neko ga **imasu**. *In Herrn Tezukas Zuhause gibt es eine Katze.*
Konpyūta ga **arimasu**. *Es gibt einen Computer.*
(Bitte beachten Sie, tatsächlich ist bei Besitzverhältnissen auch bei lebenden Dingen unter bestimmten Voraussetzungen **arimasu** möglich. Aber das lassen wir zunächst außer Acht.)

Partikel
Der *Besitzer* wird mit der Partikel **wa** markiert, das *Objekt* mit der Partikel **ga:**
Tezuka-san no uchi ni wa neko ga imasu. *In Herrn Tezukas Haus gibt es eine Katze.*
Die Partikel **mo** *(auch)* ersetzt die Partikeln **wa** und **ga**:
Washitsu mo arimasu. *Ein japanisches Zimmer gibt es auch.*

Verneinung
Wenn Sie eine verneinte Aussage bilden, ändern Sie einfach das Ende des Verbs.
Aus -**masu** wird -**masen**.
Darüber hinaus verwendet man in der Verneinung allein die Partikel **wa** beim Objekt:
Maeda-san wa kodomo <u>wa imasen</u>. *Maeda-san hat keine Kinder.*
Konpyūtā <u>wa arimasen</u> ka. *(Hast du keinen Computer?)*

§9 Das ko-so-a-do-System

Um unterschiedliche Entfernungen von Dingen deutlich zu machen, gibt es im Japanischen das so genannte **„ko-so-a-do-System"**.

ko – bezieht sich auf etwas, das sich beim Sprecher befindet*
so – auf etwas, was sich beim Hörer befindet
a – liegt außerhalb des Bereiches von Sprecher und Hörer
do – mit **do** werden die entsprechenden Fragewörter dazu gebildet

* Stehen Sprecher und Zuhörer in gleichem Abstand zu einem Gegenstand, gelten für beide die **ko**-Zusammensetzungen.
Durch Anhängen der Silbe **-re** können mit **ko-, so-, a-** und **do-** unterschiedliche Demonstrativpronomen (hinweisende Fürwörter) gebildet werden, mit denen man auf einen Gegenstand verweist. Neben der Endung **-re** für *Demonstrativpronomen* kann man mit weiteren Endungen auch auf *Orte* (**-ko**), *Richtungen* (**-chira**) oder ein *Attribut des Substantivs* (**-no**) verweisen. Einige Formen haben Sie bereits kennen gelernt: **Kochira e douzo.***(Dort entlang bitte.)*

Ort: **-ko**
koko/soko/asoko/doko (**Koko wa doko desu ka.** – *Wo bin ich hier?*)
Richtung: **-chira**
kochira/sochira/achira/dochira (**Kochira e douso.** – *Hier entlang bitte.*)
Attributiv: **-no**
kono/sono/ano/dono (**Sono inu wa kawaii desu.** – *Dieser Hund ist süß.*)

Demonstrativpronomen

<u>Gegenstand</u>
ko → kore – *dies*
so → sore – *das (bei Ihnen)*
a → are – *jenes*
do → dore – *welches?*

<u>Ort</u>
ko → koko – *hier*
so → soko – *dort*
a → asoko – *dort drüben*
do → doko – *wo?*

<u>Richtung</u>
ko → kochira – *diese (Richtung)*
so → sochira – *dort entlang*
a → achira – *da hinten entlang*
do → dochira – *welche Richtung?*

<u>Attributiv + Substantiv</u>
ko → kono + hon – *dieses Buch*
so → sono + hon – *jenes Buch*
a → ano + hon – *jenes Buch*
do → dono + hon – *welches Buch?*

Grammatik

§10 Zählwörter: Personen

Im Japanischen ist zwischen der Zahl und den zu zählenden Personen wieder ein „Zählwort" erforderlich. Das Zählwort für *Menschen* heißt eigentlich **nin**. Aber Achtung, sprechen Sie von *einer Person* oder *zwei Personen* benötigen Sie **nin** nicht.

hitori	*1 Person*	rokunin	*6 Personen*
futari	*2 Personen*	nananin/shichinin*	*7 Personen*
sannin	*3 Personen*	hachinin	*8 Personen*
yonin	*4 Personen*	kyuunin	*9 Personen*
gonin	*5 Personen*	juunin	*10 Personen*

* Sie können **shichinin** oder **nananin** gleichermaßen verwenden.

§11 Die Partikeln ni und de

Mit dem Fragewort **doko** allein können Sie z.B. fragen, wo sich etwas befindet.
Nekutai wa doko **desu** ka. *Wo gibt es Krawatten?*

Verwenden Sie jedoch statt **desu** das Verb **arimasu**, müssen Sie bereits in der Frage die Partikel **ni** hinzufügen.
Nekutai wa doko **ni arimasu** ka. *Wo gibt es Krawatten?*

Auch wenn Sie fragen möchten, wo jemand angestellt ist oder wo er wohnt, darf die Partikel **ni** nicht fehlen. Das gilt natürlich auch für die Antwort.
Doko ni tsutomete imasu ka. *Wo sind Sie angestellt?*
Toukyou no Boshu ni tsutomete imasu. *Ich bin bei Bosch in Tokio angestellt.*

Während *wohnen*, *sich befinden* und *angestellt sein* nicht als Tätigkeiten empfunden werden, ist *kaufen* (**kaimasu**) dagegen etwas sehr Aktives und muss deshalb mit einer anderen Ortspartikel, der Partikel **de** markiert werden.
Doko de o-sharena seta o kaimasu ka. *Wo kann man schicke Pullover kaufen?* oder *Wo kaufen Sie schicke Pullover?*

Bei der Antwort nehmen Sie die Partikel auch auf.
Butikku de kaimasu. (Ich kaufe sie in der Boutique ein.)

§12 Vermutungen mit deshou

Eine sehr häufig verwendete Form im Japanischen ist die **deshou-Form**. Man verwendet das Wort **deshou** anstelle von **desu**, um statt einer klaren Aussage eher eine Vermutung auszudrücken.
Nihonjin desu. *Sie ist Japanerin./Er ist Japaner.* (Feststellung)

Sagt man jedoch **Nihonjin deshou.** impliziert man damit, dass man glaubt, dass sie oder er Japaner/-in ist, man ist sich aber nicht ganz sicher, ob das wirklich so ist. Die **deshou-Form** klingt weicher als **desu** und wird im Japanischen viel häufiger verwendet als beispielsweise im Deutschen das vergleichbare *vermutlich/wahrscheinlich*.

Doitsujin deshou.	*Er ist vermutlich Deutscher.* (Vermutung)

§13 Verneinung von Adjektiven

Bei den **na-Adjektiven** ist die Verneinung einfach. Das **na-Adjektiv** bleibt unverändert. Nur **desu** *(sein)* wird verneint zu **dewa arimasen** oder **dewa nai desu**.

Positiv	**Negativ**
oshare desu *(das ist schick)*	**oshare dewa arimasen**
	oshare dewa nai desu

Bei den **i-Adjektiven** ist die Sache auf den ersten Blick etwas komplizierter. Hier wird das letzte **i** durch ein **ku** ersetzt. Erst dann folgt einfach **arimasen** bzw. **nai desu**.

Positiv	**Negativ**
kitsui desu *(das ist eng)*	**kitsuku-nai desu**
	kitsuku arimasen

takaku-nai *(nicht teuer sein)* funktioniert übrigens wieder wie ein **i-Adjektiv**, das Sie als Attribut vor ein Substantiv setzen: **takaku-nai wanpīsu** ist dann z.B. ein *nicht teures Kleid*, im Deutschen meist besser als Relativsatz übersetzt: *ein Kleid, das nicht teuer ist.*

Das **wa** von **dewa arimasen** ist eine Partikel, deshalb wird es nicht mit dem Hiraganazeichen **wa** わ geschrieben, wie man vermuten würde, sondern mit **ha** は. Allerdings wird es **wa** ausgesprochen.

§14 Wochentage

getsuyoubi げつようび *Montag*
kayobi かようび *Dienstag*
suiyoubi すいようび *Mittwoch*
mokuyoubi もくようび *Donnerstag*
kinyobi きんようび *Freitag*
doyobi どようび *Samstag*
nichiyoubi にちようび *Sonntag*

Grammatik

§15 Ziffern und Abzählen

Das Japanische kennt verschiedene Zählarten. Die so genannte chinesische Zahlenreihe wird häufig verwendet, etwa bei allen weiteren höheren Zahlen oder wenn man etwas abzählt.

Auch für **Telefonummern** verwendet man die chinesische Zahlenreihe. Zum besseren Verständnis von Telefonnummern gliedert man die Nummernfolge in Dreier-Einheiten mit dem Wort **no**. In der Schriftsprache verwendet man hier Bindestriche (z. B. 041- 835- 2056). Bei Telefonnummern verwendet man die Lesungen **yon** (4) und **nana** (7).

0	zero	ゼロ	26	nijuu roku	にじゅうろく
1	ichi	いち	27	nijuu nana, nijuu shichi	にじゅうなな にじゅう しち
2	ni	に	28	nijuu hachi	にじゅうはち
3	san	さん	29	nijuu kyuu	にじゅうきゅう
4	yon, shi	よん し	30	sanjuu	さんじゅう
5	go	ご	31	sanjuu ichi	さんじゅういち
6	roku	ろく	32	sanjuu ni	さんじゅうに
7	nana, shichi	なな しち	40	yonjuu	よんじゅう
8	hachi	はち	50	gojuu	ごじゅう
9	kyuu	きゅう	60	rokujuu	ろくじゅう
10	juu	じゅう	70	nanajuu, shichijuu	ななじゅう しちじゅう
11	juu ichi	じゅういち	80	hachijuu	はちじゅう
12	juu ni	じゅうに	90	kyuujuu	きゅうじゅう
13	juu san	じゅうさん	100	hyaku	ひゃく
14	juu yon, juu shi	じゅうよん じゅうし	101	hyaku ichi	ひゃくいち
15	juu go	じゅうご	200	nihyaku	にひゃく
16	juu roku	じゅうろく	300	sanbyaku*	さんびゃく
17	juu nana, juu shichi	じゅうなな じゅう しち	600	roppyaku*	ろっぴゃく
18	juu hachi	じゅうはち	800	happyaku*	はっぴゃく
19	juu kyuu	じゅうきゅう	1.000	sen	せん
20	nijuu	にじゅう	2.000	nisen	にせん
21	nijuu ichi	にじゅういち	3.000	sanzen	さんぜん

22	nijuu ni	にじゅうに	8.000	hassen	はっせん
23	nijuu san	にじゅうさん	10.000	ichiman	いちまん
24	nijuu yon, nijuu shi	にじゅうよん にじゅうし	100.000	juuman	じゅうまん
25	nijuu go	にじゅうご	1.000.000	hyakuman	ひゃくまん

§16 Aktionen: Nomen + o + shimasu

Viele Nomen (Hauptwörter) können verbunden mit dem Verb (Tätigkeitswort) **shimasu** *(machen, tun)* eine Aktion ausdrücken. Dazu setzen Sie zwischen Nomen und Verb die Objektpartikel **o** (を):

Tenisu o shimasu. – *Ich spiele Tennis.*
Kaimono o shimasu. – *Ich kaufe ein.*
Souji o shimasu. – *Ich mache sauber.*
Ryouri o shimasu. – *Ich koche.*
Kaji o shimasu. – *Ich erledige Hausarbeit.*
Shigoto o shimasu. – *Ich arbeite.*
Benkyou o shimasu. – *Ich lerne.*
Ryokou o shimasu. – *Ich reise.*
Sakkā o shimasu. – *Ich spiele Fußball.*
Jogingu o shimasu. – *Ich jogge.*
Badominton o shimasu. – *Ich spiele Badminton.*
Die Objektpartikel „**o**" wird mit dem Hiraganazeichen を (**wo**) geschrieben.

§17 Die Instrumentalpartikel de

Wenn Sie über Fortbewegungsmittel sprechen, verwenden Sie die Verben **ikimasu** und **kimasu**, zusammen mit der so genannten Instrumentalpartikel **de**. Diese Partikel zeigt an, dass man etwas *mit* oder *mit Hilfe von* etwas tut. Beachten Sie, dass die Reihenfolge, wie so oft im Japanischen, genau umgekehrt ist wie im Deutschen: バスでいきます(basu **de** ikimasu) heißt auf Deutsch: ***mit** dem Bus fahren*

Die Partikel **de** können Sie nicht nur für Verkehrsmittel, sondern auch zusammen mit anderen „Instrumenten" (mit denen Sie z. B. essen, schreiben oder sehen) verwenden:
essen: おはしでたべます (o-hashi **de** tabemasu) heißt auf Deutsch: ***mit** Stäbchen essen*
schreiben: かんじでかきます (kanji **de** kakimasu) heißt auf Deutsch: ***mit** Kanji schreiben*

Nicht immer kann man die Partikel **de** im Deutschen mit *mit* übersetzen:
auf: にほんごで (nihongo **de**) heißt auf Deutsch: ***auf** Japanisch*
im: テレビで (terebi **de**) heißt auf Deutsch: ***im** Fernsehen*
aus: しんぶんで (shinbun **de**) heißt auf Deutsch: *(etwas) **aus** der Zeitung (erfahren)*

§18 Orts- und Zeitangaben

Präpositionen stellen im Deutschen die räumliche und zeitliche Beziehung zwischen zwei Dingen dar. Im Japanischen werden diese Beziehungen durch Substantive dargestellt in den Satz eingebaut.

Wenn man die Orts- und Zeitangabe **mae** als Substantiv auffasst und mit *Vorderseite* übersetzt, wird klar, warum sie zwischen den Postpositionen **no** (Genitiv) und **ni** (Dative für Ort oder Zeit) steht.

Tatemono	**no**	**mae**	**ni**	**imasu.**
Gebäude	*dessen*	*Vorderseite; vor/vorne*	*beim*	*(ich) warte*

An der Vorderseite des Gebäudes warte ich. → **Ich warte vor dem Gebäude.**

mae *(vor)* Eki no mae ni/de...*Vor dem Bahnhof...*
ushiro *(hinter)* Sono ushiro desu. *Dahinter ist es.*
mukou *(jenseits)* Gakkou wa mukou ni arimasu. *Die Schule ist dort drüben.*
temae *(kurz vor)* Yuubinkyoku wa ginkou no temae desu. *Das Postamt ist kurz vor der Bank.*
chikaku *(in der Nähe)* Kono chikaku ni/de... *Hier in der Nähe...*
tonari *(neben)* Ano depāto no tonari desu. *Neben dem Kaufhaus dort.*
migi *(rechts)* Migi ni magaru. *Rechts abbiegen.*
hidari *(links)* Hidari ni magaru. *Links abbiegen.*
naka *(innen)* Heya no naka ni/de... *Im Zimmer...*
soto *(außerhalb)* Kaisha no soto ni/de... *Außerhalb der Firma...*
ue *(auf, über)* Tsukue no ue ni/de... *Auf dem Tisch...*
shita *(unter)* Tsukue no shita ni/de... *Unter dem Tisch...*
mukai *(gegenüber)* Eki no mukai ni/de... *Gegenüber dem Bahnhof...*

§19 Verben und Zeiten

Es gibt keine besonderen Formen für Zahl, Person und Geschlecht. Verben werden häufig ohne persönliche Fürwörter verwendet.
kaimasu *ich kaufe, du kaufst, er/sie/es kauft, wir kaufen, ihr kauft, sie kaufen*

Das Japanische kennt nur zwei echte Zeiten: **Gegenwart** und **Vergangenheit**. Die **Zukunft** wird durch andere Mittel ausgedrückt.

Die Besonderheit der japanischen Verben liegt in der Vielfältigkeit der Endungen, mit denen man Feinheiten zum Ausdruck bringen kann, also z.B. eine Aufforderung zu gemeinsamem Handeln, einen Wunsch, ein Nichtwünschen usw. Außerdem gibt es auch Unterschiede in Bezug auf die Höflichkeit. Die Formen unterscheiden sich, je nachdem, ob man von gleich zu gleich spricht , mit einer höher gestellten Person oder niedriger gestellten Person (Lehrer zu Schüler etc). Viele dieser Feinheiten werden durch jeweils besondere Endungen ausgedrückt, die an den Verbstamm angehängt werden.

Verbgruppen
Entsprechend ihrer Endung in der Grundform werden die Verben in zwei Gruppen eingeteilt:

1. Gruppe (u-Verben): Verben, die **nicht auf -eru, -iru** enden
   yom**u** – *lesen* kak**u** – *schreiben*
2. Gruppe (ru-Verben): Verben, die auf **-iru** oder **-eru** enden
   dek**iru** – *können* kanga**eru** – *denken*

Bildung des Verbstamms
1. Gruppe:
Bei dieser Gruppe fällt das **-u** weg, und man ist schon beim Verbstamm. Um die Endungen anhängen zu können, wird zwischen Stamm und Endung ein **-i-** eingeschoben.

Verb		**Stamm**
yomu	*lesen*	**yom-**
nomu	*trinken*	**nom-**
kaku	*schreiben*	**kak-**
kau	*kaufen*	**ka-**

2. Gruppe:
Bei dieser Gruppe entfällt **-ru**, die Endungen können dann direkt angehängt werden.

Verb		**Stamm**
dekiru	*können*	**deki-**
yomeru	*lesen können*	**yome-**
taberu	*essen*	**tabe-**

Zeiten
Gegenwart
Das Japanische verfügt über
- eine bejahte Form der Gegenwart und
- zwei verneinte Formen, wobei eine höflich und die andere neutral ist.

Die bejahte Form der Gegenwart wird gebildet, indem man an den Verbstamm die Endung **-masu** hängt: deki**masu** – *ich kann, du kannst, er kann* usw.

Die verneinte höfliche Form erhält man, indem man an den Verbstamm **-masen** hängt: deki**masen** – *ich kann nicht, du kannst nicht* usw.

Die verneinte neutrale Form wird gebildet:
- bei der 1. Gruppe durch Anhängen von **-anai**:
  yom**anai** – *ich lese nicht, du liest nicht, ihr lest nicht* usw.
  hatarak**anai** – *ich arbeite nicht, du arbeitest nicht* usw.
- bei der 2. Gruppe durch Anhängen von **-nai**:
  deki**nai** – *ich kann nicht, du kannst nicht* usw.

Verb	**Stamm**	**bejaht**	verneint (höflich)	verneint (neutral)
yomu	yom-i-	yomi**masu**	yomi**masen**	yom**anai**
hataraku	hatarak-i-	hataraki**masu**	hataraki**masen**	hatarak**anai**
dekiru	deki-	deki**masu**	deki**masen**	deki**nai**

Grammatik

Vergangenheit
Das Japanische verfügt über zwei bejahte Vergangenheitsformen:
- eine zusammengesetzte Form, die immer anwendbar ist,
- eine verkürzte Vergangenheitsform, deren Anwendung etwas spezieller ist.

Wie bei der Gegenwart existieren auch hier zwei verneinte Formen: eine höfliche und eine neutrale.

Die bejahte Form wird gebildet, indem man **-mashita** an den Stamm anhängt: deki**mashita** – *ich konnte, du konntest, er hat gekonnt* usw.

Die verkürzte bejahte Vergangenheitsform endet auf **-ta/-da**. Dieses **-ta/-da** wird an den Verbstamm angehängt, der sich bei der 1. Verbgruppe jedoch nicht immer ganz regelmäßig verändert:
kai**ta** – *ich habe geschrieben* yon**da** – *er hat gelesen* tabe**ta** – *ich habe gegessen*

Die Bildung der **-ta**-Form erfolgt nach den gleichen Regeln, die für die Bildung der **-te**-Form gelten. Bei der verneinten höflichen Form nimmt man die **verneinte Gegenwartsform des Verbs + deshita**: dekimasen deshita – *ich konnte nicht, du hast nicht gekonnt* usw.

Die neutrale Form wird gebildet, indem man an den Stamm der 1. Verbgruppe **-anakatta** anhängt: yom**anakatta** – *ich habe nicht gelesen* usw.

an den Stamm der 2. Verbgruppe nur **-nakatta**: deki**nakatta** – *ich habe nicht gekonnt* usw.

Verb	**Stamm**	bejaht (Langform)	bejaht (ta-Form)	verneint (höflich)	verneint (neutral)
yomu	yom-i-	yomi**mashita**	yon**da**	yomi**masen deshita**	yom**anakatta**
kaku	kak-i-	kaki**mashita**	kai**ta**	kaki**masen deshita**	kak**anakatta**
dekiru	deki-	deki**mashita**	deki**ta**	deki**masen deshita**	deki**nakatta**

§20 Erlaubnis erfragen, erteilen, verwehren

Man kann mit der Phrase **mo ii desu** eine Erlaubnis erteilen oder, indem man ein **ka** anhängt, um Erlaubnis bitten:
Eigo de mo ii desu. *(Wir können gerne auch Englisch sprechen!)*
Eigo de mo ii desu ka. *(Können wir auch Englisch sprechen?)* (Achtung, **eigo** *(Englisch)* wird hier von der Instrumentalpartikel **de** begleitet.)

Um eine Erlaubnis zu erteilen oder zu erfragen, kann man aber neben **mo ii desu** auch Verben benutzen. Das Verb steht dann in der **te-Form** vor **mo ii**.
Koko ni suwatte mo ii desu. *(Sie können sich gerne hierhin setzen.)*
Koko ni suwatte mo ii desu ka. *(Kann ich mich hierhin setzen?)*

Beachten Sie: Die Bildung der japanischen Verbformen ist komplex. Daher ist es sinnvoll, die Verben direkt in den drei Formen – **Grundform**, **masu-Form** und **te-Form** zu lernen: **suwaru** – **suwarimasu** – **suwatte** *(setzen)*

Die **Grundform** zeigt den Verbstamm an, in dieser Form finden Sie das Verb im Wörterbuch.
Die **masu-Form** stellt das Verb in der bejahten Gegenwart dar.
Die **te-Form** wird in verschiedenen Zusammenhängen gebraucht. Mit ihr kann die absolute Gegenwart (*jetzt, gerade*) ausgedrückt werden, eine Befehlsform oder eben eine Frage um Erlaubnis gebildet werden.

Beispiele:
rauchen: **suu, suimasu, sutte**
ein Instrument spielen: **hiku, hikimasu, hiite**
sehen: **miru, mimasu, mite**
hinsetzen: **suwaru, suwarimasu... suwatte**
duschen: **shawā o abiru, shawā o abimasu, shawā o abite**
benutzen: **tsukau, tsukaimasu, tsukatte**
schreiben: **kaku, kakimasu, kaite**
gehen: **iku, ikimasu, itte**

Natürlich können Sie auch Ihr Einverständnis verwehren.
Dann beantworten Sie beispielsweise folgende Frage
Tabako o sutte mo ii desu ka. *(Darf ich hier rauchen?)*
nicht mit
Ee, tabako o sutte mo ii desu. *(Ja, Sie dürfen hier rauchen.)*
sondern mit der Verneinung
Tabako o sutte wa ikemasen. *(Sie dürfen hier nicht rauchen.)*

Die Phrase **mo ii desu** wird also durch **wa ikemasen** ersetzt.

Da man aber in Japan mit Ablehnungen oder einem klaren *Nein* sehr delikat umgeht, werden negative Aussagen oft umschrieben, um niemandem zu nahe zu treten. Ein einfaches **chotto**, was so viel wie *etwas/ein bisschen* bedeutet, genügt schon und bringt keinen der Gesprächspartner in Verlegenheit:
Tabako wa chotto... *(Rauchen ist ein bisschen... (schlecht).)*
Eigo-go wa chotto... *(Englisch ist ein bisschen... (schlecht).)*

§21 Uhrzeiten

Die Uhrzeiten werden ganz regelmäßig und logisch gebildet. An die Zahlen von 1-12 wird das Suffix **ji** für *Uhr* angehängt:
ichiji – 1 *Uhr*, ni**ji** – 2 *Uhr*

Halbe Stunden *vor* der nächsten vollen Stunde werden mit dem Wort **han** angezeigt:
ichiji han – *halb 2*

Da die japanischen Uhrzeiten nur mit den Zahlen von 1-12 gebildet werden, kann man, um Missverständnisse zu vermeiden, **gozen** – *vormittags (a.m.)* oder **gogo** – *nachmittags (p.m.)* hinzufügen:
gozen (no) goji han = *5.30 Uhr* oder *halb 6 morgens*
gogo (no) goji han = *17.30 Uhr* oder *halb 6 abends*

In gleicher Weise kann man auch andere Tageszeiten hinzufügen:
asa – *morgens*, **yoru** – *abends* und **yonaka** – *nachts*
Wenn man über Uhrzeiten spricht, verwendet man bei 4, 7 und 9 die folgenden Lesungen:
yoji – *4 Uhr* **shichi**ji – *7 Uhr* **ku**ji – *9 Uhr*

von – bis
Auch die Begriffe **kara** *(von, ab)* und **made** *(bis)*, sind Partikeln. Beide Partikeln können sowohl räumlich als auch zeitlich verwendet werden und werden dem Bezugswort nachgestellt: **sanji kara goji made** *(von 3.00 Uhr bis 5.00 Uhr)*. **Toukyou kara** *(aus Tokyo)*, **Hiroshima made** *(bis Hiroshima)*.

Minutenangaben
Um die Minuten genau wiederzugeben, verwenden Sie die Grundzahlen mit dem Zusatz **pun** oder **fun** für *Minuten*: **ippun, nifun, sanpun, yonpun, gofun, roppun, nanafun, hachifun** (oder **happun**) und **kyuufun**.

Bei den 10er Schritten für 10, 20, 30 Minuten ändert sich:
10 = **juu** zu **jup**
8:10 Uhr ist also **hachiji juppun**.
7:30 Uhr ist **shichi-ji sanjuppun**.

Auch im Japanischen können Sie die Uhrzeit mit der Angabe von Minuten *vor* und *nach* der vollen Stunden darstellen. *Nach* der vollen Stunde stellt man **sugi** nach, *vor* der vollen Stunde **mae**:
6:50 – shichiji juppun **mae**
7:10 – shichiji juppun **sugi**
Das Wort **sugi** kann auch weggelassen werden, **mae** ist jedoch obligatorisch.

§22 1mal, 2mal, 3mal...

1 X	i**kk**ai	いっかい	7 X	nanakai	ななかい
2 X	nikai	にかい	8 X	ha**kk**ai	はっかい
3 X	sankai	さんかい	9 X	kyuukai	きゅうかい
4 X	yonkai	よんかい	10 X	ju**kk**ai	じゅっかい
5 X	gokai	ごかい	11 X	juui**kk**ai	じゅういっかい
6 X	ro**kk**ai	ろっかい	12 X	juunikai	じゅうにかい

Achten Sie auf die Lautveränderungen!

Grammatik

§23 Die Zahlen von 100 bis 10.000.000

Die Hunderter werden mit **hyaku** gebildet. Bei einigen Zahlen kommt es zu Lautveränderungen:
100 – hyaku
300 – san**b**yaku (san + hyaku)
600 – ro**pp**yaku (roku + hyaku)
800 – ha**pp**yaku (hachi + hyaku)

Die Tausender werden mit **sen** gebildet.
1000 – sen
3000 – san**z**en (san + sen)
8000 – ha**ss**en (hachi + sen)

Die Einheit **man** für 10.000 ist gewöhnungsbedürftig:
10.000 – ichiman
40.000 – yonman

100.000 wird gebildet mit **juu** und **man**, also *10 X 10.000*:
500.000 – gojuuman

Es gibt keine Einheit für *Million*, stattdessen kombiniert man **hyaku** und **man**, *100 X 10.000*:
1.000.000 – hyakuman

10.000.000 werden aus den Zeichen **sen** und **man** kombiniert, also *1000 X 10.000*:
10.000.000 – i**ss**enman (ichi + sen + man)

§24 Höfliche Bitten und Ablehnungen

Höfliche Bitte (Befehlsform)

Höfliche Form:	**te- Form +**	**kudasai**
yomu *(lesen)*	yonde	kudasai!

Yonde kudasai!	*Lesen Sie bitte!*
Chotto matte kudasai!	*Warten Sie bitte einen Moment!*

Höfliche Ablehnung/Verneinte Befehlsform
Bitte nicht!

Bildung:	**Verbstamm +**	**naide kudasai**
taberu *(essen)*	tabe	naide kudasai

Kore o tabenaide kudasai!	*Iss dies bitte nicht!*
Kore o wasurenaide kudasai!	*Vergiss dies bitte nicht!*

Verbot
nicht dürfen

Bildung:	**-te-Form +**	**wa ikemasen**
terebi o miru *(fernsehen)*	mite	wa ikemasen

Grammatik

Terebi o mite wa ikemasen! *Fernsehen kommt nicht in Frage!*

Mit den Worten **-wa dame desu** *(geht überhaupt nicht)* kann man auch eine scharfe Ablehnung zum Ausdruck bringen.

Höfliche Anfrage
Darf ich?/Ist es in Ordnung, wenn...?

Bildung:	**-te-Form +**	**mo ii desu ka?**

Terebi o mite mo ii desu ka? — *Darf ich fernsehen?*
Itte mo ii desu ka? — *Darf ich gehen?*

Höfliche Ablehnung auf eine höfliche Anfrage
In Japan geht man mit Ablehnung oder auch mit einem *Nein!* sehr delikat um. Man umschreibt dies, um niemandem zu nahe zu treten. Ein einfaches **chotto**, was so viel wie *ein bisschen* bedeutet, genügt schon. Ein **chotto komarimasu** oder **muzukashii desu** ist schon deutlicher und bedeutet *das bringt mich in Verlegenheit*.

§25 Vergangenheit der Adjektive

Sowohl die **i-Adjektive** als auch die **na-Adjektive** verfügen jeweils über eigene Formen für Gegenwart (bejaht, verneint) und Vergangenheit (bejaht, verneint). Wie auch bei den Verben existieren verschiedene Formen für die verschiedenen sozialen Sprachebenen (Umgangssprache und höfliche Redeweise).

i-Adjektive
Umgangssprache

Gegenwart		Vergangenheit	
bejaht	verneint	bejaht	verneint
i-Adj. ohne -i	**+ -ku nai**	**+ -katta**	**+ -ku nakatta**
atarashi-i *neu*	atarashiku nai *nicht neu*	atarashikatta *war neu*	atarashiku nakatta *war nicht neu*
chiisa-i *klein*	chiisaku nai *nicht klein*	chiisakatta *war klein*	chiisaku nakatta *war nicht klein*
furu-i *alt*	furuku nai *nicht alt*	furukatta *war alt*	furuku nakatta *war nicht alt*
ii/yo-i *gut*	yoku nai *nicht gut*	yokatta *war gut*	yoku nakatta *war nicht gut*

ii und **yoi** bedeuten beide *gut*. In Verbindung mit **-ku** oder **-katta** wird jedoch nur **yoi** gebraucht.

Grammatik

Höfliche Redeweise

Gegenwart		Vergangenheit	
bejaht	verneint	bejaht	verneint
i-Adj. ohne -i	**+ -ku arimasen**	**+ -katta**	**+ -ku arimasen deshita**
omoshiro-i	omoshiroku arimasen	omoshirokatta	omoshiroku arimasen deshita
interessant	*nicht interessant*	*war interessant*	*war nicht interessant*
muzukashi-i	muzukashiku arimasen	muzukashikatta	muzukashiku arimasen deshita
schwierig	*nicht schwierig*	*war schwierig*	*war nicht schwierig*

Bei der Bildung der Formen entfällt das **-i** der **i-Adjektive**.
Der Unterschied zwischen den Formen der Umgangssprache und der höflichen Redeweise besteht nur in den verneinten Formen.

na-Adjektive
Umgangssprache

Gegenwart		Vergangenheit	
bejaht	verneint	bejaht	verneint
na-Adj. ohne na	**+ de wa nai**	**+ datta**	**+ de wa nakatta**
kirei na	kirei de wa nai	kirei datta	kirei de wa nakatta
schön	*nicht schön*	*war schön*	*war nicht schön*
benri na	benri de wa nei	benri datta	benri de wa nakatta
praktisch	*nicht praktisch*	*war praktisch*	*war nicht praktisch*

Höfliche Redeweise

Gegenwart		Vergangenheit	
bejaht	verneint	bejaht	verneint
na-Adj. ohne na	**+ de wa arimasen**	**+ deshita**	**+ de wa arimasen deshita**
suki na	suki de wa arimasen	suki deshita	suki de wa arimasen deshita
gern (haben)	*nicht gern haben*	*gern gehabt haben*	*nicht gern gehabt haben*

6 Wortliste Japanisch – Deutsch

A

aimasu	あいます	treffen	L7
aironkake	アイロンかけ	bügeln	L5
aisukēto	アイスケート	Eislaufen	L5
akai	あかい	rot	L4
akarui	あかるい	hell	L3
amerika	アメリカ	Amerika	Schriftt.
amerika-jin	アメリカじん	Amerikaner/-in	L2
amusuteruda-mu	アムステルダム	Amsterdam	L2
anshin	あんしん	Beruhigung	L9
aoi	あおい	blau	Schriftt.
apāto	アパート	Mietwohnung	L3
ara	あら	Oh! (Frauensprache)	L10
are	あれ	jenes	L3
arerugī	アレルギー	Allergie	L9
arigatou	ありがとう	danke	L1
Arigatou gozaimasu.	ありがとうございます。	Vielen Dank. (sehr höflich)	L1
arimasu	あります	vorhandensein	L3
arubaito	アルバイト	Job	L8
aruite	あるいて	zu Fuß	L6
asa	あさ	Morgen	L8
asagohan	あさごはん	Frühstück	L8
Asakusa	あさくさ	Stadtteil von Toukyou	L3
ashi	あし	Fuß, Bein	L9
atama	あたま	Kopf	L9

B

bāgensēru	バーゲンセール	Schlussverkauf	L4
baiku	バイク	Motorrad	L6
baiorin	バイオリン	Geige	L5
baiorin o hikimasu	バイオリンをひきます	Geige spielen	L8
ban	ばん	Abend	L8
bangohan	ばんごはん	Abendessen	L8
bangohan o tsukurimasu	ばんごはんをつくります	Abendessen zubereiten	L8
bangou	ばんごう	Nummer	L5
barēbōru	バレーボール	Volleyball	L5
basu	バス	Bus	L6
basukettobōru	バスケットボール	Basketball	L5
bengoshi	べんごし	Rechtanwalt/Rechtsanwältin	L2
bengoshi-san	べんごしさん	Rechtanwalt/Rechtsanwältin (höflich)	L2
benkyou	べんきょう	Lernen, Studium	L5
benkyou o shimasu	べんきょうをします	lernen, studieren	L5
berurin	ベルリン	Berlin	L2
bētōben	ベトーベン	Beethoven	L5
betsu ni	べつに	besonders, speziell	L5
betsubetsu	べつべつ	Getrennt bitte.	L1
bideo	ビデオ	Video	Schriftt.
bīru	ビール	Bier	Schriftt.
Bīru o muttsu, kudasai.	ビールをむっつください。	Sechs Bier bitte.	L1
bokushingu	ボクシング	Boxen	L5
bōringu	ボリング	Bowling	L5
bosshu	ボッシュ	Bosch	L2
burausu	ブラウス	Bluse	L4
butikku	ブティック	Boutique	L4
būtsu	ブーツ	Stiefel	L4
byouin	びょういん	Krankenhaus	L6

C

chairo (no)	ちゃいろの	braun	L4
chichi	ちち	(eigener) Vater	L8
chigaimasu	ちがいます	falsch, anders sein	L7
chiisai	ちいさい	klein	L9
chīzu	チーズ	Käse	Schriftt.
choudo	ちょうど	genau	L4
choudo ii	ちょうどいい	genau richtig	L4
chuugoku	ちゅうごく	China	L2
chuugoku-go	ちゅうごくご	Chinesisch	L2
chuugoku-jin	ちゅうごくじん	Chinese/Chinesin	L2

D

daidokoro	だいどころ	Küche	L3
daigaku	だいがく	Universität	L8
daikirai	だいきらい	überhaupt nicht mögen	L5
daisuki	だいすき	sehr mögen	L5
dake	だけ	nur	L8
darui	だるい	lahm, schlapp	L9
de	で	Instrumentalpartikel	L6
densha	でんしゃ	Bahn	L6
denwa	でんわ	Telefon	L3
denwa bangou	でんわばんごう	Telefonnummer	L5
depāto	デパート	Kaufhaus	L4
desu	です	sein (Ich bin, etc.)	L1
desu	です	die Kopula „sein"	L2
~ desu ne.	ですね。	nicht wahr?	L1
doitsu	ドイツ	Deutschland	L2
doitsu	ドイツ	Deutschland	L2
doitsu no kata	ドイツのかた	„eine Person aus Deutschland; Deutsche/Deutscher	L2
doitsu-go	ドイツご	Deutsch	L2
doitsu-jin	ドイツじん	Deutsche/-r	L2
doko	どこ	Fragewort „wo?"	L2
doko de	どこで	wo?	L7
dono gurai	どのぐらい	wie viel, wie lange	L6
dou itashimashite	どういたしまして	keine Ursache	L6
doumo sumimasen	どうもすみません	Entschuldigung	L7
doumo sumimasen deshita	どうもすみませんでした	ich bitte vielmals um Entschuldigung	L10
douzo	どうぞ。	bitte	L1
douzo yoroshiku	どうぞよろしく	sehr erfreut	L2
douzo, kochira e	どうぞこちらへ	Hier entlang bitte.	L3
doyoubi	どようび	Samstag	L7

E

e (Partikel)	へ	in, ins, nach (Frage wohin?)	L1
eakon	エアコン	Klimaanlage	L3
ee	ええ	ja	L2
eigo	えいご	Englisch	L2
eki	えき	Bahnhof	Schriftt.
E-mēru	E-メール	E-Mail	L8
en	えん	Yen	L4
enjinia	エンジニア	Ingenieur	L2

F

fenshingu	フエンシング	Fechten	L5
fōku	フォーク	Gabel	L1
fugu	ふぐ	Kugelfisch	L1
fugu no sashimi	ふぐのさしみ	Kugelfisch-Sashimi	L1
fugu ryouri	ふぐりょうり	Fugu Gerichte	L9
fun	ふん	Minute	L6
fune	ふね	Schiff	Schriftt.
furansu	フランス	Frankreich	L2
furansu-go	フランスご	Französisch	L2
furansu-jin	フランスじん	Franzose/Französin	L2
furo	ふろ	jap. Badewanne	L3
futari	ふたり	zwei Personen	L3
futatsu	ふたつ	zwei (Zählwort)	L1

G

ga	が	am Satzende ein schwaches aber	L4
gakki	がっき	Instrument	Schriftt.
gakusei	がくせい	Student/-in	L2
garufurendo	ガルフレンド	Freundin	L5
genkan	げんかん	Eingangsbereich	L3
genki	げんき	gut; gesund, munter	L1; 8
Genki desu.	げんきです。	Mir/uns geht es gut.	L1
getsuyoubi	げつようび	Montag	L7
gia	ギア	Gang	Schriftt.
ginkou	ぎんこう	Bank	L2
ginkou-in	ぎんこういん	Bankangestellte/-r	L2
go	ご	fünf	L5
Gochisousa-ma deshita.	ごちそうさまでした。	Vielen Dank für die Bewirtung	L3
Go-chumumon wa.	ごちゅむもんは。	Was darf es sein	L1
gofun	ごふん	fünf Minuten	L7
gogo	ごご	Nachmittag	L7
gohyaku	ごひゃく	500	L8
goji	ごじ	5 Uhr	L7
gojikan	ごじかん	fünf Stunden	L8
gojuu	ごじゅう	fünfzig	L6
gokai	ごかい	fünfmal	L8
go-kenkou	ごけんこう	Gesundheit (höflich)	L10
goman	ごまん	50000	L8
gomen nasai	ごめんなさい	Entschuldigung, tut mir leid	L7
gonin	ごにん	fünf Personen	L3
..goro	。。ごろ	ca, etwa	L8
gorufu	ゴルフ	Golf	L5
gosen	ごせん	5000	L8
go-shujin	ごしゅじん	Ehemann (höflich)	L9
gozen	ごぜん	Vormittag	L7
gurai	ぐらい	ungefähr	L6
gurē (no)	グレー の	grau	L4
gyuunyuu	ぎゅうにゅう	Milch	L1

H

hachi	はち	acht	L5
hachifun	はちふん	acht Minuten	L7
hachiji	はちじ	8 Uhr	L7
hachijikan	はちじかん	acht Stunden	L8
hachijuu	はちじゅう	achtzig	L6
hachiman	はちまん	80000	L8
hachinin	はちにん	acht Personen	L3
hade-na	はでな	schrill	L4
haha	はは	(eigene) Mutter	L8
hai	はい	ja	L2
haikingu	ハイキング	Bergwandern	L5
hajimemas-hite	はじめまして	nett Sie kennen zu lernen	L2
hajimete	はじめて	zum ersten Mal	L10
...han	。。。はん	halb...	L7
hana	はな	Blume	L6
hana-ya	はなや	Blumengeschäft	L6
handobōru	ハンドボール	Handball	L5
hansamu	ハンサム	gut aussehend (Mann)	L3
happyaku	はっぴゃく	800	L8
Harajuku	はらじゅく	Stadtteil von Toukyou	L4
hassen	はっせん	8000	L8
hebi	へび	Schlange	L10
heta	へた	etwas nicht gut können	L5
hidari	ひだり	links	L6
hikimasu	ひきます	Instrument spielen	L8
hikouki	ひこうき	Flugzeug	L6
hima	ひま	Freizeit	L7
hima desu	ひまです	Zeit haben	L7
hiroi	ひろい	weit, geräumig	L3
hiru	ひる	Mittag	L8
hirugohan	ひるごはん	Mittagessen	L8
hitori	ひとり	eine Person	L3
hitori de	ひとりで	allein	L3
hitotsu	ひとつ	ein/e (Zählwort)	L1
hiza	ひざ	Knie	L9
hoka no	ほかの	andere, anderer, anderes	L5
hokkaidou	ほっかいどう	Hokkaido	L1
hondana	ほんだな	Bücherregal	L3
honshuu	ほんしゅう	Honshu	L1
hontou ni	ほんとうに	wirklich	L10
honya	ほんや	Buchladen	L6
honya	ほんや	Buchladen	L6
honyaku	ほんやく	Übersetzung	L2
honyaku-ka	ほにゃくか	Übersetzer/-in	L2
hoteru	ホテル	Hotel	L6
hou	ほう	Richtung	L3
hyaku	ひゃく	100	L4
hyaku-en-shoppu	ひゃくえんショップ	100-Yen-Shop	L4
hyakuman	ひゃくまん	1000000	L8

I

i	い	Magen	L9
ichi	いち	eins	L5
ichiji	いちじ	1 Uhr	L7
ichijikan	いちじかん	eine Stunde	L8
ichiman	いちまん	10000	L8
igirisu	イギリス	England	L2
igirisu-jin	いぎりすじん	Engländer/-in	L2
ii	いい	gut	L3
ikaga	いかが	wie? (höflich)	L9
ikemasen	いけません	es geht nicht	L10
ikimasu	いきます	gehen, fahren	L6
ikkai	いっかい	Erdgeschoss	L3
ikkai	いっかい	einmal	L8
ikkodate	いっこだて	Einfamilienhaus	L3
ikura	いくら	wie teuer?	L8
ima	いま	Wohnzimmer	L3
imasu	います	vorhandensein	L3
inaka	いなか	Land	L3
inaka no hou	いなかのほう	auf dem Land	L3
inu	いぬ	Hund	L3
ippun	いっぷん	eine Minute	L7
irasshai	いらっしゃい	Willkommen.	L3
irasshaimase	いらっしゃいませ	Willkommen.	L1
iriguchi	いりぐち	Eingang	L7
iro	いろ	Farbe	L4
isha	いしゃ	Arzt (neutral)	L2

Wortliste

isogashii	いそがしい	viel zu tun haben	L8
itai desu	いたいです	Schmerzen haben, weh tun	L9
itaria	イタリア	Italien	L2
itaria-go	イタリアご	Italienisch	L2
itaria-jin	イタリアじん	Italiener/-in	L2
itsutsu	いつつ	fünf (Zählwort)	L1
iwau/ iwaimasu	いわう いわいます	feiern	L10

J

Jaa ne.	じゃあね	Tschüss.	L1
jazu	ジャズ	Jazz	Schriftt.
jidouhanbaiki	じどうはんばいき	(Selbstbedienungs-) Automat	L4
jimi-na	じみな	schlicht	L4
jīpan	ジーパン	Jeans	L4
jitensha	じてんしゃ	Fahrrad	L3
jitensha	じてんしゃ	Fahrrad	L6
jogingu	ジョギング	Jogging	L5
jouba	じょうば	Reiten	L5
jouzu	じょうず	etwas gut können	L5
juppun	じゅっぷん	zehn Minuten	L7
jūsu	ジュース	Saft	L1
juu	じゅう	zehn	L6
juuichiji	じゅういちじ	11 Uhr	L7
juuichijikan	じゅういちじかん	elf Stunden	L8
juuji	じゅうじ	10 Uhr	L7
juujikan	じゅうじかん	zehn Stunden	L8
juuniji	じゅうにじ	12 Uhr	L7
juunijikan	じゅうにじかん	zwölf Stunden	L8
juunin	じゅうにん	zehn Personen	L3
juusho	じゅうしょ	Adresse	L6

K

ka (Partikel)	か	Fragepartikel: Kennzeichnet eine Frage	L1
kaeru/ kaerimasu	かえる かえります	heimkehren, gehen	L9
kaidan	かいだん	Treppe	L3
kaimashou	かいましょう	lasst es uns kaufen!	L4
kaimashou ka	かいましょうか	soll ich es kaufen?	L4
kaimono	かいもの	Einkauf	L4
kaimono o shimasu	かいものをします	einkaufen	L4
kaisha	かいしゃ	Firma	L2
kaisha-in	かいしゃいん	Firmenangestellte/-r	L2
kaji	かじ	Hausarbeit	L5
kaji o shimasu	かじをします	Hausarbeit machen	L5
kakarimasu	かかります	kosten, brauchen	L6
kakimasu	かきます	schreiben	L8
kakkou	かっこう	Form, Gestalt	L5
kakkou ii	かっこういい	gut aussehen	L5
kamera	カメラ	Kamera	L3
Kanda	かんだ	Stadtteil von Toukyou	L2
kangaeru	かんがえる	überlegen	L4
kangaete okimashou	かんがえておきましょう	ich überlege es mir noch einmal	L4
kanji	かんじ	chinesische Schriftzeichen	L6
kankei	かんけい	Beziehung	L9
(ni) kankei arimasen	に かんけいありません	nichts zu tun haben mit	L9
kanojou	かのじょう	sie; Freundin	L5
kanpai	かんぱい	Prost!	L10
kanpai suru/ shimasu	かんぱいする します	anstoßen	L10
kara	から	von	L7
karada	からだ	Körper	L9
karate	からて	Karate	L5
karēraisu	カレーライス	Curryreis	L1
karimono	かりもの	Leihgabe	L8
kata	かた	wörtl."Richtung"; höflich für Person	L2
katai	かたい	hart	L10
kawaii	かわいい	niedlich, süß	L3
kawaisou	かわいそう	bedauernswert, arm	L10
kayoubi	かようび	Dienstag	L7
keiji	けいじ	Polizeibeamter	L2
keitai	けいたい	Handy	L5
kekkon	けっこん	Heirat	L2
kekkon shite imasu	けっこんしています	verheiratet sein	L2
kenchiku	けんちく	Architektur	L2
kenchiku-ka	けんちくか	Architekt/-in	L2
kendou	けんどう	Kendo	L5
kenkou	けんこう	Gesundheit	L10
ki	キ	Schlüssel	Schriftt.
kiiroi	きいろい	gelb	L4
kikimasu	ききます	hören	L8
kimasu	きます	kommen	L6
kinyoubi	きにょうび	Freitag	L7
kirai	きらい	nicht mögen	L5
kirei	きれい	schön, sauber	L3
kitsui	きつい	eng	L4
kitte	きって	Briefmarke	Schriftt.
kochira	こちら	hier; diese Richtung (höflich; an andere gerichtet – höflich für „kore")	L1
Kochira e douzo.	こちらへどうぞ。	Hier entlang bitte.	L1
kochira koso	こちらこそ	ganz meinerseits	L2
kodomo	こども	Kind, Kinder	L3
kodomobeya	こどもべや	Kinderzimmer	L3
kōhī	コーヒー	Kaffee	L1
koko	ここ	hier	L6
kokoa	ココア	Kakao	Schriftt.
kokonotsu	ここのつ	neun (Zählwort)	L1
kon iro (no)	こんいろ の	dunkelblau	L4
Konban wa.	こんばんは	Guten Abend.	L1
konbini	コンビニ	24-Stunden-Laden	L4
konna/sonna/ anna	こんな そんな あんな	(Attribut) solche, solcher, solches	L5
Konnichi wa.	こんにちは	Guten Tag	L1
kono/sono/ ano	この その あの	dieses, jenes (mit Substantiv)	L8
konpyūta	コンピュータ	PC, Computer	L3
kore	これ	dies	L3
kōto	コート	Mantel	L4
kouban	こうばん	Polizeibox	L6
koucha	こうちゃ	Grüntee	L1
kouen	こうえん	Park	L6
kudasai	ください	bitte; höflicher Imperativ	L1; 9
kuji	くじ	9 Uhr	L7
kujikan	くじかん	neun Stunden	L8
kukkī	クックー	Keks	Schriftt.
kuroi	くろい	schwarz	L4
kuruma	くるま	Auto	L6
kusuri	くすり	Medikament, Arznei	L9
kusuri-ya	くすりや	Apotheke	L9
kutsu	くつ	Schuhe	L4
kuuki	くうき	Luft	Schriftt.
kyaku	きゃく	Gast	L5
kyakuma	きゃくま	Gästezimmer	L3
kyou	きょう	heute	L7

kyoushi	きょうし	Lehrer/-in (neutral)	L2
kyuu	きゅう	neun	L5
kyuufun	きゅうふん	neun Minuten	L7
kyuuhyaku	きゅうひゃく	900	L8
kyuujuu	きゅうじゅう	neunzig	L6
kyuuman	きゅうまん	90000	L8
kyuunin	きゅうにん	neun Personen	L3
kyuusen	きゅうせん	9000	L8
kyuushuu	きゅうしゅう	Kyushu	L1

M

machi	まち	Stadt	L3
machi no naka	まちのなか	in der Stadt	L3
machigae-mashita	まちがえました	ich habe mich vertan/verwählt	L7
mada	まだ	noch	L9
made	まで	bis	L7
madorīdo	マドリード	Madrid	L2
mae	まえ	vor	L6
mainichi	まいにち	täglich, jeden Tag	L8
manshon	マンション	Eigentumswohnung	L3
mata	また	wieder	L5
matchi	まっち	Streichhölzer	L6
menyū	メンユー	Speisekarte	Schriftt.
messaji	メッサgジ	Nachricht	Schriftt.
midori iro (no)	みどりいろ の	grün	L4
migi	みぎ	rechts	L6
mijikai	みじかい	kurz	L4
mimi	みみ	Ohr	L9
mineraruuōtā	ミネラルウォーター	Mineralwasser	L1
minna	みんな	alle	L10
minna-san	みんなさん	Sie alle (Anrede)	L10
miru	みる	sehen	L10
mittsu	みっつ	drei (Zählwort)	L1
mo	も	auch (Partikel)	L3
mokuyoubi	もくようび	Donnerstag	L7
momo	もも	Pfirsisch	Schriftt.
mono	もの	Ding	L3
moshimoshi	もしもし	Hallo (am Telefon)	L7
mune	むね	Brust	Schriftt.
muri	むり	unmöglich	L7
musuko	むすこ	(eigener) Sohn	L3
musuko-san	むすこさん	Sohn (höflich)	L3
musume	むすめ	(eigene) Tochter	L3
musume-san	むすめさん	Tochter (höflich)	L3
muttsu	むっつ	sechs (Zählwort)	L1

N

nagai	ながい	lang	L4
naifu	ナイフ	Messer	Schriftt.
naka	なか	in	L3
naka	なか	im	L6
namae	なまえ	Name	L2
nan	なん	Fragewort „was?“	L2
nana	なな	sieben	L5
nanafun	ななふん	sieben Minuten	L7
nanahyaku	ななひゃく	700	L8
nanajuu	ななじゅう	siebzig	L6
nanakai	ななかい	siebenmal	L8
nanaman	ななまん	70000	L8
nanasen	ななせん	7000	L8
nanatsu	ななつ	sieben (Zählwort)	L1
nanji	なんじ	wie spät? Um wieviel Uhr?	L7
nanjikan	なんじかん	Wieviel Stunden?	L8
(ni) naru/narimasu	になる なります	werden	L10
nattou	なっとう	gegorne Sojabohnen	L5
neko	ねこ	Katze	L3
nekutai	ねくたい	Krawatte	L4
nemasu	ねます	schlafen	L8
ni	に	zwei	L5
ni	に	Partikel für Ortsangabe	L3
niaimasu	にあいます	stehen (jdm)	L4
nichiyoubi	にちようび	Sonntag	L7
nifun	にふん	zwei Minuten	L7
nihon	にほん	Japan	Schriftt.
nihon	にほん	Japan	L1
nihyaku	にひゃく	200	L8
niji	にじ	2 Uhr	L7
nijikan	にじかん	zwei Stunden	L8
nijuu	にじゅう	zwanzig	L6
nikai	にかい	1.Stock	L3
nikai	にかい	zweimal	L8
niman	にまん	20000	L8
nippon	にっぽん	Japan	L1
nisen	にせん	2000	L8
no (Partikel)	の	Genitivpartikel/ Possessiv-Partikel: Kennzeichnet Besitz oder Zugehörigkeit	L2
no chikaku	のちかく	in der Nähe	L6
nodo	のど	Hals	L9
nomimasu	のみます	trinken	L8
nōto	ノート	Notiz	Schriftt.
nugu/nugimasu	ぬぐ ぬぎます	ausziehen (Kleidung)	L9
nuno	ぬの	Stoff	Schriftt.

O

o (Partikel)	を	Objekt-Partikel: Kennzeichnet das direkte Objekt (Akkusativ-Objekt, Wen-Fall)	L1
o tabemasu	をたべます	essen	Schriftt.
o~ (Höflichkeitspräfix)	お	Vorsilbe bei höflicher Ansprache	L1
o-agari kudasai	おあがりください	kommen Sie bitte rein (hoch)	L3
ocha	おちゃ	Tee	L1
odaiji ni	おだいじに	gute Besserung	L9
oden	おでん	japanischer Eintopf	L1
o-furo-ba	おふろば	Badezimmer	L3
o-genki	おげんき	gesund, munter (höflich)	L8
o-genki desu ka.	おげんきですか。	Wie geht es dir/ Ihnen?	L1
o-hairi kudasai	おはいりください	kommen Sie bitte rein	L3
o-hashi	おはし	Essstäbchen	L1
Ohayou gozaimasu.	おはようございます	Guten Morgen.	L1
o-isha-san	おいしゃさん	Arzt (höflich)	L2
oishii	おいしい	lecker	L3
o-jama shimasu	おじゃまします	„ich belästige Sie“	L3
o-jou-san	おじょうさん	Tochter (höflich)	L3
okaasan	おかあさん	Mutter (höflich)	L8
okagen	おかげん	Gesundheitszustand (höflich)	L9
okanemochi	おかねもち	eine reiche Person	L8
O-kanjou o o-negaishimasu.	おかんじょうをおねがいします。	Die Rechnung bitte.	L1
okimasu	おきます	aufstehen	L8
okonomiyaki	おこのみやき	Kohlpfannekuchen (wörtl. Gebratenes, wie es dir gefällt)	L1
o-ko-san	おこさん	Kind, Kinder (höflich)	L3

Wortliste

oku-san	おくさん	Ehefrau (höflich)	L3
o-kyaku-sama	おきゃくさま	Gast (noch höflicher)	L5
o-kyaku-san	おきゃくさん	Gast (höflich)	L5
omawarisan	おまわりさん	Polizist	L6
omimai	おみまい	Krankenbesuch	L9
omiyage	おみやげ	Mitbringsel	L3
onaka	おなか	Bauch	L9
o-namae	おなまえ	dein/Ihr „ehrenwerter“ Name	L2
ondai	おんだい	Musikhochschule	L8
ongaku	おんがく	Musik	L2
ongaku-ka	おんがくか	Musiker/-in	L2
onna	おんな	Frau	L8
onsen	おんせん	heiße Quellen	Schriftt.
ookii	おおきい	groß	L4
Oomori	おおもり	Stadtteil von Toukyou	L2
oranda	オランダ	Holland, Niederlanden	L2
oranda-go	オランダご	Niederländisch	L2
oranda-jin	オランダじん	Holländer/-in, Niederländer/-in	L2
orenji iro	オレンジいろ	orange	L4
orenjijūsu	オレンジジュース	Orangensaft	L1
o-sewa ni narimashita	おせわになりました	ich habe Ihnen Umstände gemacht	L10
o-share	おしゃれ	schick	L3
o-shigoto	おしごと	dein/Ihr „ehrenwerter“ Beruf	L2
oshiire	おしいれ	Wandschrank	L3
ōsutoria	オーストリア	Österreich	L2
ōsutoria-jin	オーストリアじん	Österreicher/-in	L2
otaku	おたく	„ehrenwertes Zuhause“	L7
o-tearai	おてあらい	Toilette (höflich)	L3
otousan	おとうさん	Vater (höflich)	L8
Oyasumi nasai.	おやすみなさい	Gute Nacht.	L1

P

pairotto	パイロット	Pilot	L2
pan-ya	パンや	Bäcker/-in;Bäckerei	L2
pan-ya-san	パンやさん	Bäcker/-in (höflich)	L2
pari	パリ	Paris	L2
pekin	ペキン	Peking, Beijing	L2
petto	ペット	Haustier	L3
piano	ピアノ	Klavier	L5
piano o hikimasu	ピアノをひきます	Klavier spielen	L8
pinku (no)	ピンクの	pink, rosa	L4
pinpon	ぴんぽん	Tischtennis	L5
purintā	プリンター	Drucker	L3

R

rajio	ラジオ	Radio	L8
rāmen	ラーメン	chinesische Nudelsuppe	L1
renraku	れんらく	Verbindung	L5
renraku shimasu	れんらくします	Verbindung aufnehmen, sich melden	L5
renshuu	れんしゅう	Übung	L8
renshuu shimasu	れんしゅうします	üben	L8
rihāsaru	リハーサル	Probe	L7
ringo	りんご	Apfel	Schriftt.
ringojūsu	りんごジュース	Apfelsaft	L1
rokkai	ろっかい	sechsmal	L8
roku	ろく	sechs	L5
rokuji	ろくじ	6 Uhr	L7
rokujikan	ろくじかん	sechs Stunden	L8
rokujuu	ろくじゅう	sechzig	L6
rokuman	ろくまん	60000	L8
rokunin	ろくにん	sechs Personen	L3
rokusen	ろくせん	6000	L8
rōma	ローマ	Rom	L2
rondon	ロンドン	London	L2
roppun	ろっぷん	sechs Minuten	L7
roppyaku	ろっぴゃく	600	L8
ryokou	りょこう	reisen	L5
ryou	りょう	Wohnheim	L3
ryouri	りょうり	Kochen	L5
ryouri o shimasu	りょうりをします	kochen	L5

S

sake	さけ	Reiswein	L1
sakkā	サッカー	Fußball	Schriftt.
sakura	さくら	Kirschblüte	L1
samui	さむい	kalt	L9
samurai	さむらい	Samurai	L1
san	さん	drei	L5
~san	さん	Personensuffix Herr, Frau	L1
sanbyaku	さんびゃく	300	L8
sanji	さんじ	3 Uhr	L7
sanjikan	さんじかん	drei Stunden	L8
sanjuu	さんじゅう	dreizig	L6
sankai	さんかい	dreimal	L8
sanman	さんまん	30000	L8
sannin	さんにん	drei Personen	L3
sanpun	さんぷん	drei Minuten	L7
sanzen	さんぜん	3000	L8
sapporo	さっぽろ	Sapporo (Hauptstadt von Hokkaido)	L1
sararīman	サラリーマン	Angestellter	L8
sashimi	さしみ	Sashimi (Roher Fisch, dünn geschnitten)	L1
Sayounara.	さようなら	Auf Wiedersehen.	L1
sebiro	せびろ	Anzug	L4
sen	せん	1000	L8
sensei	せんせい	Lehrer/-in (höflich)	L2
sentou	せんとう	öffentliches Bad	L7
sētā	セーター	Pullover	L4
shawa o abimasu	しゃわをあびます	duschen	L8
shichiji	しちじ	7 Uhr	L7
shichijikan	しちじかん	sieben Stunden	L8
shichinin/nananin	しちにん ななにん	sieben Personen	L3
shigoto	しごと	Beruf, Arbeit	L2
shigoto o shimasu	しごとをします	arbeiten	L5
shikokou	しこく	Shikoko	L1
shimasu	します	machen, tun	L8
shinbun	しんぶん	Zeitung	L6
shinjimasu	しんじます	glauben	L8
shinjiraremasen	しんじられません	unglaublich; nicht glauben können	L8
shinjiraremasu	しんじられます	glauben können	L8
shinshitsu	しんしつ	Schlafzimmer	L3
shiroi	しろい	weiss	L4
shita	した	unter	L6
shitamachi	したまち	Altstadt	L3
shitsurei	しつれい	Unhöflichkeit	L9
shitsurei shimasu	しつれいします	„ich bin unhöflich“; Entschuldigung	L9
shokuyoku	しょくよく	Appetit	L9
shosai	しょさい	Arbeitszimmer	L3
shujin	しゅじん	(eigener) Ehemann	L9
shuu ni	しゅうに	pro Woche	L8

sora	そら	Himmel	L5
sore	それ	jenes	L3
sorosoro	そろそろ	langsam, allmählich	L9
soshite	そして	dann	L7
soto	そと	draußen	Schriftt.
sou	そう	so, aha	L3
souji	そうじ	Saubermachen	L5
souji o shimasu	そうじうぃします	putzen, saubermachen	L5
suchūwadesu	スチューワデス	Stewardess	L2
sugoi	すごい	Wahnsinn	L5
suiei	すいえい	Schwimmen	L5
suiyoubi	すいようび	Mittwoch	L7
sukāto	スカート	Rock	L4
suki	すき	mögen	L5
sukī	スキー	Ski fahren	L5
sumimasen	すみません	Entschuldigung	L4
sumou	すもう	Sumo, Sumo-Ringer	L1
(ni) sunde imasu (Grundformen „sumu“ und „iru“)	に すんでいます	wohnen	L2
sunīkā	スニーカー	Sport- und Freizeitschuhe	L4
supein	スペイン	Spanien	L2
supein-go	スペインご	Spanisch	L2
supein-jin	スペインじん	Spanier/-in	L2
supōtsu	スポーツ	Sport	L5
supōtsu o shimasu	スポーツをします	Sport treiben	L8
supūn	スプーン	Löffel	L1
sushi	すし	Sushi (Roher Fisch und Reis)	L1
sutereo	ステレオ	Stereoanlage	L3
suu/suimasu	すう すいます	rauchen	L10
suwaru/suwarimasu	すわる すわります	sich setzen	L10

T

tabako o suimasu	タバコをすいます	rauchen	L10
tabemasu	たべます	essen	L8
taihen	たいへん	schlimm, anstrengend, hart	L8
takai	たかい	teuer	L4
takkyuu	たっきゅう	Tischtennis	L5
takushi	タクシー	Taxi	L6
tanoshii	たのしい	macht Spaß	L3
tatsu	たつ	Drachen	Schriftt.
te	て	Hand	L5
tēburu	テーブル	Tisch	L6
tenisu	テニス	Tennis	L5
tenpura	てんぷら	frittiterte Gemüsestücke und Fischstücke	L1
terebi	テレビ	Fernseher	L3
tesuto	テスト	Test	Schriftt.
tīshatsu	ティーシャツ	T-Shirt	L4
to (Partikel)	と	und (Verbindungspartikel: Verbindet Nomen und Pronomen in Aufzählungen)	L1
toire	トイレ	Toilette	L3
tokodoki	ときどき	manchmal	L5
tokonoma	とこのま	Nische mit Rollbild	L3
tokorode	ところで	übrigens	L3
tomodachi	ともだち	Freund/-in	L7
tonari	となり	direkt neben	L6
too	とお	zehn (Zählwort)	L1
totemo	とても	sehr	L4
toukyou	とうきょう	Tokio	L1
tsukurimasu	つくります	machen, herstellen	L8
tsuma	つま	(eigene) Ehefrau	L3
tsumaranai	つまらない	langweilig	L3
(ni) tsutomete imasu (Grundformen „tsutomeru“ und „iru“)	に つとめています	angestellt sein	L2

U

uchi	うち	Haus, Zuhause	L3
udon	うどん	japanische Nudelsuppe	L1
ue	うえ	auf	L6
Ueno	うえの	Stadtteil von Toukyou	L2
uētoresu	ウエートレス	Kellnerin	L2
uīn	ウイーン	Wien	L2
urayamashii	うらやましい	beneidenswert	L3
ushiro	うしろ	hinter	L6

W

wa (Partikel)	は	Kennzeichnet den Satzgegenstand (Subjekt, Thema)	L1
..wa nani yori desu	。。。なによりです	die Hauptsache ist, dass.....	L10
wain	ワイン	Wein	L1
waishatsu	ワイシャツ	Oberhemd	L4
wakai	わかい	jung	L3
wakarimasu	わかります	verstehen	L7
wani	わに	Krokodil	L10
wanpīsu	ワンピース	Kleid	L4
washinton	ワシントン	Washington	L2
washitsu	わしつ	Zimmer im jap. Stil	L3

Y

yakisoba	やきそば	gebratene chinesische Nudeln	L1
yakitori	やきとり	gegrilltes Hühnchenfleisch am Spieß	L1
yakyuu	やきゅう	Baseball	L5
yamaaruki	やまあるき	Bergwandern	L5
yappari	やっぱり	also	L9
yasui	やすい	billig	L4
yattsu	やっつ	acht (Zählwort)	L1
yoi	よい	gut	L8
yoji	よじ	4 Uhr	L7
yojikan	よじかん	vier Stunden	L8
yomimasu	よみます	lesen	L8
yon	よん	vier	L5
yonhyaku	よんひゃく	400	L8
yonin	よにん	vier Personen	L3
yonjuu	よんじゅう	vierzig	L6
yonkai	よんかい	viermal	L8
yonman	よんまん	40000	L8
yonpun	よんぷん	vier Minuten	L7
yonsen	よんせん	4000	L8
yoroshiku onegai shimasu	よろしくおねがいします	angenehm Sie kennen zu lernen	L2
yoru	よる	Abend	L8
yottsu	よっつ	vier (Zählwort)	L1
yubi	ゆび	Finger	L9
yume	ずめ	Traum	Schriftt.
yurui	ゆるい	weit	L4
yuubinkyoku	ゆうびんきょく	Postamt	L6

Z

zero	ゼロ	Null	L5
zubon	ずぼん	Hose	L4

7 Wortliste Deutsch – Japanisch

A

Abend	ban	ばん	L8
Abend	yoru	よる	L8
Abendessen	bangohan	ばんごはん	L8
Abendessen zubereiten	bangohan o tsukurimasu	ばんごはんを つくります	L8
aber (schwach, am Satzende)	ga	が	L4
acht	hachi	はち	L5
acht (Zählwort)	yattsu	やっつ	L1
acht Minuten	hachifun	はちふん	L7
acht Personen	hachinin	はちにん	L3
acht Stunden	hachijikan	はちじかん	L8
8 Uhr	hachiji	はちじ	L7
achtzig	hachijuu	はちじゅう	L6
Adresse	juusho	じゅうしょ	L6
alle	minna	みんな	L10
allein	hitori de	ひとりで	L3
Allergie	arerugī	アレルギー	L9
also	yappari	やっぱり	L9
Altstadt	shitamachi	したまち	L3
Amerika	amerika	アメリカ	Schriftt.
Amerika	amerika	アメリカ	L2
Amerikaner/-in	amerika-jin	アメリカじん	L2
Amsterdam	amusuteruda-mu	アムステルダム	L2
andere, anderer, anderes	hoka no	ほかの	L5
angenehm Sie kennen zu lernen	yoroshiku o-negai shimasu	よろしくおねがいします	L2
angestellt sein	(ni) tsutomete imasu (Grundformen "tsutomeru" und "iru")	に　つとめています	L2
Angestellter	sararīman	サラリーマン	L8
anstoßen	kanpai suru/ shimasu	かんぱいする します	L10
Anzug	sebiro	せびろ	L4
Apfel	ringo	りんご	Schriftt.
Apfelsaft	ringojūsu	りんごュース	L1
Apotheke	kusuri-ya	くすりや	L9
Appetit	shokuyoku	しょくよく	L9
Arbeit, Beruf	shigoto	しごと	L5
arbeiten	shigoto o shimasu	しごとをします	L5
Arbeitszimmer	shosai	しょさい	L3
Architekt/-in	kenchiku-ka	けんちくか	L2
Architektur	kenchiku	けんちく	L2
Arzt (höflich)	o-isha-san	おいしゃさん	L2
Arzt (neutral)	isha	いしゃ	L2
auch (Partikel)	mo	も	L3
auf	ue	うえ	L6
auf dem Land	inaka no hou	いなかのほう	L3
Auf Wiedersehen.	sayounara	さようなら	L1
Auf Wiedersehen.	Sayounara.	さようなら	L1
Auf Wiedersehn	sayounara	さようなら	L3
aufstehen	okimasu	おきます	L8
Auto	kuruma	くるま	L6
(Selbstbedienungs-) Automat	jidouhanbaiki	じどうはんばいき	L4
ausziehen (Kleidung)	nugu/nugimasu	ぬぐ ぬぎます	L9

B

Bäcker/-in (höflich)	pan-ya-san	パンやさん	L2
Bäcker/-in;Bäckerei	pan-ya	パンや	L2
Badezimmer	o-furo-ba	おふろば	L3
Bahn	densha	でんしゃ	L6
Bahnhof	eki	えき	Schriftt.
Bahnhof	eki	えき	L6
Bank	ginkou	ぎんこう	L2
Bankangestellte/-r	ginkou-in	ぎんこういん	L2
Baseball	yakyuu	やきゅう	L5
Basketball	basukettobōru	バスケットボール	L5
Bauch	onaka	おなか	L9
bedauernswert, arm	kawaisou	かわいそう	L10
Beethoven	bētōben	ベトーベン	L5
beneidenswert	urayamashii	うらやましい	L3
Bergwandern	haikingu	ハイキング	L5
Bergwandern	yamaaruki	やまあるき	L5
Berlin	berurin	ベルリン	L2
Beruf, Arbeit	shigoto	しごと	L2
dein/Ihr "ehrenwerter" Beruf	o-shigoto	おしごと	L2
Beruhigung	anshin	あんしん	L9
besonders, speziell	betsu ni	べつに	L5
Beziehung	kankei	かんけい	L9
Bier	bīru	ビール	Schriftt.
Bier	bīru	ビール	L1
billig	yasui	やすい	L4
bis	made	まで	L7
bitte	douzo	とぞう。	L1
bitte	kudasai	ください	L1
blau	aoi	あおい	Schriftt.
Blume	hana	はな	Schriftt.
Blume	hana	はな	L6
Blumengeschäft	hana-ya	はなや	L6
Bluse	burausu	ブラウス	L4
Bosch	bosshu	ボッシュ	L2
Boutique	butikku	ブテイック	L4
Bowling	bōringu	ボリング	L5
Boxen	bokushingu	ボクシング	L5
braun	chairo (no)	ちゃいろの	L4
Briefmarke	kitte	きって	Schriftt.
Brust	mune	むね	Schriftt.
Bücherregal	hondana	ほんだな	L3
Buchladen	honya	ほんや	L6
Buchladen	honya	ほんや	L6
bügeln	aironkake	アイロンかけ	L5
Bus	basu	バス	L6

C

ca, etwa	..goro	。。ごろ	L8
China	chuugoku	ちゅうごく	L2
Chinese/Chinesin	chuugoku-jin	ちゅうごくじん	L2
Chinesisch	chuugoku-go	ちゅうごくご	L2
chinesische Nudelsuppe	rāmen	ラーメン	L1
chinesische Schriftzeichen	kanji	かんじ	L6
Curryreis	karēraisu	カレーライス	L1

D

danke	arigatou	ありがとう	L1
dann	soshite	そして	L7
Deutsch	doitsu-go	ドイツご	L2
Deutsche/-r	doitsu-jin	ドイツじん	L2
"eine Person aus Deutschland; Deutsche/Deutscher	doitsu no kata	ドイツのかた	L2
Deutschland	doitsu	ドイツ	L2
die Hauptsache ist, dass.....	..wa nani yori desu	。。。なによりです	L10

Wortliste

Die Rechnung bitte.	O-kanjou o o-negaishimasu.	おかんじょうをおねがいします。	L1
Dienstag	kayoubi	かようび	L7
dies	kore	これ	L3
diese Richtung; höflich für "kore"	kochira	こちら	L3
dieses, jenes (mit Substantiv)	kono/sono/ano	この その あの	L8
Ding	mono	もの	L3
direkt neben	tonari	となり	L6
Donnerstag	mokuyoubi	もくようび	L7
Drachen	tatsu	たつ	Schriftt.
draußen	soto	そと	Schriftt.
drei	san	さん	L5
drei (Zählwort)	mittsu	みっつ	L1
drei Minuten	sanpun	さんぷん	L7
drei Personen	sannin	さんにん	L3
drei Stunden	sanjikan	さんじかん	L8
3 Uhr	sanji	さんじ	L7
dreimal	sankai	さんかい	L8
dreizig	sanjuu	さんじゅう	L6
Drucker	purintā	プリンター	L3
dunkelblau	kon iro (no)	こんいろ の	L4
duschen	shawa o abimasu	しゃわをあびます	L8

E

Ehefrau (eigene)	tsuma	つま	L3
Ehefrau (höflich)	oku-san	おくさん	L3
Ehemann (eigener)	shujin	しゅじん	L9
Ehemann (höflich)	go-shujin	ごしゅじん	L9
Eigentumswohnung	manshon	マンション	L3
1 Uhr	ichiji	いちじ	L7
ein/e (Zählwort)	hitotsu	ひとつ	L1
eine Minute	ippun	いっぷん	L7
eine Person	hitori	ひとり	L3
eine Stunde	ichijikan	いちじかん	L8
Einfamilienhaus	ikkodate	いっこだて	L3
Eingang	iriguchi	いりぐち	L7
Eingangsbereich	genkan	げんかん	L3
Einkauf	kaimono	かいもの	L4
einkaufen	kaimono o shimasu	かいものをします	L4
einmal	ikkai	いっかい	L8
eins	ichi	いち	L5
Eislaufen	aisukēto	アイスケート	L5
elf Stunden	juuichijikan	じゅういちじかん	L8
11 Uhr	juuichiji	じゅういちじ	L7
E-Mail	E-mēru	E-メール	L8
eng	kitsui	きつい	L4
England	igirisu	イギリス	L2
Engländer/-in	igirisu-jin	いぎりすじん	L2
Englisch	eigo	えいご	L2
Entschuldigung	sumimasen	すみません	L4
Entschuldigung	doumo sumimasen	どうもすみません	L7
Entschuldigung, tut mir leid	gomen nasai	ごめんなさい	L7
Entschuldigung; "ich bin unhöflich"	shitsurei shimasu	しつれいします	L9
"ich belästige Sie"	o-jama shimasu	おじゃまします	L3
Erdgeschoss	ikkai	いっかい	L3
1.Stock	nikai	にかい	L3
es geht nicht	ikemasen	いけません	L10
essen	o tabemasu	をたべます	Schriftt.
essen	tabemasu	たべます	L8
Essstäbchen	o-hashi	おはし	L1
etwas gut können	jouzu	じょうず	L5
etwas nicht gut können	heta	へた	L5

F

Fahrrad	jitensha	じてんしゃ	L3
Fahrrad	jitensha	じてんしゃ	L6
falsch, anders sein	chigaimasu	ちがいます	L7
Farbe	iro	いろ	L4
Fechten	fenshingu	フエンシング	L5
feiern	iwau/iwaimasu	いわう いわいます	L10
Fernseher	terebi	テレビ	Schriftt.
Fernseher	terebi	テレビ	L3
Finger	yubi	ゆび	L9
Firma	kaisha	かいしゃ	L2
Firmenangestellte/-r	kaisha-in	かいしゃいん	L2
Flugzeug	hikouki	ひこうき	L6
Form, Gestalt	kakkou	かっこう	L5
Fragepartikel: Kennzeichnet eine Frage	ka (Partikel)	か	L1
Fragewort "was?"	nan	なん	L2
Fragewort "wo?"	doko	どこ	L2
Frankreich	furansu	フランス	L2
Franzose/Französin	furansu-jin	フランスじん	L2
Französisch	furansu-go	フランスご	L2
Frau	onna	おんな	L8
Freitag	kinyoubi	きにょうび	L7
Freizeit	hima	ひま	L7
Freund/-in	tomodachi	ともだち	L7
Freundin	garufurendo	ガルフレンド	L5
frittierte Gemüsestücke und Fischstücke	tenpura	てんぷら	L1
Frühstück	asagohan	あさごはん	L8
Fugu Gerichte	fugu ryouri	ふぐりょうり	L9
fünf	go	ご	L5
fünf (Zählwort)	itsutsu	いつつ	L1
fünf Minuten	gofun	ごふん	L7
fünf Personen	gonin	ごにん	L3
fünf Stunden	gojikan	ごじかん	L8
5 Uhr	goji	ごじ	L7
fünfmal	gokai	ごかい	L8
fünfzig	gojuu	ごじゅう	L6
Fuß, Bein	ashi	あし	L9
Fußball	sakkā	サッカー	Schriftt.
Fußball	sakkā	サッカー	L5

G

Gabel	fōku	フォーク	L1
Gang	gia	ギア	Schriftt.
ganz meinerseits	kochira koso	こちらこそ	L2
Gast	kyaku	きゃく	L5
Gast (noch höflicher)	o-kyaku-sama	おきゃくさま	L5
Gast (höflich)	o-kyaku-san	おきゃくさん	L5
Gästezimmer	kyakuma	きゃくま	L3
gebratene chinesische Nudeln	yakisoba	やきそば	L1
gegorne Sojabohnen	nattou	なっとう	L5
gegrilltes Hühnchenfleisch am Spieß	yakitori	やきとり	L1
gehen, fahren	ikimasu	いきます	L6
Geige	baiorin	バイオリン	L5
Geige spielen	baiorin o hikimasu	バイオリンをひきます	L8
gelb	kiiroi	きいろい	L4
genau	choudo	ちょうど	L4
genau richtig	choudo ii	ちょうどいい	L4
Genitivpartikel	no	の	L2
gesund, munter	genki	げんき	L8
gesund, munter (höflich)	o-genki	おげんき	L8
Gesundheit	kenkou	けんこう	L10
Gesundheit (höflich)	go-kenkou	ごけんこう	L10

Wortliste

Gesundheitszustand (höflich)	okagen	おかげん	L9
Getrennt bitte.	betsubetsu	べつべつ	L1
glauben	shinjimasu	しんじます	L8
glauben können	shinjiraremasu	しんじられます	L8
Golf	gorufu	ゴルフ	L5
grau	gurē (no)	グレー の	L4
groß	ookii	おおきい	L4
grün	midori iro (no)	みどりいろ の	L4
Grüntee	koucha	こうちゃ	L1
gut	genki	げんき	L1
gut	ii	いい	L3
gut	yoi	よい	L8
gut aussehen	kakkou ii	かっこういい	L5
gut aussehend (Mann)	hansamu	ハンサム	L3
gute Besserung	odaiji ni	おだいじに	L9
Gute Nacht.	Oyasumi nasai.	おやすみなさい	L1
Gute Nacht.	Oyasumi nasai.	おやすみなさい	L3
Guten Abend.	Konban wa.	こんばんは	L1
Guten Abend.	Konban wa.	こんばんは	L3
Guten Morgen.	Ohayou gozaimasu.	おはようございます	L1
Guten Tag	Konnichi wa.	こんにちは	L1
guten Tag	konnichi wa.	こんにちは	L3

H

halb...	...han	。。。はん	L7
Hallo (am Telefon)	moshimoshi	もしもし	L7
Hals	nodo	のど	L9
Hand	te	て	L5
Handball	handobōru	ハンドボール	L5
Handy	keitai	けいたい	L5
hart	katai	かたい	L10
Haus, Zuhause	uchi	うち	L3
"ehrenwertes Zuhause"	otaku	おたく	L7
Hausarbeit	kaji	かじ	L5
Hausarbeit machen	kaji o shimasu	かじをします	L5
Haustier	petto	ペット	L3
heimkehren, gehen	kaeru/ kaerimasu	かえる かえります	L9
Heirat	kekkon	けっこん	L2
heiße Quellen	onsen	おんせん	Schriftt.
hell	akarui	あかるい	L3
heute	kyou	きょう	L7
hier	koko	ここ	L6
hier (höflich an andere gerichtet)	kochira	こちら	L1
Hier entlang bitte.	Kochira e douzo.	こちらへどうぞ。	L1
Hier entlang bitte.	Douzo, kochira e.	どうぞこちらへ	L3
Himmel	sora	そら	Schriftt.
hinter	ushiro	うしろ	L6
höflicher Imperativ	kudasai	ください	L9
Hokkaido	hokkaidou	ほっかいどう	L1
Holland, Niederlanden	oranda	オランダ	L2
Holländer/-in, Niederländer/-in	oranda-jin	オランダじん	L2
Honshu	honshuu	ほんしゅう	L1
hören	kikimasu	ききます	L8
Hose	zubon	ずぼん	L4
Hotel	hoteru	ホテル	L6
Hund	inu	いぬ	L3
100 -Yen- Shop	hyaku-en-shoppu	ひゃくえんショップ	L4

I

ich bitte vielmals um Entschuldigung	doumo sumimasen deshita	どうもすみませんでした	L10
ich habe Ihnen Umstände gemacht	o-sewa ni narimashita	おせわになりました	L10
ich habe mich vertan/verwählt	machigaemashita	まちがえました	L7
ich überlege es mir noch einmal	kangaete okimashou	かんがえておきましょう	L4
im	naka	なか	L6
in	naka	なか	L3
in der Nähe	no chikaku	のちかく	L6
in der Stadt	machi no naka	まちのなか	L3
in, ins, nach (Frage wohin?)	e (Partikel)	へ	L1
Ingenieur	enjinia	エンジニア	L2
Instrument	gakki	がっき	Schriftt.
Instrument spielen	hikimasu	ひきます	L8
Instrumentalpartikel	de	で	L6
Italien	itaria	イタリア	L2
Italiener/-in	itaria-jin	イタリアじん	L2
Italienisch	itaria-go	イタリアご	L2

J

ja	hai, ee	はい、ええ	L2
jap. Badewanne	furo	ふろ	L3
Japan	nihon	にほん	Schriftt.
Japan	nippon	にっぽん	L1
japanische Nudelsuppe	udon	うどん	L1
japanischer Eintopf	oden	おでん	L1
Jazz	jazu	ジャズ	Schriftt.
Jeans	jīpan	ジーパン	L4
Jeans(hosen)	jīpan	ジーパン	Schriftt.
jenes	sore	それ	L3
jenes	are	あれ	L3
Job	arubaito	アルバイト	L8
Jogging	jogingu	ジョギング	L5
jung	wakai	わかい	L3

K

Kaffee	kōhī	コーヒー	L1
Kakao	kokoa	ココア	Schriftt.
kalt	samui	さむい	L9
Kamera	kamera	カメラ	L3
Karate	karate	からて	L5
Käse	chīzu	チーズ	Schriftt.
Katze	neko	ねこ	L3
Kaufhaus	depāto	デパート	L4
keine Ursache	dou itashimashite	どういたしまして	L6
Keks	kukkī	クックー	Schriftt.
Kellnerin	uētoresu	ウエートレス	L2
Kendo	kendou	けんどう	L5
Kennzeichnet den Satzgegenstand (Subjekt, Thema)	wa (Partikel)	は	L1
Kind, Kinder	kodomo	こども	L3
Kind, Kinder (höflich)	o-ko-san	おこさん	L3
Kinderzimmer	kodomobeya	こどもべや	L3
Kirschblüte	sakura	さくら	L1
Klavier	piano	ピアノ	L5
Klavier spielen	piano o hikimasu	ピアノをひきます	L8
Kleid	wanpīsu	ワンピース	L4
klein	chiisai	ちいさい	L9
Klimaanlage	eakon	エアコン	L3
Knie	hiza	ひざ	L9
Kochen	ryouri	りょうり	L5
kochen	ryouri o shimasu	りょうりをします	L5
Kohlpfannekuchen (wörtl. Gebratenes, wie es dir gefällt)	okonomiyaki	おこのみやき	L1
kommen	kimasu	きます	L6
kommen Sie bitte rein	o-hairi kudasai	おはいりください	L3

kommen Sie bitte rein (hoch)	o-agari kudasai	おあがりください	L3
Kopf	atama	あたま	L9
Körper	karada	からだ	L9
kosten, brauchen	kakarimasu	かかります	L6
Krankenbesuch	omimai	おみまい	L9
Krankenhaus	byouin	びょういん	L6
Krawatte	nekutai	ねくたい	L4
Krokodil	wani	わに	Schriftt.
Küche	daidokoro	だいどころ	L3
Kugelfisch	fugu	ふぐ	L1
Kugelfisch-Sashimi	fugu no sashimi	ふぐのさしみ	L1
kurz	mijikai	みじかい	L4
Kyushu	kyuushuu	きゅうしゅう	L1

L

lahm, schlapp	darui	だるい	L9
Land	inaka	いなか	L3
lang	nagai	ながい	L4
langsam, allmählich	sorosoro	そろそろ	L9
langweilig	tsumaranai	つまらない	L3
lasst es uns kaufen!	kaimashou	かいましょう	L4
lecker	oishii	おいしい	L3
Lehrer/-in (höflich)	sensei	せんせい	L2
Lehrer/-in (neutral)	kyoushi	きょうし	L2
Leihgabe	karimono	かりもの	L8
lernen, studieren	benkyou o shimasu	べんきょうをします	L5
Lernen, Studium	benkyou	べんきょう	L5
lesen	yomimasu	よみます	L8
links	hidari	ひだり	L6
Löffel	supūn	スプーン	L1
London	rondon	ロンドン	L2
Luft	kuuki	くうき	Schriftt.

M

machen, herstellen	tsukurimasu	つくります	L8
machen, tun	shimasu	します	L8
macht Spaß	tanoshii	たのしい	L3
Madrid	madorīdo	マドリード	L2
Magen	i	い	L9
manchmal	tokodoki	ときどき	L5
Mantel	kōto	コート	L4
Medikament, Arznei	kusuri	くすり	L9
Messer	naifu	ナイフ	Schriftt.
Mietwohnung	apāto	アパート	L3
Milch	gyuunyuu	ぎゅうにゅう	L1
Mineralwasser	mineraruuōtā	ミネラルウォーター	L1
Minute	fun	ふん	L6
Mir/uns geht es gut.	Genki desu.	げんきです。	L1
Mitbringsel	omiyage	おみやげ	L3
Mittag	hiru	ひる	L8
Mittagessen	hirugohan	ひるごはん	L8
Mittwoch	suiyoubi	すいようび	L7
mögen	suki	すき	L5
Montag	getsuyoubi	げつようび	L7
Morgen	asa	あさ	L8
Motorrad	baiku	バイク	L6
Musik	ongaku	おんがく	L2
Musiker/-in	ongaku-ka	おんがくか	L2
Musikhochschule	ondai	おんだい	L8
Mutter (eigene)	haha	はは	L8
Mutter (höflich)	okaasan	おかあさん	Schriftt.

N

Nachmittag	gogo	ごご	L7
Nachricht	messaji	メッサgジ	Schriftt.
Name	namae	なまえ	L2
dein/Ihr "ehrenwerter" Name	o-namae	おなまえ	L2
Nett/Angenehm, Sie kennen zu lernen.	hajimemashite	はじめまして	L2
neun	kyuu	きゅう	L5
neun (Zählwort)	kokonotsu	ここのつ	L1
neun Minuten	kyuufun	きゅうふん	L7
neun Personen	kyuunin	きゅうにん	L3
neun Stunden	kujikan	くじかん	L8
9 Uhr	kuji	くじ	L7
neunzig	kyuujuu	きゅうじゅう	L6
nicht mögen	kirai	きらい	L5
nicht wahr?	~ desu ne.	ですね。	L1
nichts zu tun haben mit	(ni) kankei arimasen	に かんけいありません	L9
Niederländisch	oranda-go	オランダご	L2
niedlich, süß	kawaii	かわいい	L3
Nische mit Rollbild	tokonoma	とこのま	L3
noch	mada	まだ	L9
Notiz	nōto	ノート	Schriftt.
Null	zero	ゼロ	Schriftt.
Nummer	bangou	ばんごう	L5
nur	dake	だけ	L8

O

Oberhemd	waishatsu	ワイシャツ	L4
Objekt-Partikel: Kennzeichnet das direkte Objekt (Akkusativ-Objekt, Wen-Fall)	o (Partikel)	を	L1
öffentliches Bad	sentou	せんとう	L7
Oh! (Frauensprache)	ara	あら	L10
Ohr	mimi	みみ	L9
orange	orenji iro	オレンジいろ	L4
Orangensaft	orenjijūsu	オレンジジュース	L1
Österreich	ōsutoria	オーストリア	L2
Österreicher/-in	ōsutoria-jin	オーストリアじん	L2

P

Paris	pari	パリ	L2
Park	kouen	こうえん	L6
Partikel für Ortsangabe	ni	に	L3
PC, Computer	konpyūta	コンピュータ	L3
Peking, Beijing	pekin	ペキン	L2
wörtl."Richtung"; höflich für Person	kata	かた	L2
Personensuffix Herr, Frau	~san	さん	L1
Pfirsisch	momo	もも	Schriftt.
Pilot	pairotto	パイロット	L2
pink, rosa	pinku (no)	ピンクの	L4
Polizeibeamter	keiji	けいじ	L2
Polizeibox	kouban	こうばん	L6
Polizist	omawarisan	おまわりさん	L6
Possessiv-Partikel: Kennzeichnet Besitz oder Zugehörigkeit	no (Partikel)	の	L1
Postamt	yuubinkyoku	ゆうびんきょく	L6
pro Woche	shuu ni	しゅうに	L8
Probe	rihāsaru	リハーサル	L7
Prost!	kanpai	かんぱい	L10
Pullover	sētā	セーター	L4
putzen, saubermachen	souji o shimasu	そうじうぃします	L5

R

Radio	rajio	ラジオ	L8
rauchen	suu/suimasu	すう すいます	L10
rauchen	tabako o suimasu	タバコをすいます	L10

Wortliste

Rechtanwalt/ Rechtsanwältin	bengoshi	べんごし	L2
Rechtanwalt/Rechtsanwältin (höflich)	bengoshi-san	べんごしさん	L2
rechts	migi	みぎ	L6
reiche Person	okanemochi	おかねもち	L8
reisen	ryokou	りょこう	L5
Reiswein	sake	さけ	L1
Reiten	jouba	じょうば	L5
Richtung	hou	ほう	L3
Rock	sukāto	スカート	L4
Rom	rōma	ローマ	L2
rot	akai	あかい	L4

S

Saft	jūsu	ジュース	Schriftt.
Samstag	doyoubi	どようび	L7
Samurai	samurai	さむらい	L1
Sapporo (Hauptstadt von Hokkaido)	sapporo	さっぽろ	L1
Sashimi (Roher Fisch, dünn geschnitten)	sashimi	さしみ	L1
Saubermachen	souji	そうじ	L5
schick	o-share	おしゃれ	L3
Schiff	fune	ふね	Schriftt.
schlafen	nemasu	ねます	L8
Schlafzimmer	shinshitsu	しんしつ	L3
Schlange	hebi	へび	L10
schlicht	jimi-na	じみな	L4
schlimm, anstrengend, hart	taihen	たいへん	L8
Schlüssel	ki	キ	Schriftt.
Schlussverkauf	bāgensēru	バーゲンセール	L4
Schmerzen haben, weh tun	itai desu	いたいです	L9
schön, sauber	kirei	きれい	L3
schreiben	kakimasu	かきます	L8
schrill	hade-na	はでな	L4
Schuhe	kutsu	くつ	L4
schwarz	kuroi	くろい	L4
Schwimmen	suiei	すいえい	L5
sechs	roku	ろく	L5
sechs (Zählwort)	muttsu	むっつ	L1
Sechs Bier bitte.	Bīru o muttsu, kudasai.	ビールをむっつください。	L1
sechs Minuten	roppun	ろっぷん	L7
sechs Personen	rokunin	ろくにん	L3
sechs Stunden	rokujikan	ろくじかん	L8
6 Uhr	rokuji	ろくじ	L7
sechsmal	rokkai	ろっかい	L8
sechzig	rokujuu	ろくじゅう	L6
sehen	miru	みる	L10
sehr	totemo	とても	L4
sehr erfreut	douzo yoroshiku	どうぞよろしく	L2
sehr mögen	daisuki	だいすき	L5
sein (ich bin, etc. – Kopula)	desu	です	L1
Shikoko	shikokou	しこく	L1
sich setzen	suwaru/ suwarimasu	すわる すわります	L10
Sie alle (Anrede)	minna-san	みんなさん	L10
sie; Freundin	kanojou	かのじょう	L5
sieben	nana	なな	L5
sieben (Zählwort)	nanatsu	ななつ	L1
sieben Minuten	nanafun	ななふん	L7
sieben Personen	shichinin/ nananin	しちにん ななにん	L3
sieben Stunden	shichijikan	しちじかん	L8
7 Uhr	shichiji	しちじ	L7
siebenmal	nanakai	ななかい	L8
siebzig	nanajuu	ななじゅう	L6
Ski fahren	sukī	スキー	L5
so, aha	sou	そう	L3
Sohn (eigener)	musuko	むすこ	L3
Sohn (höflich)	musuko-san	むすこさん	L3
(Attribut) solche, solcher, solches	konna/sonna/ anna	こんな そんな あんな	L5
soll ich es kaufen?	kaimashou ka	かいましょうか	L4
Sonntag	nichiyoubi	にちようび	L7
Spanien	supein	スペイン	L2
Spanier/-in	supein-jin	スペインじん	L2
Spanisch	supein-go	スペインご	L2
Speisekarte	menyū	メンユー	Schriftt.
Sport	supōtsu	スポーツ	L5
Sport treiben	supōtsu o shimasu	スポーツをします	L8
Sport- und Freizeitschuhe	sunīkā	スニーカー	L4
Stäbchen	o-hashi	おはし	L6
Stadt	machi	まち	L3
Stadtteil von Toukyou	Oomori	おおもり	L2
Stadtteil von Toukyou	Ueno	うえの	L2
Stadtteil von Toukyou	Kanda	かんだ	L2
Stadtteil von Toukyou	Asakusa	あさくさ	L3
Stadtteil von Toukyou	Harajuku	はらじゅく	L4
stehen (jdm)	niaimasu	にあいます	L4
Stereoanlage	sutereo	ステレオ	L3
Stewardess	suchūwadesu	スチューワデス	L2
Stiefel	būtsu	ブーツ	L4
Stoff	nuno	ぬの	Schriftt.
Streichhölzer	matchi	まっち	L6
Student/-in	gakusei	がくせい	L2
Sumo, Sumo-Ringer	sumou	すもう	L1
Sushi	sushi	すし	Schriftt.
Sushi (Roher Fisch und Reis)	sushi	すし	L1

T

täglich, jeden Tag	mainichi	まいにち	L8
Taxi	takushi	タクシー	L6
Tee	ocha	おちゃ	L1
Telefon	denwa	でんわ	L3
Telefonnummer	denwa bangou	でんわばんごう	L5
Tempura (fritiertes Gemüse)	tenpura	てんぷら	L5
Tennis	tenisu	テニス	L5
Test	tesuto	テスト	Schriftt.
teuer	takai	たかい	L4
Tisch	tēburu	テーブル	L6
Tischtennis	takkyuu	たっきゅう	L5
Tischtennis	pinpon	ぴんぽん	L5
Tochter (eigene)	musume	むすめ	L3
Tochter (höflich)	musume-san	むすめさん	L3
Tochter (höflich)	o-jou-san	おじょうさん	L3
Toilette	toire	トイレ	L3
Toilette (höflich)	o-tearai	おてあらい	L3
Tokio	toukyou	とうきょう	Schriftt.
Traum	yume	ずめ	Schriftt.
treffen	aimasu	あいます	L7
Treppe	kaidan	かいだん	L3
trinken	nomimasu	のみます	L8
Tschüss.	Jaa ne.	じゃあね	L1
T-Shirt	tīshatsu	ティーシャツ	L4

U

und	to	と	L3
ungefähr	gurai	ぐらい	L6
ungefähr	gurai	ぐらい	L8

Wortliste

unglaublich; nicht glauben können	shinjiraremasen	しんじられません	L8
Unhöflichkeit	shitsurei	しつれい	L9
Universität	daigaku	だいがく	L8
unmöglich	muri	むり	L7
unter	shita	した	L6
üben	renshuu shimasu	れんしゅうします	L8
überhaupt nicht mögen	daikirai	だいきらい	L5
überlegen	kangaeru	かんがえる	L4
Übersetzer/-in	honyaku-ka	ほにゃくか	L2
Übersetzung	honyaku	ほんやく	L2
übrigens	tokorode	ところで	L3
Übung	renshuu	れんしゅう	L8

V

Vater (eigener)	chichi	ちち	L8
Vater (höflich)	otousan	おとうさん	L8
Verbindung	renraku	れんらく	L5
Verbindung aufnehmen, sich melden	renraku shimasu	れんらくします	L5
Verbindungspartikel: Verbindet Nomen und Pronomen in Aufzählungen	to (Partikel)	と	L1
verheiratet sein	kekkon shite imasu	けっこんしています	L2
verstehen	wakarimasu	わかります	L7
Video	bideo	ビデオ	Schriftt.
viel zu tun haben	isogashii	いそがしい	L8
Vielen Dank für die Bewirtung	gochisousama deshita	ごちそうさまでした	L3
Vielen Dank. (sehr höflich)	Arigatou gozaimasu.	ありがとうございます。	L1
vier	yon	よん	L5
vier (Zählwort)	yottsu	よっつ	L1
vier Minuten	yonpun	よんぷん	L7
vier Personen	yonin	よにん	L3
vier Stunden	yojikan	よじかん	L8
4 Uhr	yoji	よじ	L7
24-Stunden-Laden	konbini	コンビニ	L4
viermal	yonkai	よんかい	L8
vierzig	yonjuu	よんじゅう	L6
Volleyball	barēbōru	バレーボール	L5
von	kara	から	L7
vor	mae	まえ	L6
vorhandensein	arimasu	あります	L3
vorhandensein	imasu	います	L3
Vormittag	gozen	ごぜん	L7
Vorsilbe bei höflicher Ansprache	o~ (Höflichkeitspräfix)	お	L1

W

Wahnsinn	sugoi	すごい	L5
Wandschrank	oshiire	おしいれ	L3
Was darf es sein	Go-chumumon wa.	ごちゅむもんは。	L1
Washington	washinton	ワシントン	L2
Wein	wain	ワイン	L1
weiss	shiroi	しろい	L4
weit	yurui	ゆるい	L4
weit, geräumig	hiroi	ひろい	L3
werden	(ni) naru/ narimasu	に なる なります	L10
Wie geht es dir/ Ihnen?	o-genki desu ka.	おげんきですか。	L1
wie spät? Um wieviel Uhr?	nanji	なんじ	L7
wie teuer?	ikura	いくら	L8
wie viel, wie lange	dono gurai	どのぐらい	L6
wie? (höflich)	ikaga	いかが	L9
wieder	mata	また	L5
Wien	uīn	ウィーン	L2
Wieviel Stunden?	nanjikan	なんじかん	L8
Willkommen.	irasshaimase	いらっしゃいませ	L1
Willkommen.	irasshaimase	いらっしゃいませ	L3
Willkommen.	irasshai	いらっしゃい	L3
wirklich	hontou ni	ほんとうに	L10
wo?	doko	どこ	L4
wo?	doko de	どこで	L7
wohnen	(ni) sunde imasu (Grundformen "sumu" und "iru")	に すんでいます	L2
Wohnheim	ryou	りょう	L3
Wohnzimmer	ima	いま	L3

Y

Yen	en	えん	L4

Z

zehn	juu	じゅう	Schriftt.
zehn	juu	じゅう	L6
zehn (Zählwort)	too	とお	L1
zehn Minuten	juppun	じゅっぷん	L7
zehn Personen	juunin	じゅうにん	L3
zehn Stunden	juujikan	じゅうじかん	L8
10 Uhr	juuji	じゅうじ	L7
Zeit haben	hima desu	ひまです	L7
Zeitung	shinbun	しんぶん	L6
Zimmer im jap. Stil	washitsu	わしつ	L3
zu Fuß	aruite	あるいて	L6
zum ersten Mal	hajimete	はじめて	L10
zwanzig	nijuu	にじゅう	L6
zwei	ni	に	L5
zwei (Zählwort)	futatsu	ふたつ	L1
zwei Minuten	nifun	にふん	L7
zwei Personen	futari	ふたり	L3
zwei Stunden	nijikan	にじかん	L8
2 Uhr	niji	にじ	L7
zweimal	nikai	にかい	L8
zwölf Stunden	juunijikan	じゅうにじかん	L8
12 Uhr	juuniji	じゅうにじ	L7
100	hyaku	ひゃく	L4
200	nihyaku	にひゃく	L8
300	sanbyaku	さんびゃく	L8
400	yonhyaku	よんひゃく	L8
500	gohyaku	ごひゃく	L8
600	roppyaku	ろっぴゃく	L8
700	nanahyaku	ななひゃく	L8
800	happyaku	はっぴゃく	L8
900	kyuuhyaku	きゅうひゃく	L8
1000	sen	せん	L8
2000	nisen	にせん	L8
3000	sanzen	さんぜん	L8
4000	yonsen	よんせん	L8
5000	gosen	ごせん	L8
6000	rokusen	ろくせん	L8
7000	nanasen	ななせん	L8
8000	hassen	はっせん	L8
9000	kyuusen	きゅうせん	L8
10000	ichiman	いちまん	L8
20000	niman	にまん	L8
30000	sanman	さんまん	L8
40000	yonman	よんまん	L8
50000	goman	ごまん	L8
60000	rokuman	ろくまん	L8
70000	nanaman	ななまん	L8
80000	hachiman	はちまん	L8
90000	kyuuman	きゅうまん	L8
1000000	hyakuman	ひゃくまん	L8

8 Bildnachweis

Seite 21: Vier für Texas, Frankfurt

Seite 22, 1: istockphoto.com/Radu Razvan, 2: istockphoto.com/Radu Razvan, 3: istockphoto.com/Svetlana Larina, 4: istockphoto.com/Jim Jurica, 5: Silke Deffur, Stuttgart, 6: istockphoto.com/Tristan Scholze, 7: istockphoto.com/Lawrence Karn, 8: istockphoto.com/Kelly Cline

Seite 23, Übung 3: istockphoto.com/eva serrabassa

Übung 5, 1 – 4: Silke Deffur, Stuttgart, 5: istockphoto.com/Jim Jurica 6: istockphoto.com/Ryan KC Wong

Seite 24, Übung 7: Silke Deffur, Stuttgart, 5: istockphoto.com/Jim Jurica 6: istockphoto.com/Ryan KC Wong

Seite 25, alle Fotos: Silke Deffur, Stuttgart

Seite 26: 1: istockphoto.com/Svetlana Larina, 2: istockphoto.com, 3: istockphoto.com/johanna goodyear, 4: istockphoto.com/ Irochka Tischenko, 5: istockphoto.com/Andrea Leone, 6: istockphoto.com, 7: istockphoto.com/Simon Oxley, 8: istockphoto.com/Trevor Nielson

Seite 27: 1: istockphoto.com/Kelly Cline, 2: istockphoto.com/Radu Razvan, 3: istockphoto.com/Michael Edlund, 4: istockphoto.com/Juergen Sack, 5: istockphoto.com, 6: istockphoto.com/Mike Bentley, 7: istockphoto.com/Jonah Manning, 8: istockphoto.com, 9: istockphoto.com/Melvin Migin, 10: istockphoto.com

Gut zu Wissen-Box: Silke Deffur, Stuttgart

Seite 28: istockphoto.com/eva serrabassa

Seite 29: istockphoto.com/Radu Razvan

Seite 30: Photodisc (Digital Vision)

Seite 31: istockphoto.com/Stefan Klein, istockphoto.com/Zbigniew Majerczyk

Seite 34: istockphoto.com/Nguyen Thai

Seite 35: Brandenburger Tor: MEV Verlag GmbH, Augsburg, Flagge: istockphoto.com/Paul Cowan

Seite 36: 1: istockphoto.com/Vasko Miokovic, 2: istockphoto.com/Marko Roeper, 3: istockphoto.com/Steve Lovegrove, 4: istockphoto.com/bonnie jacobs, 5: istockphoto.com/Jaimie Duplass, 6: istockphoto.com/Rey Rojo, 7: istockphoto.com/Radu Razvan, 8: Fotosearch RF (Photosdisc)

Seite 37, 1: istockphoto.com/Ryan KC Wong, 2: istockphoto.com, 3: istockphoto.com/Dan Brandenburg

Seite 38: Fotosearch RF (Photosdisc)

Seite 39: istockphoto.com/Jim Jurica, istockphoto.com/Kevin Bergen, Fotosearch RF (Photosdisc)

Seite 40, Übung 1: Eingangsbereich: istockphoto.com/Ross Thomson, Küche: istockphoto.com/Marje Cannon, Wohnzimmer: istockphoto.com/Lorenzo Colloreta,

Badezimmer/Toilette: istockphoto.com/Charles Humphries, Kinderzimmer/Wandschrank: istockphoto.com, Schlafzimmer: istockphoto.com/Timothy Sullivan, Gästezimmer/Nische mit Rollbild: istockphoto.com/Perry Wang, Treppe: istockphoto.com/Luca di Filippo, Arbeitszimmer: istockphoto.com/Stefan Klein

Übung 3: istockphoto.com/Lorenzo Colloreta

Seite 41: Computer: istockphoto.com/Joshua Blake, Haus: istockphoto.com/James H. MacAllister, Auto: istockphoto.com/mika makkonen, Mädchen: istockphoto.com/Jaimie Duplass, Familie: istockphoto.com/Kevin Russ, Eheringe: istockphoto.com/David Philips

Seite 42, Übung 4: istockphoto.com/Peeter Viisimaa

Übung 5, 1: istockphoto.com/Kevin Russ, 2: istockphoto.com/Ronnie Comeau, 3: istockphoto.com/Renee Lee, 4: istockphoto.com/Viktor Kitaykin, 5: Martine Reijnders, Schwaikheim, 6: istockphoto.com/Kevin Russ, 7: istockphoto.com/Nicholas Sutcliffe, 8: istockphoto.com/Phil Date

Seite 43: Eingangsbereich: istockphoto.com/Ross Thomson, Küche: istockphoto.com/Marje Cannon, Wohnzimmer: istockphoto.com/Lorenzo Colloreta,

Badezimmer/Toilette: istockphoto.com/Charles Humphries, Kinderzimmer/Wandschrank: istockphoto.com, Schlafzimmer: istockphoto.com/Timothy Sullivan, Gästezimmer/Nische mit Rollbild: istockphoto.com/Perry Wang, Treppe: istockphoto.com/Luca di Filippo, Arbeitszimmer: istockphoto.com/Stefan Klein

Seite 44: 1: istockphoto.com/Joshua Blake, istockphoto.com/Lorenzo Colloreta; 2: istockphoto.com/Jason Stitt, istockphoto.com/Joshua Blake; 3: istockphoto.com/Phil Date;

4: istockphoto.com/Daniel Vineyard, istockphoto.com/Melissa King

Seite 46: Einfamilienhaus: istockphoto.com/Holger Feroudj, Wohnheim: istockphoto.com/Glenn Bristol, Mietwohnung: istockphoto.com/Spencer Hoo, in der Stadt wohnen: istockphoto.com/Ralph Paprzycki, auf dem Land wohnen: istockphoto.com/Aliza Schlabach, Eigentumswohnung: istockphoto.com/Dragan Trifunovic, allein wohnen: istockphoto.com/Larry Roberg

Seite 47, Übung 13: istockphoto.com/Teun van den Dries

Übung 14: istockphoto.com/Simon Oxley

Seite 48, Übung 1: 1: istockphoto.com/apg, 2: istockphoto.com/Ronda Oliver, 3: istockphoto.com, 4: istockphoto.com/Joshua Blake, 5: istockphoto.com/Yanik Chauvin, 6: istockphoto.com/Miroslaw Pieprzyk, 7: istockphoto.com/Phil Date, 8: istockphoto.com/Justin Horrocks, 9: istockphoto.com/Mehmet Dilsiz, 10: istockphoto.com/Louis Aguinaldo

Übung 2: 1: istockphoto.com/apg, 2: istockphoto.com/Ronda Oliver, 3: istockphoto.com, 4: istockphoto.com/Joshua Blake, 5: istockphoto.com/Louis Aguinaldo, 6: istockphoto.com/Yanik Chauvin, 7: istockphoto.com/Miroslaw Pieprzyk, 8: istockphoto.com/Mehmet Dilsiz, 9: istockphoto.com/Phil Date, 10: istockphoto.com/Justin Horrocks

Seite 49: 1: istockphoto.com/Maureen Perez, 2: istockphoto.com/Paul Piebinga, 3: istockphoto.com, 4: istockphoto.com, 5: istockphoto.com/Ronda Oliver, 6: istockphoto.com/Sean Nel, 7: istockphoto.com/Mehmet Dilsiz, 8: istockphoto.com/Norman Pogson

Frau: istockphoto.com, Hemden: istockphoto.com, Katze: istockphoto.com/Ira Bachinskaya

Seite 50: Wolfgang Thumm, Stuttgart

Seite 52: 1: istockphoto.com/apg, 2: istockphoto.com/Paul Piebinga, 3: istockphoto.com/Sharon Dominick, 4: istockphoto.com/Alvaro Heinzen

Seite 54: istockphoto.com/Jocelyn Lin

Seite 55: EKS GmbH, Stuttgart

Seite 56: 1.istockphoto.com/Piotr Sikora, 2.istockphoto.com/Mark Aplet, 3.istockphoto.com/Daniel Hutchison, 4.istockphoto.com, 5.istockphoto.com, 6.istockphoto.com/marcelo pinheiro, 7. istockphoto.com/William Walsh, 8.istockphoto.com/James McQuillan, 9.istockphoto.com/robert lerich

Seite 57: istockphoto.com/Mark Aplet

Seite 58: istockphoto.com/Scott Fichter

Seite 59: istockphoto.com

Seite 60, Übung 7: istockphoto.com/Jeffrey Smith (fehlt aber im Kurs – kommt das noch rein?)

Übung 8: istockphoto.com/Ramsey Blacklock

Seite 61, Übung 9: 1: Wolfgang Thumm, Stuttgart, 2: istockphoto.com/Frances Twitty, 3: istockphoto.com/ivo Gretener, 4: istockphoto.com/Sharon Meredith, 5: istockphoto.com/Heiko Bennewitz, 6: istockphoto.com/Nathan Watkins, 7: istockphoto.com/Tari Faris, 8: istockphoto.com/Lawrence Sawyer, 9: istockphoto.com, 10: istockphoto.com/Carsten Madsen

Übung 10: 1: istockphoto.com/ivo Gretener, 2e: istockphoto.com/Ira Bachinskaya, 3: istockphoto.com/William Walsh, 4: istockphoto.com/Carsten Madsen, 5: istockphoto.com/Frances Twitty, 6: istockphoto.com/marcelo pinheiro, 7: istockphoto.com/Tari Faris, 8: istockphoto.com/Kelly Cline, 9: istockphoto.com/Nathan Watkins, 10: istockphoto.com/Lawrence Sawyer

Seite 62: istockphoto.com

Seite 64: 1: istockphoto.com/Chris McCooey, 2: istockphoto.com, 3: istockphoto.com/Juergen Sack, 4: istockphoto.com/Noah Scalin, 5: istockphoto.com/Juergen Sack, 6: istockphoto.com/Christoph Ermel, 7: istockphoto.com, 8: Andreas Liebetruth, Osaka

Seite 65: 1: istockphoto.com/Radu Razvan, 4, 9: Wolfgang Thumm, Stuttgart, alle anderen Fotos: Andreas Liebetruth, Osaka

Seite 66: 1: istockphoto.com/Wouter van Caspel, 2: istockphoto.com/ian francis, 3: istockphoto.com/David Horn, 4: Andreas Liebetruth, Osaka

Seite 67: Silke Deffur, Stuttgart

Seite 70: EKS GmbH, Stuttgart

Seite 72: Uhren: EKS GmbH, Stuttgart

Seite 74: von oben nach unten: 1: EKS GmbH, Stuttgart, 2: istockphoto.com/robert lerich, 3: istockphoto.com/Nicole Cioe, 4: Silke Deffur, Stuttgart

Seite 75: istockphoto.com/Tari Faris

Seite 76: EKS GmbH, Stuttgart

Seite 78, Übung 11: istockphoto.com; Übung 12: istockphoto.com/Ryan KC Wong

Seite 79: Fotosearch RF (Photosdisc)

Seite 80: 1: istockphoto.com/Remco Oostlander, 2: istockphoto.com/Simon Moran, 3: istockphoto.com, 4: istockphoto.com/Daniel St.Pierre, 5: istockphoto.com/Alice Millikan, 6: istockphoto.com/Ryan KC Wong, 7: istockphoto.com, 8: istockphoto.com, 9: istockphoto.com/Amanda Rohde, 10: istockphoto.com/Paulus Rusyanto

Seite 81: istockphoto.com/Radu Razvan

Seite 82: 1: istockphoto.com/fred goldstein, 2: istockphoto.com/David Frederick, 3: istockphoto.com, 4: istockphoto.com/Paulus Rusyanto, 5: istockphoto.com, 6: istockphoto.com/Julie de Leseleuc, 7: istockphoto.com/Daniel St.Pierre, 8: istockphoto.com/Jiang jingjie, 9: Wolfgang Thumm, Stuttgart, 10: Andreas Liebetruth, Osaka

Seite 83: Silke Deffur, Stuttgart

Seite 84: 1: Fotoresearch RF (eyewire), 2: istockphoto.com/Clay Blackburn, 3: istockphoto.com/Duncan Walker, 4: istockphoto.com/Stephen Roberts , 5: istockphoto.com/Mehmet Dilsiz, 6: istockphoto.com, 7: istockphoto.com/Juergen Sack, 8: istockphoto.com/Brian Powell

Seite 85, Hintergrund 1:istockphoto.com/Remco Oostlander, 2: istockphoto.com/Simon Moran, 3: istockphoto.com, 4: istockphoto.com/Daniel St.Pierre, 5: istockphoto.com/Alice Millikan, 6: istockphoto.com/Ryan KC Wong, 7: istockphoto.com, 8: istockphoto.com, 9: istockphoto.com/Amanda Rohde, 10: istockphoto.com/Paulus Rusyanto

Seite 86, Aufstehen: istockphoto.com/fred goldstein, Frühstück: istockphoto.com, Zeitung lesen: istockphoto.com/Alice Millikan, Putzen: istockphoto.com/Frances Twitty, Computertastatur: istockphoto.com/Amanda Rohde, Tennis: istockphoto.com/robert lerich

Seite 87: 1: istockphoto.com/ Rob Friedman, 2: istockphoto.com/Gina Smith , 3: istockphoto.com, 4: istockphoto.com/Jaimie Duplass, 5: istockphoto.com/Kevin Russ, 6: istockphoto.com/Nancy Louie

Seite 88: 1: istockphoto.com/Amanda Rohde, 2: istockphoto.com/Thomas Polen, 3: istockphoto.com/Wojciech Krusinski , 4: istockphoto.com/Emil Marinsek, 5: istockphoto.com/Sharon Dominick, 6: istockphoto.com/ROBERTO ADRIAN , 7: istockphoto.com/Lise Gagne, 8: istockphoto.com/Pieter Schockaert , 9: istockphoto.com/Justin Horrocks, 10: istockphoto.com

Seite 89: istockphoto.com/Phil Date

Seite 91, Übung 6: istockphoto.com/Mark Evans

Übung 7: 1, 2, 4: istockphoto.com/Oleg Prikhodko, 3, c: istockphoto.com, a: istockphoto.com/Andrei Tchernov, b: istockphoto.com/Nathan Watkins, d: istockphoto.com/Dan Brandenburg

Seite 92: istockphoto.com/Nathan Watkins

Seite 93: 8: istockphoto.com/Sharon Dominick, 7: istockphoto.com/Emil Marinsek, 6: istockphoto.com/Justin Horrocks, 5: istockphoto.com/ROBERTO ADRIAN, 4: istockphoto.com/Pieter Schockaert, 3: istockphoto.com/Thomas Polen, 2: istockphoto.com/Wojciech Krusinski, 1: istockphoto.com/Lise Gagne

Seite 94, Übung 12, backen: istockphoto.com/Jiang jingjie, einkaufen: istockphoto.com/Tim Pohl, spazieren: istockphoto.com/Paul-André Belle-Isle, putzen: istockphoto.com/Katrina Brown, Tee: istockphoto.com/Simon Oxley, Fahrrad: istockphoto.com/Andrea Greco

Übung 13: Dusche: istockphoto.com/Simon Moran, Kaffee: istockphoto.com/Diane Diederich, backen: istockphoto.com/Jiang jingjie, aufstehen: istockphoto.com/fred goldstein,

trinken: istockphoto.com, lesen: istockphoto.com, spazieren: istockphoto.com, Fahrrad: istockphoto.com/Andrea Greco

Seite 95: EKS GmbH, Stuttgart

Seite 96: istockphoto.com/Angela Farley

Seite 97: istockphoto.com

Seite 98: istockphoto.com/Lise Gagne

Seite 99: EKS GmbH, Stuttgart

Seite 100: istockphoto.com/Maartje van Caspel

Seite 102: istockphoto.com/Lise Gagne

Seite 103: istockphoto.com/Phil Date